道路工程 BIM 设计指南
——CNCCBIM OpenRoads 入门与实践

Bentley 软件（北京）有限公司　组编

陈　晨　主编
［尼泊尔］戈普塔（Gupta Pramod Kumar）

机械工业出版社
CHINA MACHINE PRESS

本书主要从交通行业现状及解决方案入手，讲解了 CNCCBIM OpenRoads 软件的工作环境、工作流程及功能、成果输出、地下公共设施，并用一个完整的案例综合叙述，并辅以常见问题解析，希望帮助读者了解当前道路设计的环境和趋势，以便快速上手，熟练掌握 CNCCBIM OpenRoads 的使用方法。

本书不仅适合广大 CNCCBIM OpenRoads 使用者，而且也可作为市政行业的专业人士、研究人员、软件开发工程师、BIM 爱好者及高校师生的常备参考书。

图书在版编目（CIP）数据

道路工程 BIM 设计指南：CNCCBIM OpenRoads 入门与实践/Bentley 软件（北京）有限公司组编 .—北京：机械工业出版社，2020.12
ISBN 978-7-111-67143-5

Ⅰ.①道⋯ Ⅱ.①B⋯ Ⅲ.①道路工程 – 计算机辅助设计 – 应用软件 – 指南 Ⅳ.①U412.6-62

中国版本图书馆 CIP 数据核字（2020）第 253734 号

机械工业出版社（北京市百万庄大街 22 号　邮政编码 100037）
策划编辑：刘志刚　责任编辑：刘志刚　张大勇
责任校对：刘时光　封面设计：张　静
责任印制：李　昂
北京铭成印刷有限公司印刷
2021 年 1 月第 1 版第 1 次印刷
184mm×260mm・16.75 印张・445 千字
标准书号：ISBN 978-7-111-67143-5
定价：89.00 元

电话服务　　　　　　　网络服务
客服电话：010-88361066　机　工　官　网：www.cmpbook.com
　　　　　010-88379833　机　工　官　博：weibo.com/cmp1952
　　　　　010-68326294　金　书　网：www.golden-book.com
封底无防伪标均为盗版　机工教育服务网：www.cmpedu.com

本书编委会

编委会主任
陈 晨　郭 莉

主 编
陈 晨

[尼泊尔] 戈普塔（Gupta Pramod Kumar）

参 编
（按姓氏笔画排列）

王 达　田颖玲　安燕玉

杨昊霖　吴小刚　余良飞

张梦晗　武 恒　祝兴虎

序

从"十三五规划"到国家"一带一路计划",再到"新基建"的密集部署,当前我国基础设施建设尤其是交通行业建设迎来了发展的关键时期。近年来,BIM、数字孪生等与5G、物联网、云计算、大数据等新一代信息技术与道路工程技术不断结合,让交通插上了智慧的翅膀。联网化和智能化,是未来智慧交通的两大重要发展趋势。而智能驾驶技术和市场领域的实质性进展也将"车路协同"的迫切性提到了所有交通人的视野之内。所有这些,是这一代交通人的全新挑战,更是实现行业突破的宝贵机遇。

BIM技术在公路市政等交通领域的应用,是交通行业迈向数字化和创新驱动发展的关键基础。在这样一个基建向智能化变革的时代,为每一位道路工程设计师提供数字化设计的高效利器,为项目和资产创造"数字化DNA",是实现宏大远景的第一步。

当前我国道路工程行业缺乏适合数字化时代的专业、高效的设计工具。在实践数字化道路工程项目中,存在跨专业数据无法实时同步、标准不统一、图模不同步等问题。为了真正解决行业中正向设计推进过程中存在的系统性问题,中交一公院选择与Bentley公司基于Bentley全球领先的OpenRoads技术,结合中交一公院既往的业务经验和专业标准,联合研发了符合我国道路工程设计、出图规范、国内用户习惯等本地化需求的道路工程BIM正向设计软件——CNCCBIM OpenRoads。

CNCCBIM OpenRoads支持道路工程的BIM正向设计整体流程,可生成各种复杂道路、平交口、互通式立交的BIM模型。通过BIM设计模型可直接生成符合国家规范及本地化要求的平、纵、横图纸及相关设计表格等传统二维设计成果。可全面支持设计图形、设计参数、参数化横断面模板与BIM模型的数据实时动态关联。目前,中交一公院内部已经就CNCCBIM OpenRoads进行了广泛的培训和生产应用,设计出图效率大幅提升、沟通协调效果有效改善、设计成果质量显著提高,道路工程BIM正向设计基本实现。

本书由Bentley公司土木行业技术产品团队以及中交一公院BIM研发中心产品团队共同撰写,内容详实,图文并茂,详细介绍了Bentley公司交通行业的解决方案,CNCCBIM OpenRoads在道路工程中正向设计的工作环境、工作流程及各个功能操作,并辅以实际案例的讲解,最后还对产品使用过程中一些常见的共性问题提供了解析。这是一本很有实用价值的道路三维设计技术学习和应用的参考教材;既可作为正向三维设计初学者的入门教程,又可作为设计师必备的工具书,在实际项目实施过程中根据需要随时检索、学习相应功能操作。

本书的作者团队,为交通行业的设计、建造和交付过程数字化提供了一份指南。也希望这本书,连同中交一公院与Bentley公司的战略合作成果,帮助到有志于在智慧交通领域实现突破的同仁,共同参与到加快行业新型建造方式的转变,推动行业的数字化、智能化进程。

程 鹏
中交第一公路勘察设计研究院有限公司 总经理助理

前 言

近年来，BIM 技术在我国公路交通领域的应用逐步兴起，尤其是在国家及政府一些重点项目的设计、施工中陆续得到应用。自 BIM 技术引进至今，中国交通行业发生了翻天覆地的变化。虽然 BIM 在中国起步较晚，但是发展速度很快。我国的工程建设体量很大，这也为 BIM 技术的发展提供了扎实的基础。

Bentley 软件公司作为基础设施行业设计、施工和运营的综合软件解决方案提供商，在道路、桥涵、隧道、建筑、钢结构、可视化等方面提供了完善的专业化软件及统一的数据架构支持，即面向基础设施工程（工程数字孪生模型）和资产（性能数字孪生模型）的数字孪生模型云服务，可以使基础设施的数字孪生模型同步反映资产的物理现实及其工程数据，可从根本上推动 BIM 和 GIS 向四维数字孪生模型演进。

Bentley 软件公司基于 Bentley OpenRoads 技术，结合国家规范、国内用户习惯等本地化需求联合中交第一公路勘察设计研究院有限公司（简称"中交一公院"）研发的道路工程 BIM 正向设计软件——CNCCBIM OpenRoads，实现了基于 BIM 的道路三维设计、工程图纸的输出、数字化交付等方面的应用。该软件融入了中交一公院多年来在道路工程设计和软件研发领域积累的丰厚经验，在规范符合、成果表达以及界面操作等方面最大化地贴合了中国用户的习惯。

本书主要从交通行业解决方案入手，讲解了 CNCCBIM OpenRoads 的操作环境搭建及工作流程和相关技巧应用，最后用一个完整的案例综合叙述，并辅以常见问题解析，希望能帮助阅读本书的使用者快速上手，熟练掌握 CNCCBIM OpenRoads 的使用方法。

参与本书编写的人员有：陈晨、戈普塔（Gupta Pramod Kumar）、张梦晗、田颖玲、王达、武恒、祝兴虎、杨昊霖、安燕玉、余良飞、吴小刚。本书编写过程中获得了业内专业人士的指导建议，在此表示感谢。

由于编者水平有限，编写时间仓促，书中难免存在不妥之处，衷心欢迎广大读者批评指正。

编 者

目 录

序
前言

第1章 开场白 ... 1
1.1 背景 ... 1
   1.1.1 Bentley 简介 ... 1
   1.1.2 BIM 推广的环境 ... 1
1.2 交通行业 BIM ... 2
   1.2.1 交通行业 BIM 的现状 ... 2
   1.2.2 交通行业 BIM 的意义 ... 3
1.3 Bentley 交通行业 BIM 简介 ... 3

第2章 交通行业解决方案 ... 4
2.1 Bentley 交通行业解决方案划分 ... 4
   2.1.1 公路解决方案 ... 4
   2.1.2 市政解决方案 ... 4
   2.1.3 轨道交通解决方案 ... 4
2.2 解决方案产品组合 ... 4

第3章 工作环境 ... 17
3.1 工作环境的意义 ... 17
3.2 工作环境配置管理 ... 17
   3.2.1 配置文件 ... 17
   3.2.2 系统配置文件分类 ... 17
   3.2.3 配置文件的读取 ... 19
3.3 工作环境应用层级的总体架构 ... 21
   3.3.1 Organization-Civil 层级：行业标准层级 ... 22
   3.3.2 WorkSpace 层级：公司标准层级 ... 22
   3.3.3 WorkSet 层级：项目标准层级 ... 23
   3.3.4 User 层级：个人设置层级 ... 23
3.4 工作环境的创建 ... 24
   3.4.1 快速找到 Program Data ... 24
   3.4.2 找到 CNCCBIM OpenRoads 工作环境配置文件 ... 25
   3.4.3 创建行业层级标准 ... 25
   3.4.4 创建公司层级标准 ... 25
   3.4.5 创建项目层级标准 ... 26
3.5 工作环境里的配置文件简介 ... 27
   3.5.1 行业标准层级配置文件简介 ... 28
   3.5.2 公司标准层级配置文件简介 ... 30
   3.5.3 项目标准层级配置文件简介 ... 31
3.6 工作环境中配置文件的创建 ... 31
   3.6.1 V8i 版本和 CONNECT 版本特征定义结构的区别 ... 31
   3.6.2 特征定义文件路径及命名规则 ... 32
   3.6.3 特征定义的创建 ... 33
3.7 工作环境中项目层级配置文件的读取 ... 39

第4章 CNCCBIM OpenRoads 工作流程及功能 ... 41
4.1 CNCCBIM OpenRoads 简介 ... 41
4.2 工作流程示意 ... 41

4.3 系统界面	41
4.4 设计文件	43
4.5 常用基本操作	43
4.5.1 新建文件	43
4.5.2 打开文件	44
4.5.3 参考文件	44
4.5.4 系统设置	44
4.6 原始地形	46
4.6.1 数据文件创建	46
4.6.2 从图形过滤器创建	46
4.6.3 元素创建	48
4.6.4 按文本内插创建	49
4.6.5 从 ASCII 文件创建	51
4.6.6 点云创建	53
4.6.7 创建剪切地形	54
4.6.8 创建复合地形	54
4.6.9 实景模型创建地形	55
4.6.10 地形模型的应用	57
4.6.11 地形模型的编辑和保存	57
4.6.12 地形模型与卫星照片的结合	58
4.7 路线设计	60
4.7.1 通用及常用工具	60
4.7.2 导入专业数据中的平纵数据	64
4.7.3 导入 ASCII 文件	64
4.7.4 图形导入平面线	65
4.7.5 积木法创建平面线模型	65
4.7.6 交点法创建平面线模型	69
4.7.7 平面线的利用和修改	70
4.7.8 纵断面设计概况	73
4.7.9 打开纵断面设计模型	74
4.7.10 显示设计模型参考数据	75
4.7.11 积木法创建纵断面模型	76
4.7.12 交点法创建纵断面模型	80
4.7.13 纵断面模型的应用	82
4.8 模板设计	89
4.8.1 项目分析	89
4.8.2 确定设计原则	89
4.8.3 模板分类	90
4.8.4 模板的特征定义	91
4.8.5 模板的创建	92
4.8.6 模板的导入	94
4.8.7 模板的管理	96
4.9 廊道设计	98
4.9.1 廊道的创建	98
4.9.2 三维路面的创建	99
4.9.3 三维路面的编辑	100
4.9.4 创建次要路线	100
4.9.5 创建末端条件异常	101
4.9.6 创建关键桩号	102
4.9.7 创建参数约束	103
4.9.8 创建曲线加宽	104
4.9.9 创建点控制	105
4.9.10 廊道的查询	106
4.9.11 廊道裁剪	107
4.9.12 廊道定义目标别名	107
4.10 超高设计	109
4.10.1 超高区间及超高车道	109
4.10.2 超高计算及编辑	109
4.10.3 超高应用到廊道	109
4.11 项目展示	111
4.11.1 廊道动态横断面查询	111
4.11.2 行车模拟	112
4.11.3 廊道工程量及报告	112
4.11.4 可视化展示	113

第5章 成果输出   114

5.1 数据	114
5.1.1 项目——浏览	114
5.1.2 专业对象—信息	114
5.1.3 桩号数据	115
5.1.4 路廊数据	115
5.1.5 构造物数据	116
5.1.6 连接部数据	116
5.2 标注	118

5.2.1 路线标注 …………… 118
5.2.2 十字坐标 …………… 119
5.2.3 示坡线和用地线 …… 120
5.2.4 标注工具集 ………… 121
5.3 图框定制 ………………… 121
5.3.1 基础图框定义 ……… 122
5.3.2 平面图框定义 ……… 123
5.3.3 纵断面图框定义 …… 124
5.3.4 横断面图框定义 …… 124
5.3.5 平纵缩略图框定义 … 125
5.4 出图 ……………………… 125
5.4.1 出图设置 …………… 126
5.4.2 平面图输出 ………… 126
5.4.3 纵断面图输出 ……… 128
5.4.4 横断面图输出 ……… 130
5.4.5 总体图输出 ………… 130
5.4.6 用地图输出 ………… 131
5.4.7 平纵缩图输出 ……… 132
5.4.8 连接部图输出 ……… 133
5.5 报表 ……………………… 133
5.5.1 导出设置 …………… 133
5.5.2 直线、曲线及转角表 … 134
5.5.3 逐桩坐标表 ………… 134
5.5.4 断链表 ……………… 135
5.5.5 纵坡、竖曲线表 …… 136
5.5.6 用地表 ……………… 136
5.5.7 路基超高加宽表 …… 137
5.5.8 路基设计表 ………… 137
5.5.9 土方表 ……………… 138
5.5.10 路线报表 …………… 138
5.5.11 路基宽度变化表 …… 139
5.6 图纸索引与管理 ………… 140

第6章 地下公共设施 142

6.1 地下公共设施简介 ……… 142
6.2 在新建文件中激活并创建地下
    公共设施模型 …………… 143
6.2.1 选择工作空间 ……… 144

6.2.2 新建文件时种子文件的
      选择 ………………… 144
6.2.3 选择工作流及界面 … 144
6.2.4 激活并创建地下公共设施
      模型 ………………… 145
6.3 放置节点 ………………… 145
6.3.1 通过参考表面放置节点 … 146
6.3.2 通过绝对高程放置节点 … 147
6.3.3 节点的查看与调整 … 147
6.4 放置管段 ………………… 148
6.5 其他布置功能 …………… 150
6.5.1 插入节点 …………… 150
6.5.2 放置斜三通 ………… 150
6.5.3 放置边沟、放置汇水区、
      放置水塘及放置低影响
      开发区 ……………… 151
6.5.4 通过图形过滤器提取并
      创建 ………………… 151
6.6 纵断面模型及剖面图 …… 152
6.7 脚本与计算 ……………… 155
6.7.1 脚本 ………………… 155
6.7.2 计算工具 …………… 155
6.8 雨水数据库 ……………… 156
6.9 管井数量统计 …………… 156
6.10 批注 …………………… 157

第7章 应用案例 160

7.1 项目背景 ………………… 160
7.2 资料准备 ………………… 160
7.3 项目模型文件 …………… 161
7.4 方案设计 ………………… 162
7.5 深化设计 ………………… 167
7.5.1 原始地形 …………… 167
7.5.2 路线设计 …………… 172
7.5.3 廊道设计 …………… 197
7.5.4 细节设计 …………… 208
7.5.5 超高应用 …………… 210
7.6 设计模型应用 …………… 213

7.6.1　标注 …………………………… 213
7.6.2　出图 …………………………… 214
7.6.3　报表 …………………………… 219

第8章　项目附录 …………………… 221

8.1　横断面模板点编辑规则 ………………… 221
8.2　横断面模板组件编辑规则 ……………… 224
8.3　项目图纸 ………………………………… 224

第9章　常见问题解析 ……………… 236

9.1　安装 MicroStation 时关于 .NET Framework 报错是怎么回事？ ………………… 236
9.2　软件使用离线许可证的方式激活后，为什么打开速度非常慢？ …… 237
9.3　为什么无法使用激活码激活使用软件？ ………………………………… 237
9.4　V8i 版本的 DGN 文件如何升级到 CONNECT 版本？ ……………… 237
9.5　为什么软件无法正常启动？ ……… 238
9.6　启动软件时 CONNECT Advisor 很慢，怎么办？ ……………………… 238
9.7　更改系统语言环境后出图，为什么汉字显示异常？ ………………… 238
9.8　打开 CNCCBIM OpenRoads 后菜单栏都是小方框是怎么回事？ …… 239
9.9　为什么 CNCCBIM OpenRoads 出图时汉字显示是问号？ …………… 239
9.10　如何在 CONNECT 版本上使用低版本的土木单元库文件？ ……… 240
9.11　参考 DWG 文件的时候，为什么从图形中量取的长度不正确？ … 241
9.12　线性特征与组件特征，特征定义与特征名称的关系是怎样的？ … 242
9.13　为什么用不同软件打开 3SM 文件显示大小不一样？ …………… 242
9.14　如何利用 DWG 文件进行路线设计？ ………………………… 243

9.15　为什么复制的路线中心线线形不能添加土木规则？ ……………… 243
9.16　参考桥梁模型到主线文件中后，如何将桥墩投影到纵断面中？ … 243
9.17　如何在道路模型中用自定义图片添加材质？ …………………… 244
9.18　如何改变横断面模板编辑器的黑色背景？ ……………………… 244
9.19　如何修改廊道的设计阶段？ …… 246
9.20　如果廊道模型是空心的，怎么显示实体模型？ …………………… 247
9.21　同步模板工具的用处是什么？ … 247
9.22　为什么三维路面的起、终点桩号范围与创建时输入的不符？ …… 247
9.23　为什么圆弧模板生成的廊道不够光滑？ ………………………… 247
9.24　为什么动态横断面视图里左侧填方不显示？ …………………… 249
9.25　如何用一个模板实现右转车道的显示与隐藏？ ………………… 249
9.26　如何通过 Excel 文件导入方管？ … 251
9.27　如何使检查井高度自动参考至道路路面高度？ ………………… 253
9.28　为什么在 Flex Table 里有些专业只有管的量，没有节点的量？ … 253
9.29　如何自动计算井的工程量？ …… 254
9.30　如何调整图框底部及表格文字？ … 255
9.31　为什么廊道模型文件中有很多出图工具都看不到？ ……………… 255
9.32　出横断面图时，提示找不到路线的桩号数据怎么办？ …………… 256
9.33　为什么横断面图图纸里面是空的？ ……………………………… 257
9.34　为什么在当前文件的图纸索引里能看到别的文件出的图纸？ …… 257
9.35　出图后，怎么打开图纸？ ……… 258

第 1 章 开场白

1.1 背景

1.1.1 Bentley 简介

Bentley 致力于为工程师、建筑师、地理信息专家、施工人员和业主运营商提供推进基础设施的设计、施工和运营的软件解决方案,这些基础设施包括公共工程、公用事业、工业工厂和数字城市等。Bentley 基于 MicroStation 产品的开放式建模应用程序及其开放式模拟应用程序可加快设计集成;ProjectWise 和 SYNCHRO 产品可加速项目交付;AssetWise 产品可提升资产和网络性能。Bentley 的 iTwin Services 产品可涵盖整个基础设施工程领域,从根本上推动 BIM 和 GIS(地理信息系统)向 4D 数字孪生模型演进。

1.1.2 BIM 推广的环境

建筑信息模型 BIM(Building Information Modeling)是 21 世纪初出现的一项新技术,正在引发工程建设行业一次历史性的变革,引领信息技术走向更高的层次。自从 2002 年引入工程建设行业,至今已有十多年历程,目前已经在全球范围内得到业界的广泛认可,被誉为建筑业变革的革命性力量。目前 BIM 在很多国家的发展和应用都达到了一定水平。随着全球化进程越来越快,了解 BIM 在国内外工程设计中的应用状况,对我国的 BIM 发展有着重要的借鉴意义。

1. 国外政府工程项目应用 BIM 情况

由于政府工程项目投资主体的特殊性,使得政府工程项目实施 BIM 的诉求点与其他工程项目有所不同,会受政治体制和政治文化的影响、本地市场及产业发展水平的影响、国家信息化战略模式的影响。

(1)新加坡政府 BIM 实施的方法、机制和过程。新加坡政府 BIM 实施是由新加坡建设局(BCA)负责,其方法、机制和过程是新加坡政府建筑行业信息化管理电子政务项目系统(CORENET)的延续,目的是逐步强化 BIM 技术在系统中的作用,进而确定了以 BIM 为主要实施对象和内容的业务模式。

(2)美国联邦总务署(GSA)基于信息化管理的全国"3D-4D-BIM"计划。美国联邦总务署(GSA)下设的公共建筑管理局(PBS)负责"国家 3D-4D-BIM 计划项目"的实施。为了保证项目的顺利实施,GSA 在应用价值、示范项目、人才建设、软硬件、标准等方面制定了一系列的保障措施。

(3)英国内阁办公室颁布"政府建设战略"。英国 BIM 应用的主要指导文件是内阁办公室颁布的"政府建设战略",其对英国 BIM 应用的总体目标和阶段实施计划做出了明确的规划。为了确保 BIM 产业链上不同专业、不同成员之间的协同工作,英国政府将制定标准作为 BIM 应用的重点。

从上述 3 个国家的 BIM 实施经验可以看到,政府工程项目在实施 BIM 的过程中,要有非常明确的政治、经济目标，建立一个开放的信息化服务平台和信息标准体系，并把政府决策、项目执行、过程监管及业务咨询四个角色与 BIM 实施结合在一起，固化到平台的流程中。

2. 国内 BIM 应用基本情况

（1）住建部的指导意见。2014 年，住建部在研究制定的推进 BIM 技术在建筑领域应用的指导意见中指出，要充分认识 BIM 技术在建筑领域应用的重要意义，要以我国工程建设法律法规、工程建设标准为依据，坚持科技进步和管理创新相结合，通过 BIM 技术的普及应用和深化提高，提高工程项目全生命期内工程质量安全与各方工作效率，提升建筑行业创新能力，加快转变发展方式和管理模式，确保工程建设安全、优质、经济、环保。

在 BIM 应用工作重点方面，指导意见要求，建设单位要全面推行工程项目全生命期、各参与方的 BIM 技术应用，实现项目规划、设计、施工及运维各阶段基于标准的信息共享，降低投资和运营风险。鼓励大型项目的建设、设计、施工、监理、运维等各方主体充分应用 BIM 技术；招投标代理、造价咨询、审图机构、供应商、质量检测单位、质监部门、城建档案馆等其他相关方根据实际需要积极应用 BIM 技术。

（2）工程建设行业 BIM 应用状况的概述。BIM 技术的价值在中国工程建设行业已得到广泛认可，在一些工程建设项目中也得到了积极应用，且应用范围正在不断扩展。总体来说，虽然中国 BIM 应用的整体水平还处于启动阶段，但是在中国工程建设行业产业升级的大背景下，BIM 应用的政策环境、技术环境、市场环境等都将得到极大的改善，未来几年 BIM 技术将迎来高速发展时期。

（3）地方城市 BIM 应用状况的概述。2014 年 2 月，北京市规划委员会和北京质量技术监督局正式颁布了《民用建筑信息模型设计标准》，对全国民用建筑的 BIM 标准编制具有引导和示范作用，也体现了 BIM 实施标准先行的基本理念。

2014 年 10 月底，上海市人民政府办公厅发布了《关于在本市推进建筑信息模型技术应用的指导意见》[沪府办发（2014）58 号]文件，明确提出了分阶段、分步骤推进 BIM 技术试点和推广应用的目标：到 2016 年底，基本形成满足 BIM 技术应用的配套政策、标准和市场环境。

2014 年底，广东省住房和城乡建设厅发布《关于开展建筑信息模型 BIM 技术推广应用工作的通知》（粤建科函〔2014〕1652 号）文件，对 BIM 技术的应用情况做出了明确的规定。到 2020 年底，全省建筑面积 2 万平方米及以上的建筑工程项目普遍应用 BIM 技术。

1.2 交通行业 BIM

1.2.1 交通行业 BIM 的现状

近年来，BIM 技术在我国公路交通领域的应用逐步兴起，尤其是在国家及政府一些重点项目的设计、施工中陆续得到应用，如港珠澳大桥、三峡水电站等。在这些"超级工程"的背后，都有 BIM 提供着相应的技术支持，该技术给国家及行业都产生了重大影响。虽然 BIM 技术在国内的应用已经很是普遍，在很多大型工程类项目中提供了较大的帮助，但是在学习及应用的过程中仍然存在一些问题值得我们关注。

目前交通行业在设计标准、出图标准、取费标准等方面的规范还是有所欠缺，导致行业对于 BIM 的使用没有一个统一的标准，彼此之间的合作无法充分进行，影响整个建设进程。还有很多项目的 BIM 应用均存在于单一阶段，如前期设计阶段，没有形成整体、连贯的应用效果，尤其在后期运维阶段将会遇到很多难以解决的问题。

1.2.2 交通行业 BIM 的意义

在 BIM 的应用过程中，不同领域的单位对 BIM 技术的认识有很大的不同，有的单位表现得义无反顾，有的单位则是小心翼翼，也有单位则是感觉无从下手。对于 BIM 技术的价值，不同阶段的单位也会有不同的视角和需求，这也必然会带来 BIM 推进计划的差异。对设计方来说，更注重工程设计中 BIM 的精细化运用和数据成果交付。对施工方来说，更关注的是 BIM 带来的施工成本的降低和施工安全的保证。对运营方来说，更关注的是 BIM 模型的数据准确性以及其可追溯、可维护。

从 BIM 技术引进至今，我国交通行业发生了翻天覆地的变化。虽然 BIM 在中国起步较晚，但是发展速度很快。我国的工程建设体量很大，这也为 BIM 技术的发展提供了扎实的基础。对于行业领先的企业，从一开始就建立企业整体的 BIM 战略规划，把企业需求和 BIM 规划的匹配放在第一步，建立完整的信息环境资源，有条不紊地开展运作。

1.3 Bentley 交通行业 BIM 简介

Bentley 作为基础设施行业设计、施工和运营的综合软件解决方案提供商，在道路、桥涵、隧道、建筑、钢结构、可视化等方面提供了完善的专业化软件及统一的数据架构支持，解决方案包括用于信息建模的 MicroStation 基础平台、用于交付集成项目的 ProjectWise 协作服务、用于实现智能基础设施的 AssetWise 运营服务等。Bentley 推出的 iTwin Services，即面向基础设施工程（工程数字孪生模型）和资产（性能数字孪生模型）的数字孪生模型云服务，可以使基础设施的数字孪生模型可靠地同步反映资产的物理现实及其工程数据。在数据的流通、重复利用过程中真正发挥工程数据的价值，从而减少传统方式数据和信息传递不畅带来的一系列问题，提升道路工程品质质量。

第 2 章 交通行业解决方案

2.1 Bentley 交通行业解决方案划分

2.1.1 公路解决方案

公路解决方案是主要针对公路项目实施的整体解决方案，内容涵盖公路项目的全生命周期解决方案，包含规划、初步设计、施工图设计、施工建造、后期运维等主要内容，产品面向用户包括业主单位、设计单位、施工单位、运管单位等，在整个项目环境中通过不同角色定义及权限定义实现对项目的逐级管理。公路解决方案专业主要覆盖包括测绘专业、地质专业、路线专业、道路专业、桥梁专业、建筑专业、施工建造管理专业、数字化移交专业、运维管理专业、养护管理专业。

2.1.2 市政解决方案

市政解决方案是主要面向市政项目实施的解决方案，内容不仅包含公路解决方案，而且增加综合管网、景观设计、附属结构等内容，市政项目中的城市综合管廊的整体解决方案涉及土木工程、电气、工厂、建筑、消防、给水排水等多专业，通过灵活的跨专业、跨行业、跨地域的协调工作，打破专业之间的模型壁垒，让项目实施更轻松，项目结果更准确。

2.1.3 轨道交通解决方案

轨道交通解决方案是主要面向轨道交通项目"专业众多、分头管理需求大"等特点实施的解决方案，内容涉及项目的不同阶段的不同侧重点，涵盖勘测、地质、路线、路基、桥梁、轨道、接触网、变电、送电、信号、设备、巡检等多专业的专业工具，为三维设计、协同管理、信息移动化及资产管理创造了良好的基础和条件。

2.2 解决方案产品组合

1. ContextCapture

ContextCapture 是 Bentley 公司于 2015 年收购的法国 Acute3D 公司的产品，Bentley 为全球基础设施行业提供 BIM 解决方案的定位需要一款能够通过扫描、拍摄等手段获取现实模式的应用软件，解决基础设施设计过程中将现实的模型转变为"电子模型"的应用需求。通过多方对比，最终认为 ContextCapture 是最好的选择，在经过了多年的客户使用体验后，也验证了这一观点。

实景建模技术是通过照片、视频、点云等数据形成模型的技术。对于实景建模系统，不但要有数据采集、校正融合、处理建模，更要有后续的模型利用过程，实景模型如图 2.2-1 所示。

实景模型和数字模型融合可以解决基础设施行业的诸多问题。例如，对于一个改造项目，需要精确知道正在运行中的现实模型数据，并在此基础上深化改造，但是由于图纸欠缺及时间

图 2.2-1　实景模型

周期、人力成本等要求,无法通过传统的方式实现,而实景建模就可以解决这个问题。通过无人机、相机拍摄,以及激光扫描等技术获取数据,然后通过实景建模系统的识别运算生成三维模型,导入建模系统中,进行深化使用。

此外,实景建模技术还有很多应用场景,如 ContextCapture 建模可以应用于:

(1) 现状的分析与掌握。

(2) 风险管理。

(3) 市政道路设计及项目管理。

(4) 通过虚拟仿真技术对特殊环境下的地面工作人员进行培训和指导等。

2. Descartes

Descartes 通过将点云、可扩展的数字地形模型、光栅文件和原始文档集成到基础设施工作流中,充分利用所有的项目数据,同时也可以使用各种实景建模工具来帮助提升工作效率,获得更优的投资回报。

Bentley Descartes CONNECT 版本提供的工具集,可以集成和处理实景建模数据,如信息建模工作流中所使用的实景网格、点云、可伸缩的地形模型和光栅数据,其特点如下。

(1) 将实景建模集成到工程设计工作流。Bentley Descartes CONNECT 版本为综合项目交付提供了一个通用环境,将用户、项目和企业连接在一起。使用 Bentley Descartes CONNECT 版本,用户将拥有一个可以访问学习资源、社区和项目信息的个人门户。可以直接从"桌面"将包括"iModel"和"PDF"在内的个人文件共享给其他用户,或将这些文件暂存,以便在 Bentley 移动应用程序上轻松访问它们。通过新的项目门户,项目团队可查看项目详情和状态,并深入了解项目成果。

(2) 处理实景网格。实景网格是丰富的真实世界三维可伸缩网格,通常具有照片质感,是使用 Bentley 的 ContextCapture 软件自动从图像(包括从简单的手机照片到来自高端测量摄影机的图片)所创建的。利用 Bentley Descartes,可以快速轻松地处理网格,并生成截面图、提取地面和断裂线，还可生成正射影像、三维 PDF 和 iModel 文件。此外，还可以将网格与 GIS 和工程数据相集成，在网格的可视化背景下对该信息进行直观搜索、导航，并实现可视化和动画效果。

（3）点云处理。点云处理技术可以丰富、分割和分类点云并将其与工程模型相结合。然后，便可以利用 Bentley Descartes 进行三维建模，并提取截面图、断裂线和地面，进而快速高效地建模并支持设计过程控制。利用这些功能，可以更好地评估点云并生成更精确的工程模型。此外，还可以生成动画和渲染效果以供演示。实景处理及显示如图 2.2-2 所示。

图 2.2-2　实景处理及显示

（4）生成并处理大型可伸缩地形模型。用户可以从众多来源生成大型可伸缩地形模型，这些来源包括点云、断裂线、光栅数字高程模型以及现有的三角化不规则网络。可伸缩地形模型可通过与原始数据源保持同步而始终保持最新。该功能的价值在于，可生成所有数据的"当前全局集成"表示，并通过该表示使用各种显示模式执行分析，还可创建动画和可视化效果。

（5）确保数据互用性。Bentley Descartes 支持各种实景建模和工程数据类型，使用它可以充分利用对现有数据的投资，获得针对所有信息的更完整的集成视图，并以大多数标准行业格式简化可交付成果的生产以用于其他应用。

3. OpenRoads ConceptStation

OpenRoads ConceptStation 可以通过快速创建概念设计、改善决策过程加速项目进程。提供公路和桥梁设计功能，帮助道路和土地开发工程师创建符合环境的智能模型。浏览包含真实的数据和成本分析的概念设计备选方案，提高项目成效。

使用 OpenRoads ConceptStation，高速公路工程设计人员能够快速生成公路和桥梁的方案设计，可以根据实际环境创建智能数字模型。OpenRoads ConceptStation 将工程绘图工具与相关造价工具相结合，有助于在初步设计阶段制定更佳决策，这样工程师和设计师可在工程规划与投标前阶段评估更多方案。优势体现在提高设计效率、识别潜在高风险项，以及最大限度地降低开发成本。最佳设计确定后，可以随时将模型上传至 OpenRoads 的深化设计产品中对道路和桥梁进行进一步深化设计。通过对具有最优设计、更低成本以及更少风险的创意概念进行快速分析，路桥方案设计效果如图 2.2-3 所示。

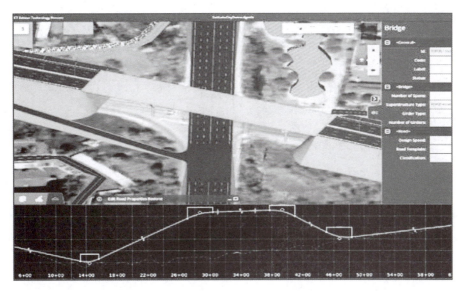

图 2.2-3　路桥方案设计效果

4. CNCCBIM OpenRoads

Bentley 软件公司基于 Bentley OpenRoads 技术，结合国家规范、国内用户习惯等本土化需求联合中交第一公路勘察设计研究院有限公司（简称中交一公院）研发的道路工程 BIM 正向设计软件，实现了基于 BIM 的道路三维设计、工程图纸输出、数字化交付等方面的应用。

CNCCBIM OpenRoads 可承接在方案设计阶段由 OpenRoads ConceptStation 生成的成果进行深化设计，也可与 Bentley 的实景建模、桥涵、隧道、交通工程、地质、管线、结构详图等软件成果无缝对接，同时完全支持 ProjectWise 协同工作和 iModel 进行项目交付，为国内交通建设行业的业主、设计、施工及监理等各参建方提供贯穿设计、施工、运维全生命周期的 BIM 解决方案。CNCCBIM OpenRoads 特点如下。

（1）标准化管理。通过 ProjectWise 协同环境和工作流，实现了用户、项目、工作环境和团队间的全球工作共享，打破地理和技术上的界限。工作空间托管可实现设计出图将标准统一、模型托管将内容统一、数据共用将设计统一。

（2）BIM 正向设计。支持道路工程的 BIM 正向设计整体流程，可生成各种复杂性道路、平交口、互通式立交的 BIM 模型。通过 BIM 设计模型可直接生成符合国家规范及本土化要求的传统二维设计成果（如平、纵、横图纸及相关设计表格等）。

CNCCBIM OpenRoads 的目标是：为每一位道路工程设计师提供正向三维设计的高效利器。

（3）数据联动、精确表达。全面支持设计图形、设计参数、参数化横断面模板与 BIM 模型的数据实时动态关联。基于上下文关联的直观界面和动态三维互动的实时设计体验，用户可通过多种修改模式（设计图形或设计参数）取得项目最佳方案，利用三维可视的设计模型可充分查看道路要素以提高设计成果质量，案例展示如图 2.2-4 所示。

（4）本地化程度高，操作更简便。CNCCBIM OpenRoads 融入了中交一公院多年来在道路工程设计和软件研发领域积累的丰厚经验，在规范符合、成果表达以及界面操作等方面贴合了中国用户的习惯。

设计流程简化，操作更为便捷，可实现路线、十字坐标、占地、示坡线、沿线构筑物等"自动"标注、"一键"出图出表，显著提升工作效率，道路横断面图纸效果如图 2.2-5 所示。

实景模型（来源：中交一公院——梅观高速清湖南段改扩建项目）

图 2.2-4　案例展示

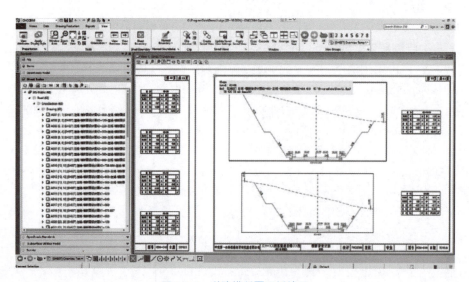

图 2.2-5　道路横断面图纸效果

5. OpenBridge Designer

OpenBridge Designer 是一款专业智能的桥梁 BIM 软件。应用它可以直接根据地形、道路、入口坡道以及相关基础设施来校准桥梁设计，同时提供桥梁的上、下部模板库，让复杂的桥梁模型设计能够被高效智能完成，并生成完整的桥梁几何线形报告，包括土木工程元素和桥梁元素报告、桥面和支座标高、数量以及成本估算。新一代的 OpenBridge Designer 完全融入了桥梁有限元分析技术，可以直接对桥梁模型进行有限元分析以及施工机具模拟，同时 OpenBridge Designer 可以直接进行渲染使设计变得更加鲜活，并且也增强了可视化功能，案例效果如图 2.2-6 所示，其特点如下。

（1）土木工程集成。OpenBridge Designer 支持直接参考 DGN 模型，以获取利用 Bentley OpenRoads 以及 LandXML 文件创建的高速公路线形、剖面和地面信息。如果参考数据发生变更，则基于设计规则的参数化桥梁模型会自动响应这些变更。

（2）数据重用可节省时间并减少错误。OpenBridge Designer 通过重用数据有助于消除数据输入所花费的时间，同时减少操作人员失误，尤其是在进行了设计修改以响

图 2.2-6 效果案例

应整个桥梁项目过程中所做的变更时更是如此。这样，团队成员就可以专注于处理复杂的工程问题，并执行更多分析和代码检查，以优化设计。

（3）施工工程交付。通过实时交通模拟改善施工规划，并以虚拟方式浏览三维路线模型，以检查其是否存在设计缺陷或实际冲突。与 Bentley Navigator 集成，可用于设计校审、施工模拟和自动碰撞检测。与 RM 实现数据互用，可评估施工排序的可行性。

6. OpenBuildings Designer

OpenBuildings Designer 可以帮助不同建筑专业与分布在不同地域的团队之间就设计意图达成有效沟通，消除沟通障碍。OpenBuildings Designer（在以前的版本中称为 AECOsim Building Designer）提供建筑信息模型（BIM）技术，让您更有自信，使您更快地交付建筑成果，对设计、工作流、功能和交付成果充满信心。

OpenBuildings Designer 包含了建筑、结构、电气及设备等四个专业模块，它们被整合在同一个设计环境中，用同一套标准进行设计，同时，增加了一些设计工具的集成和优化，例如，用户可以使用一个编辑命令修改所有的构件，在 OpenBuildings Designer 中拥有着丰富的参数化建模模块，以及管线综合及管线碰撞检测功能、工程量概算自动统计功能等。

OpenBuildings Designer 在综合管廊应用效果如图 2.2-7 所示。

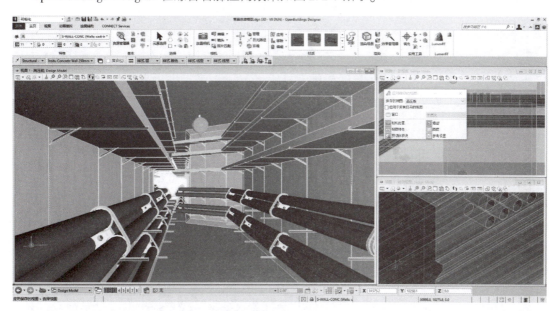

图 2.2-7 综合管廊应用效果

7. ProStructures

ProStructures 是 Bentley 产品中的专业级的施工设计软件，是面向加工级别的结构详细模型

软件,它从施工的角度建立模型、统计材料,而不是从设计的角度进行操作。

ProStructures 作为一款先进的详图软件,在实际项目中有着广泛的应用。ProStructures 有两个相对独立又高度集成的模块,即 ProSteel 和 ProConcrete。这两个模块既可以单独使用也可以结合利用,例如混凝土基础及钢结构梁、柱等设计。ProStructures 的特点有:

(1) 内置丰富的钢结构节点库。
(2) 便捷地系统出图及统计工程量报表。
(3) 新扩展的异形体配筋(面配筋)方便用户轻松应对结构配筋。
(4) 便于进行桥梁结构配筋。

参数化管廊配筋效果与基础结构配筋效果如图 2.2-8、图 2.2-9 所示。

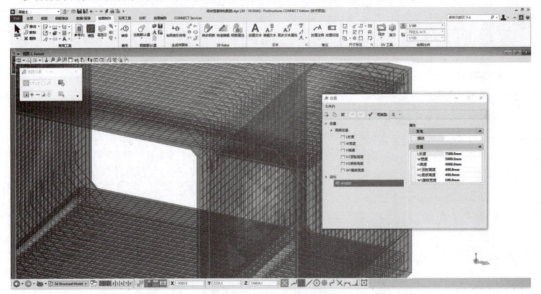

图 2.2-8 参数化管廊配筋效果

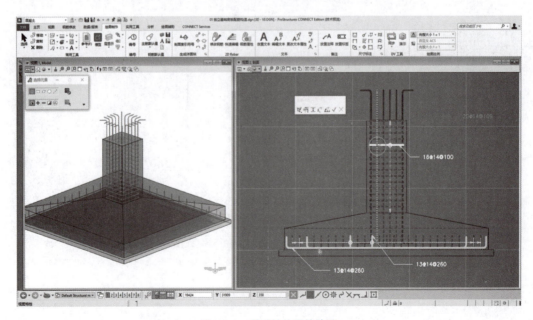

图 2.2-9 基础结构配筋效果

8. OpenRail Designer

OpenRail Designer 是 Bentley 系列软件中专门针对轨道交通设计的一款用于简化铁路网资产的项目交付参数化建模环境的软件。它吸收并集成了 OpenRoads Designer、Bentley Rail Track、PowerRail Overhead Line、SUDA、OpenSite Designer 等多款软件的优点。而且作为轨道交通行业的平台软件，行业内的工程师可应用 OpenRail Desginer 来完成测绘、线路、路基、轨道、隧道、综合管网、接触网、场地规划等多个专业、复杂的方案与详细设计任务。并可通过适当的配置来支持各种国际标准，让用户在处理复杂项目的过程中拥有更加灵活的控制性。这款软件可适用于多种与轨道相关的工程项目，例如轻轨、地铁、高铁以及磁悬浮项目等。OpenRail Designer 具有的工具有：

（1）DTM 工具。可以处理 DGN、DWG、TXT、DEM 等多种格式的测量数据，生成三角地形网格。

（2）CAD 工具。基于 Microstation 图形平台，拥有强大的 CAD "几何" 功能。

（3）平面曲线、纵面曲线工具。创建符合铁路规范的圆曲线、缓和曲线（包括三次抛物线）。

（4）轨道超高工具。创建符合铁路规范的轨道超高曲线。

（5）道岔工具。快速创建符合本地标准的道岔库及道岔。

（6）线性回归工具。通过处理既有线路的离散中心点，快速回归分析出既有线路的线路中线，包含平曲线和纵曲线。

（7）铁路道床路基三维建模工具。通过定义横断面模板，快速创建道床路基模型。

（8）出图工具。

（9）报告统计。生成工程量报表。

（10）轨道线型数据导出。最终将轨道线路数据导出到测量仪器、捣固机等可以识别的格式。

（11）接触网设计模块。

超高设计模型效果如图 2.2-10 所示。

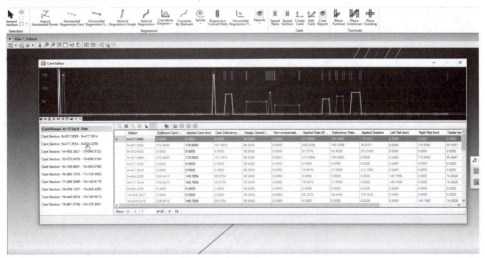

图 2.2-10　超高设计模型效果

9. Bentley Navigator

Bentley Navigator 是信息模型的三维浏览、校审和项目协同工具。它支持现场访问土木工程项目数据，交互查看、分析并补充各种不同的项目信息。通过协同工作加快审批解决设计中的问题，在办公室、网页端和现场通过互相协作来更清晰地了解项目规划和执行，其特点如下：

（1）查看、浏览和标记三维 iModel 以及相关的工程图和各类文档，如图 2.2-11 所示。

（2）以统一方式实时收集所有现场数据，通过定制表单输入数据并将数据与项目同步。

（3）通过 ProjectWise 安全地访问模型和相关文件，确保拥有最新版本的项目信息。

（4）对模型进行沉浸式导航。

（5）以触控方式导航浏览项目，利用常用手势旋转、缩放和平移模型。

（6）可在联机或者脱机模式下工作。

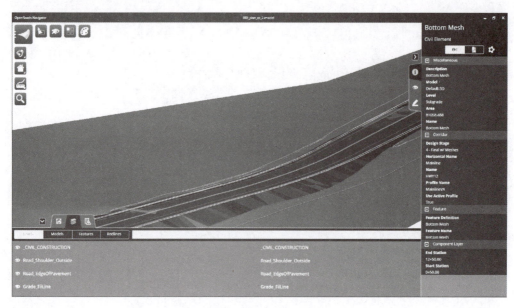

图 2.2-11　项目查询

10. LumenRT

LumenRT 是一款强大的渲染及动画制作工具。它操作简单，易学易用，效果震撼，与 Bentley 解决方案无缝集成，只需"一键"导入，即可将设计或施工模型置于栩栩如生的环境中。无须借助第三方软件或团队，就可以做成效果逼真、表现震撼的动画，让方案被迅速地理解和消化，其特点如下：

（1）自带丰富的素材库，且各种素材自带生动的写实属性，如树木会随风摇曳、树叶颜色随四季变化；人物会有轻微动作；车辆在夜晚会自动开启车灯等。

（2）实施渲染。

（3）精准的日夜照明。

（4）天气、季节、时间调节方便、简单。

（5）通过创建关键帧，可自动计算动画路径。

整体展示效果如图 2.2-12 所示。

图 2.2-12　整体展示效果

11. Legion

Legion 是一款行人仿真、人流模拟和建模软件，可通过模拟和分析铁路和地铁站、体育馆、购物中心和机场等基础设施的客流量，准确测试设计和运营或商业计划，以完善客流量、路线导航、人群管理以及安全和保障策略。通过 Legion 软件，用户可以优化空间利用，从而提高安全性、效率和收益。

Legion 软件主要分为两大模块，LEGION Model Builder 和 LEGION Simulator。

LEGION Model Builder 模块主要有仿真和建模功能，通过构建精确的空间模型，并可以根据"关键输入"数据对其进行模拟和分析。

根据"关键输入"数据（如设计、需求和运营数据）构建模型，可以准确模拟运行和评估例如火车站、体育馆、机场、商业写字楼、剧院、广场、交通枢纽以及人们聚集的场所，其特点有：

（1）简化建模。利用路线自动规划、增强智能性以及简化对象，轻松构建和审查模型。

（2）重复利用数据。跨项目和团队定义、重复利用和共享对象，并将运营数据链接到模型，使用灵活且易于审计的数据模板轻松准备和导入模型。

（3）数据互用。从 CAD/IFC 文件类型中导入建筑几何图形。通过集成的 CAD 工程图功能，可快速修改设计，利用所需数据（包括目标数据和实体类型）减少审计时间并允许模型快速更新。

使用 Legion 优化的原设计方案及优化后设计方案如图 2.2-13、图 2.2-14 所示。

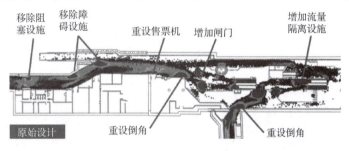

图 2.2-13　原设计方案

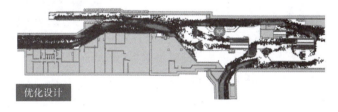

图 2.2-14　优化后设计方案

12. SYNCHRO

SYNCHRO 提供了"高度互操作"的数字技术，推动建筑行业从传统的 2D 规划和矩阵式工作流程向高度协作与高效的 4D 可视化规划及 VDC 项目管理流程发展。SYNCHRO 提供了一个单一的技术解决方案，可为施工进度把关，并准确地将可视化、分析、编辑和进度模拟应用于项目，包括在建及临建设施。这个可视化且数据丰富的环境使所有团队成员都参与到一个透明的进度过程中，以优化各种类型的施工项目，从投标到施工，从变更到移交，其结果是达到"持续改进、消除浪费、增加价值"。项目实施效果如图 2.2-15 所示。

图 2.2-15　项目实施效果

13. Plaxis

Plaxis 是一款强大的岩土有限元计算软件，现在已广泛应用于各种复杂岩土工程项目的有限元分析中，如：大型基坑与周边环境相互影响、盾构隧道施工与周边既有建筑物相互作用、大型桩筏基础（桥桩基础）与邻近基坑的相互影响、板桩码头应力变形分析、库水位骤升骤降对坝体稳定性的影响、软土地基固结排水分析、基坑降水渗流分析及完全流固耦合分析、建筑物自由振动及地震荷载作用下的动力分析、边坡开挖及加固后稳定性分析等。地质应力分析效果如图 2.2-16、图 2.2-17 所示。

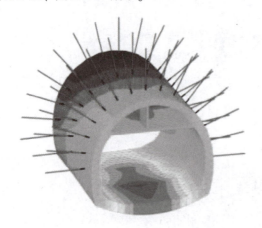

图 2.2-16　地质应力分析效果（一）

图 2.2-17　地质应力分析效果（二）

14. ProjectWise

ProjectWise 可说是 BIM 工程的"利器"，"没有协同的 BIM，不是真正的 BIM"，在 Bentley 的解决方案中，ProjectWise 承担了这个重要角色。ProjectWise 可以在工程项目的规划、设计、建设过程中实现对工程图纸和资料的有效管理与控制，确保分散的工程内容的唯一性、安全性和可控制性，使分散的项目团队成员及时沟通与协作，并且能够迅速、方便、准确地获取所需要的工程信息。

在 ProjectWise 协同工作环境下，不同的用户登录到同一个 ProjectWise 服务器上，根据权限的不同，获取不同的工作内容。用户可以通过 ProjectWise Explorer 客户端、网页端、移动端来访问这些内容。使用 ProjectWise 生成的项目目录如图 2.2-18 所示。

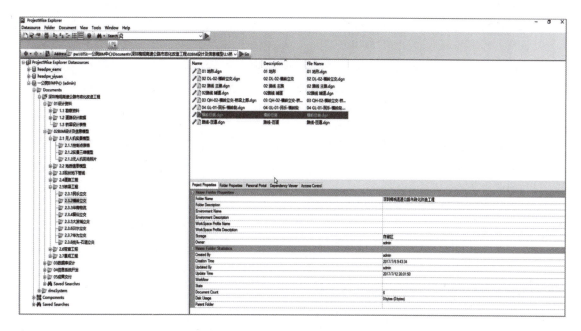

图 2.2-18　项目目录

15. AssetWise Connect

AssetWise Connect 可充分利用互连数据环境（简称 CDE）进行项目运营。AssetWise Enterprise Interoperability 利用多个数据源和第三方系统提供统一的资产信息视图，从而将 CDE 扩展到整个企业。凭借 AssetWise Enterprise Interoperability，信息可以在合适的位置进行管理，还可以在不同的运营、维护和工程系统中根据需要进行提供。

公路解决方案

·航拍及点云处理：ContextCapture，Point Tools

·道路方案设计：OpenRoads ConceptStation

·道路建模：CNCCBIM OpenRoads

·桥梁建模及分析：OpenBridge Designer

·桥梁结构配筋：ProStructures

·道路给水排水管网：CNCCBIM OpenRoads

·整体模型动画渲染：LumenRT

·关键帧及路径动画：OpenBuildings Designer

·施工平台轻量化展示：Bentley Navigator

·4D 施工模拟：SYNCHRO

·协同管理平台：ProjectWise

·设备资产运维管理：AssetWise

市政解决方案

·航拍及点云处理：ContextCapture，Point Tools

·道路方案设计：OpenRoads ConceptStation

·道路建模：CNCCBIM OpenRoads

·桥梁建模及分析：OpenBridge Designer

·综合管廊节点建模：

主体结构：OpenBuildings Designer
桥架、廊内给水排水管道：OpenBuildings Designer
管廊平纵：CNCCBIM OpenRoads
- 管廊结构配筋：ProStructures
- 市政给水排水管网：CNCCBIM OpenRoads
- 整体模型动画渲染：LumenRT
- 关键帧及路径动画：OpenBuildings Designer
- 4D 施工模拟：SYNCHRO
- 协同管理平台：ProjectWise
- 设备资产运维管理：AssetWise

轨道交通解决方案
- 航拍及点云处理：ContextCapture，Point Tools
- 轨道交通方案设计：OpenRail ConceptStation
- 轨道交通路线建模：OpenRail Designer
- 桥梁建模及分析：OpenBridge Designer
- 轨道交通车站节点建模：
  主体结构：OpenBuildings Designer
  车站机电：OpenBuildings Designer
- 洞门建模：OpenBuildings Designer
- 车站内人流模拟：Legion
- 岩土有限元分析：Plaxis
- 结构配筋：ProStructures
- 4D 施工模拟：SYNCHRO
- 市政给水排水管网：CNCCBIM OpenRoads
- 整体模型动画渲染：LumenRT
- 关键帧及路径动画：OpenBuildings Designer
- 协同管理平台：ProjectWise
- 设备资产运维管理：AssetWise

第3章 工作环境

3.1 工作环境的意义

在实际工程中,我们时常会遇到各种各样的工程项目,此类项目因所在的地区、行业等的不同,所需要的工作环境也是各异的。而这些工作环境即是工程项目在设计、施工中所遵循的规则和标准。

关于工作环境,需要记住以下内容:
(1) 不同的应用软件所带的工作环境也不同,使用时需要选择正确的工作环境。
(2) 不要双击打开 DGN 文件。双击打开某个文件,其实是用某种我们不确定的工作环境打开了这个文件。当我们向设计文件中添加内容时,程序是从"环境"中取出东西,再放到文件中。如果工作环境不确定,向设计文件里添加的内容也是不确定的。因此,我们要养成先启动软件,选择正确的工作环境后,再打开所选择文件的习惯。
(3) 工作环境是可以定制的。各个单位应该在软件提供的通用工作环境的基础上来扩展适合自己企业、项目的工作环境。
(4) 工作环境可以由协同工作系统"ProjectWise"进行托管。这样做的目的是让整个项目团队使用同一个工作环境,统一标准。

3.2 工作环境配置管理

3.2.1 配置文件

(1) 配置文件中包含了很多变量和数据,CNCCBIM OpenRoads 利用一系列的配置文件(.cfg)将程序引导到正确的位置和环境下。
(2) 不同层级的配置文件有不同的含义,例如系统级配置文件供 MicroStation 使用(CNCCBIM OpenRoads 的底层平台是 MicroStation)。
(3) 配置变量的前缀不同层级也不同,其中"_USTN_"前缀的属于框架变量,一般用于指导软件的基本流程和路径。
(4) 有些配置文件不建议用户修改,例如系统级配置文件和应用级配置文件,有些配置文件需要用户修改。
(5) "Configuration"文件夹包含了 CAD 标准、项目数据设置、文件夹和文件设置等内容。

3.2.2 系统配置文件分类

系统配置文件一般在"C:\Program Files\Bentley\CNCCBIMOpenRoads\CNCCBIMOpenRoads\config"文件夹下。

图 3.2-1 列出了 CNCCBIM OpenRoads 不同层级的配置变量,level 0 到 level 5,越靠后的优先级越高,会覆盖前面低级别的配置变量的定义。

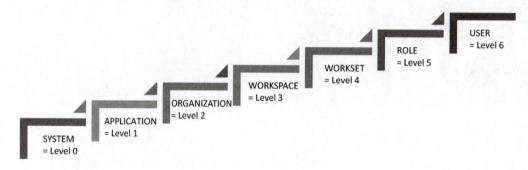

图 3.2-1 配置变量级别

CNCCBIM OpenRoads 不同层级的配置文件及特点见表 3.2-1。

表 3.2-1 CNCCBIM OpenRoads 不同层级的配置文件及特点

配置文件	特点
Level 0——System	• 系统级配置文件供 MicroStation 使用,为某些资源提供默认位置,操作选项 • 系统级配置变量可以被其他优先级更高的配置变量覆盖 • 不建议用户修改系统级配置变量
Level 1——Application	• 应用级配置文件供专业软件使用,如 CNCCBIM OpenRoads • 应用级配置变量定义软件的默认位置和行为 • 不建议用户修改
Level 2——Organization	• 行业级配置变量指定行业范围的标准 • 包含 MicroStation 提供的一个示例文件夹 Organization 和 Civil 专业的标准 Organization-Civil
Level 3——WorkSpace	• 工作空间是一个集合 • 定义了工作集、标准文件和在特定范围内使用的相关配置文件的上下文环境

(续)

配置文件	特点
Level 4——WorkSet Windows (C:) › ProgramData › Bentley › CNCCBIMOpenRoads › Configuration › WorkSpaces › CNCCBIM Examples › WorkSets Name　　　　　　　Type WS-Metric　　　　　File folder WS-Metric.cfg　　　Bentley MicroStation Configuration WS-Metric.dgnws　　DGNWS File	·工作集是文件和相关数据的逻辑分组 ·每个工作集都属于一个工作空间 ·每个工作集有一个或多个配置文件，指定组成工作集资源和各种设计文件的位置
Level 5——Role	·一些行业组织可能希望覆盖或扩充标准，例如级别库、单元库或其他基于特定用户在行业组织中的角色 ·管理员可以选择提供基于角色的配置文件 ·这个是 CONNECT OpenRoads 版本中添加的新级别
Level 6——User	用户级配置变量存储在用户自身的配置文件（.ucf）中

3.2.3 配置文件的读取

在 CNCCBIM OpenRoads 程序里，针对 Civil 专业也有很多的配置变量。这些变量决定了配置文件能不能被软件成功加载和读取。

这些配置变量可以在两个地方查看：一是工作环境里的 .cfg 文件；二是通过打开软件后，找到软件的配置变量对话框，如图 3.2-2 所示。

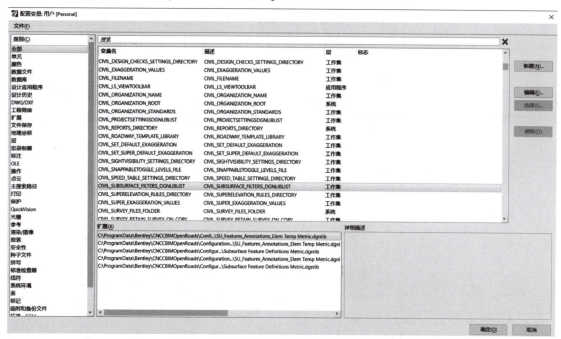

图 3.2-2　软件配置变量界面

配置变量的修改：第一种方法，直接在 .cfg 文件里修改，因为这些都是简单的文本文件，用户可以使用任何文本编辑器修改；也可以采用更直观的第二种方法，即通过打开软件找到变量对话框进行修改。

例如："CIVIL_CIVILCELLDGNLIBLIST" 变量，定义 CivilCell 的 .dgnlib 所在的位置。只要

在如图 3.2-3 中指定的四个路径中存在 CivilCell 的 .dgnlib 文件，软件就能读取到该文件。

如果设计人员创建一个新的 CivilCell 的 .dgnlib 文件，希望在除所示四个路径以外的路径下也能被系统成功读取调用，请按如下方法操作：

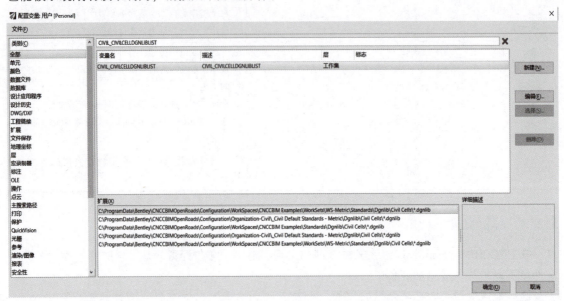

图 3.2-3　定位编辑对象

第一步，打开配置变量对话框，找到该配置变量。

第二步，编辑配置变量，添加路径，注"编辑模式"有两种：一种选项是"附加"，相当于是增加；另一种选项是"覆盖"，相当于替换当前的所有值，如图 3.2-4、图 3.2-5 所示。

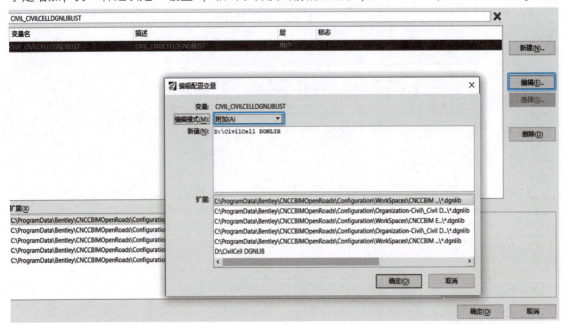

图 3.2-4　附加路径

备注：通过以上步骤实现的配置，最后保存到"User"用户层级。这个层级配置的内容适

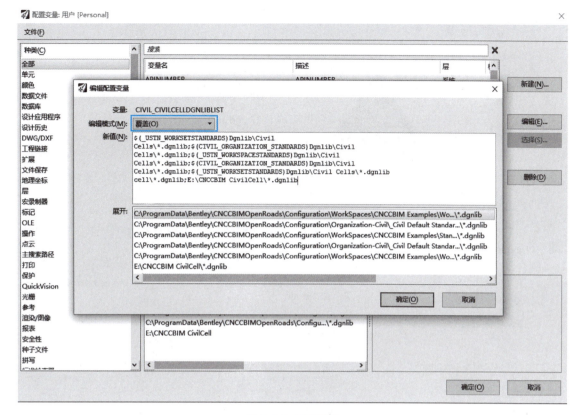

图 3.2-5 覆盖路径

用于个人使用，另外，这一层级的内容在重新安装软件时，通常容易被清除。理论上用户可以使用上面提到的两种方法来修改配置变量，但为了项目标准统一，建议对不同级别的配置变量区别对待。用户级配置变量由用户在软件中以修改变量的方法修改，系统级、应用级等配置变量由相应级别的管理员用修改"CFG"文件的方法修改。

3.3 工作环境应用层级的总体架构

CNCCBIM OpenRoads 的工作环境的总体架构分为 4 个层级，分别是行业标准、公司标准、项目标准和个人设置，分别与 Organization-Civil、WorkSpace、WorkSet 和 User 一一对应，如图 3.3-1 所示。

图 3.3-1 工作环境层级

3.3.1　Organization-Civil 层级：行业标准层级

行业标准层级特点如图 3.3-2 所示。

图 3.3-2　行业标准层级特点

行业标准层级文件路径为："C：\ ProgramData \ Bentley \ CNCCBIMOpenRoads \ Configuration \ Organization-Civil"，如图 3.3-3 所示。

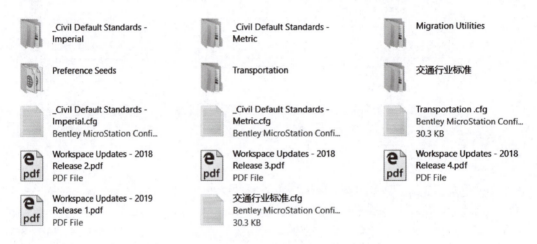

图 3.3-3　行业标准层级文件

3.3.2　WorkSpace 层级：公司标准层级

公司标准层级特点如图 3.3-4 所示。

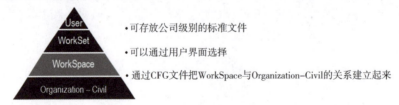

图 3.3-4　公司标准层级特点

公司标准层级文件路径为："C：\ ProgramData \ Bentley \ CNCCBIMOpenRoads \ Configuration \ WorkSpaces"，如图 3.3-5 所示。

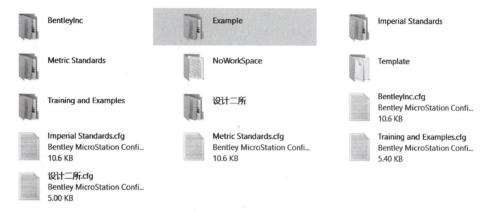

图 3.3-5　公司标准层级文件

3.3.3　WorkSet 层级：项目标准层级

项目标准层级特点如图 3.3-6 所示。

图 3.3-6　项目标准层级特点

项目标准层级文件路径为"C：\ ProgramData \ Bentley \ CNCCBIMOpenRoads \ Configuration \ WorkSpaces \ CNCCBIM Examples \ WorkSets"，如图 3.3-7 所示。

图 3.3-7　项目标准层级文件

3.3.4　User 层级：个人设置层级

个人设置层级特点如图 3.3-8 所示。

图 3.3-8　个人设置层级特点

个人设置层级文件路径为："C：\Users\用户名称\AppData\Local\Bentley\CNCCBI-MOpenRoads\10.0.0\prefs"，如图3.3-9所示。

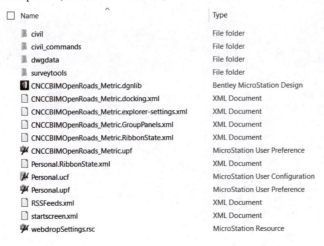

图3.3-9　个人设置层级文件

3.4　工作环境的创建

在深入了解工作环境的架构后，如何快速创建符合本单位的工作环境呢？

3.4.1　快速找到Program Data

不管是"C盘"还是其他"盘"，首先找到"Program Data"文件夹，如果找不到Program Data文件夹的话，请注意该文件夹是不是被隐藏了？如果是，可以通过Windows设置把隐藏文件显示出来，如图3.4-1所示。

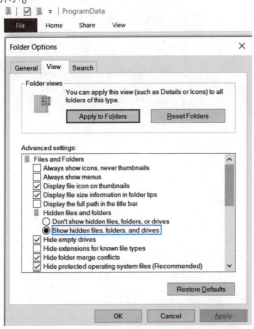

图3.4-1　文件夹显示设置

3.4.2 找到 CNCCBIM OpenRoads 工作环境配置文件

双击"C 盘"或者其他"盘",找到"Program Data"文件夹,找到"Bentley"文件夹,找到"CNCCBIM OpenRoads"文件夹(如果在该文件夹找不到工作环境配置文件,请点击 Bentley 其他文件夹,找到正确的工作环境配置文件为止),找到"Configuration→Organization-Civil"。

详细路径如图 3.4-2 所示。

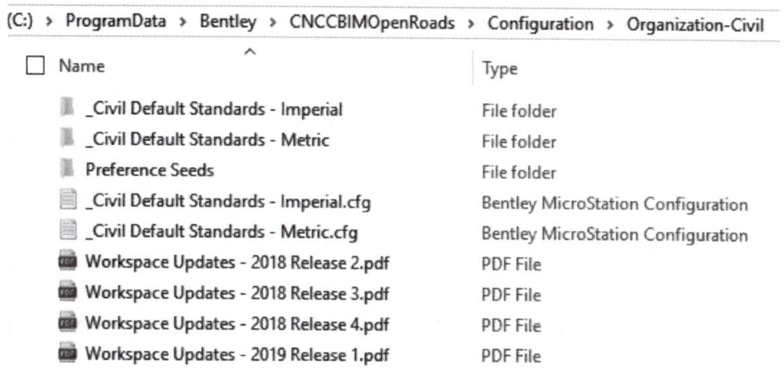

图 3.4-2 工作空间路径

3.4.3 创建行业层级标准

在如图 3.4-3 所示文件夹内,复制、粘贴"_Civil Default Standards-Metric"文件夹和"_Civil Default Standards-Metric.cfg"文件。把复制后的文件与文件夹改名为"交通行业标准"。在交通行业标准文件夹里,通过各种配置文件来配置当前行业所需要的标准。

路径为"C:\ProgramData\Bentley\CNCCBIMOpenRoads\Configuration\Organization-Civil"。

3.4.4 创建公司层级标准

(1)来到"Configuration"文件夹,双击"WorkSpaces"文件夹,如图 3.4-4 所示。

路径为:"C:\ProgramData\Bentley\CNCCBIMOpenRoads\Configuration\WorkSpaces"。

图 3.4-3 行业标准　　图 3.4-4 找到配置文件

(2)复制、粘贴"Metric Standards"文件夹和.cfg文件,并更名为"BentleyInc",如图 3.4-5 所示。

路径为:"C:\ProgramData\Bentley\CNCCBIMOpenRoads\Configuration\WorkSpaces"。

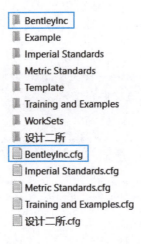

图 3. 4-5　自定义标准

（3）在当前界面下，打开“BentleyInc. cfg”文件，把“Civil_ORGANIZATION_NAME”变量附上行业所需标准，即“交通行业标准”，如图 3. 4-6 所示。

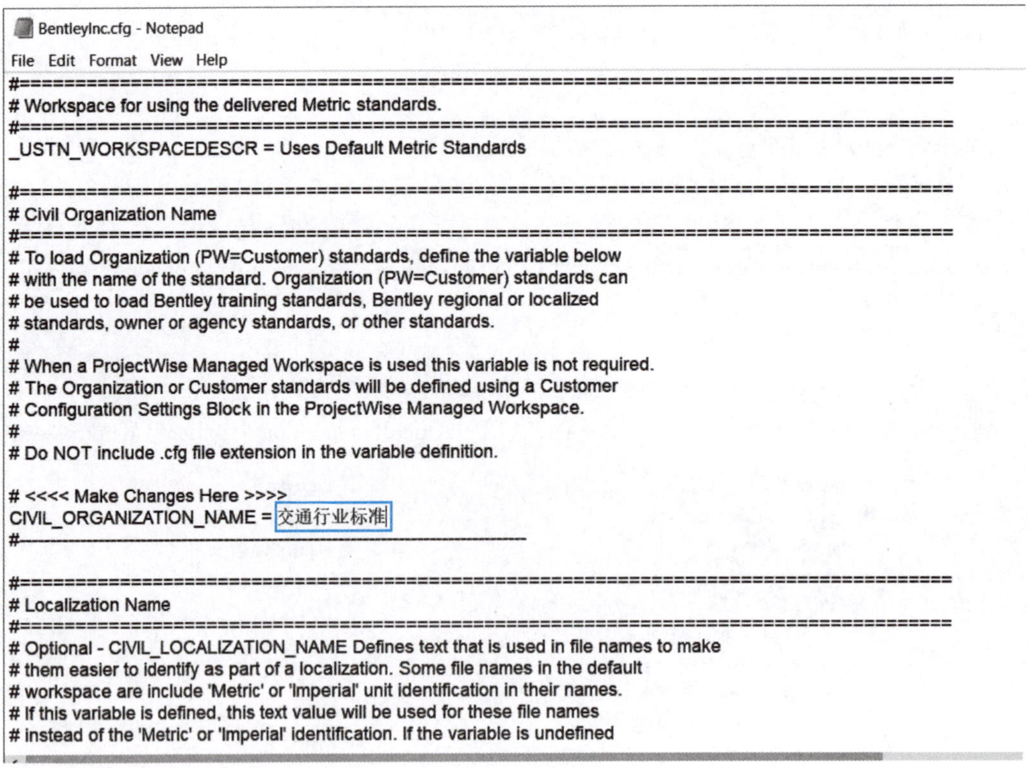

```
BentleyInc.cfg - Notepad
File  Edit  Format  View  Help
#==========================================================================
# Workspace for using the delivered Metric standards.
#==========================================================================
_USTN_WORKSPACEDESCR = Uses Default Metric Standards

#==========================================================================
# Civil Organization Name
#==========================================================================
# To load Organization (PW=Customer) standards, define the variable below
# with the name of the standard. Organization (PW=Customer) standards can
# be used to load Bentley training standards, Bentley regional or localized
# standards, owner or agency standards, or other standards.
#
# When a ProjectWise Managed Workspace is used this variable is not required.
# The Organization or Customer standards will be defined using a Customer
# Configuration Settings Block in the ProjectWise Managed Workspace.
#
# Do NOT include .cfg file extension in the variable definition.

# <<<< Make Changes Here >>>>
CIVIL_ORGANIZATION_NAME = 交通行业标准
#------------------------------------------------------------

#==========================================================================
# Localization Name
#==========================================================================
# Optional - CIVIL_LOCALIZATION_NAME Defines text that is used in file names to make
# them easier to identify as part of a localization. Some file names in the default
# workspace are include 'Metric' or 'Imperial' unit identification in their names.
# If this variable is defined, this text value will be used for these file names
# instead of the 'Metric' or 'Imperial' identification. If the variable is undefined
```

图 3. 4-6　编辑自定义标准

3. 4. 5　创建项目层级标准

（1）启动软件，在“WorkSpace”里选择“BentleyInc”，如图 3. 4-7 所示。

（2）在选择“BentleyInc”后，在软件界面上，创建“WorkSet”，命名为“公路项目”，如图 3. 4-8、图 3. 4-9 所示。

图 3.4-7　工作空间选择 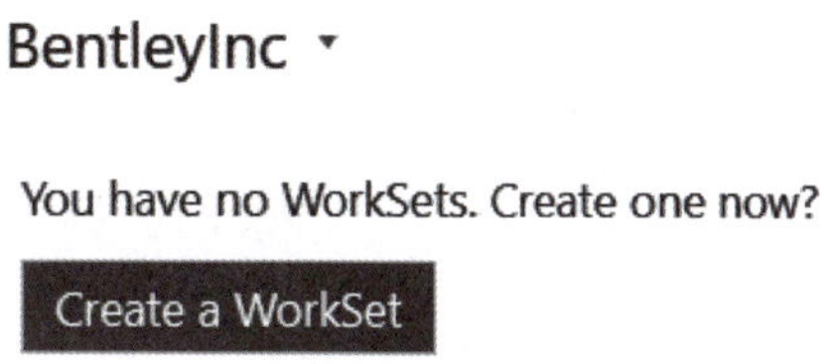　　　　　　　　图 3.4-8　新建项目标准

图 3.4-9　新建工作空间

（3）通过以上几步完成创建适合本单位的工作环境。

3.5　工作环境里的配置文件简介

当我们把工作环境创建完成后，接下来按层级介绍工作环境里所存储的配置文件。

3.5.1 行业标准层级配置文件简介

"交通行业标准"在"Organization-Civil"里存储如图 3.5-1 所示的配置文件。

路径为："C:\ProgramData\Bentley\CNCCBIMOpenRoads\Configuration\Organization-Civil\交通行业标准"。

图 3.5-1　行业标准

图 3.5-1 中不同文件夹存储不同的配置文件，下面介绍几个在实际项目中经常用到的"文件夹"。

（1）"Cell"文件夹，创建地下公共设施节点的 Cell 文件也存储在这个文件夹里，如图 3.5-2 所示。

路径为："C:\ProgramData\Bentley\CNCCBIMOpenRoads\Configuration\Organization-Civil\交通行业标准\Cell"。

（2）"Dgnlib"（库）文件夹，存储着"CNCCBIM OpenRoads"重要的配置文件，如图 3.5-3 所示。

路径为："C:\ProgramData\Bentley\CNCCBIMOpenRoads\Configuration\Organization-Civil\交通行业标准\Dgnlib"。

1）"Civil Cells"文件夹是用来存储土木单元的"Dgnlib"文件，也就是说存储在这里的土木单元，可以被当前工作环境的所有项目使用。

图 3.5-2　Cell 文件夹内容

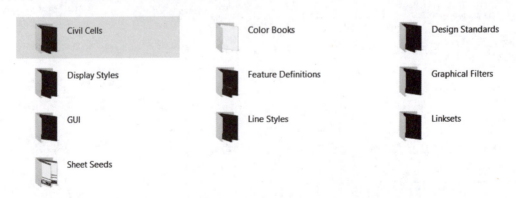

图 3.5-3　Dgnlib（库）文件夹内容

2)"Design Standards"文件夹是用来存储设计规范。

3)"Feature Definitions"文件夹(图3.5-4)是用来存储路线、铁路、场地、地下管网、测绘和出图所需的显示及标注样式。在这些"Dgnlib"文件里,可以创建某特征定义所使用的线型、颜色、图层、材质等内容。在设计期间,当选用某一个特征定义去绘制路线或者是去创建模板组件时,在文件里最直观地表达出来的,是路线或组件都会被分门别类地存储在不同图层里。相反,如果在设计过程中,不对元素赋予特征定义,所有的元素都会被自动保存在"Default"层。项目的工程量也是按照特征定义来进行统计的。"特征定义种类详细,工程量统计也详细",反之亦然。

图3.5-4 特征定义

4)"Sheet Seeds"文件夹是用来存储出图的种子文件。

(3)"Materials"文件夹是用来存储材质图片及配置文件,如图3.5-5所示。添加新的材质时,首先,把材质图片存储在"pattern"文件夹里。其次,在"materials.dgnlib"配置文件里自定义材质名称,然后把材质名称与材质图片关联起来,在项目设计的时候即可直接或间接使用。

路径为:"C:\ProgramData\Bentley\CNCCBIMOpenRoads\Configuration\Organization-Civil\交通行业标准\Materials"。

图3.5-5 材质定义

(4)"Seed"(种子)文件夹(图3.5-6)是用来存储新建文件所需的二维(2D)和三维(3D)的种子文件。

图3.5-6 "Seed"(种子)文件夹内容

（5）"Sheet Borders"文件夹是用来存储项目所使用的图框。

（6）"Superelevation"文件夹是用来存储超高设计规范。

（7）"Template Library"文件夹是用来存储"CNCCBIM OpenRoads"的模板文件。

（8）"Widening"文件夹是用来存储线性构筑物的宽度配置文件。

3.5.2 公司标准层级配置文件简介

"BentleyInc"在"WorkSpaces"文件夹里存储如图 3.5-7 所示文件。

路径为："C：\ProgramData\Bentley\CNCCBIMOpenRoads\Configuration\WorkSpaces\BentleyInc"。

图 3.5-7 公司标准

（1）"Standards"文件夹用来存储一系列与行业标准相类似的配置文件。打开这些文件夹，会发现文件夹里除了 Readme.txt 文件之外，没有保存任何配置文件。这里表述的意思是，系统实际上没有设置公司标准的配置文件。换句话说，公司标准层级读取的是行业标准层级的配置文件。当然，用户可以创建符合公司级别的标准配置文件，把这些标准配置文件存储在如图 3.5-8 所示相对应的文件夹内，公司标准层级的配置文件就能在设计项目时使用了。

路径为："C：\ProgramData\Bentley\CNCCBIMOpenRoads\Configuration\WorkSpaces\BentleyInc\Standards"。

图 3.5-8 标准配置

（2）"WorkSets"文件夹用来存储当前"WorkSpace"下的所有项目。如图 3.5-9 所示有三个项目："Roads""公路项目"和"水运项目"，用户可以根据实际需要去创建项目。

图 3.5-9 企业标准下项目标准

路径为："C：\ProgramData\Bentley\CNCCBIMOpenRoads\Configuration\WorkSpaces\BentleyInc\Worksets"。

3.5.3 项目标准层级配置文件简介

项目标准文件夹下有如图 3.5-10 所示内容。

路径为："C:\ProgramData\Bentley\CNCCBIMOpenRoads\Configuration\WorkSpaces\BentleyInc\Worksets\公路项目"。

图 3.5-10 项目文件夹内容

（1）"DGN"文件夹用来存储当前设计项目的 DGN 文件，但是不建议把项目文件保存在这个位置，该路径比较深，不容易找且如果操作系统进行重装的话会清除系统盘内容，会删除项目文件，造成工作的损失。

（2）"Standards"（标准）文件夹，如图 3.5-11 所示。

路径为："C:\ProgramData\Bentley\CNCCBIMOpenRoads\Configuration\WorkSpaces\BentleyInc\Worksets\公路项目\Standards"。

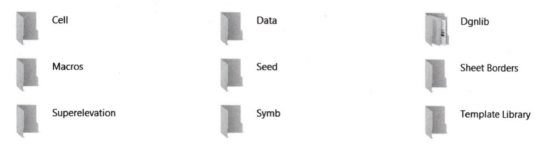

图 3.5-11 标准文件夹内容

"Standards"文件夹存储的文件夹与行业标准类似。设计项目所需要的配置文件都在这个文件夹里。不过这些文件夹都是空的，没有保存任何配置文件。这里表述的意思是，系统没有设置项目标准的配置文件。换句话说，项目标准层级读取的是行业标准层级的配置文件。当然，用户可以为不同类型的项目创建不同的配置文件，然后把配置文件放在相对应的文件夹内，项目级的配置文件便可在设计项目时使用了。

3.6 工作环境中配置文件的创建

说到 CNCCBIM OpenRoads 的工作环境，不得不提"Feature Definitions"文件夹中的配置文件，其中不仅定义了特征定义、标注样式、元素模板、图层、材质等与设计模型关系密切的内容，而且在文件夹中还定义了诸如文本、线型、字体样式、管网库等辅助设计文件。

接下来介绍"Feature Definitions"文件夹下配置文件的创建方法，其他配置文件的创建方法与之类似。

3.6.1 V8i 版本和 CONNECT 版本特征定义结构的区别

V8i 版本（PowerCivil、InRoads 等）和 CONNECT 版本（CNCCBIM OpenRoads，以下简称 CE）都使用了特征定义，新、旧版本在特征定义结构上是有区别的。

在 V8i 版本中，创建一个新的特征定义需要两步：第一步创建，第二步让元素模板与新的特征定义关联。V8i 版本特征调用如图 3.6-1 所示。

图 3.6-1　V8i 版本特征调用

在 CE 版本里，创建一个新的特征定义需要三步：第一步创建特征定义，第二步创建特征符号，第三步让元素模板与特征符号关联，特征符号与特征定义关联。CE 版本特征调用如图 3.6-2 所示。

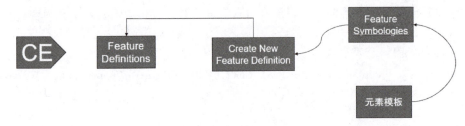

图 3.6-2　CE 版本特征调用

表面看来，CE 版本在创建特征定义的过程中，多了一个"特征符号"。不过，从前期的设计到后期的出图所涉及的配置文件来看是更便捷了。

V8i 版本 PowerCivil 除了需要特征定义的 .dgnlib 文件，还需要配置标注样式的 .xin 文件。

CE 版本 CNCCBIM OpenRoads 仅需要一个特征定义的 .dgnlib 文件即可。

3.6.2　特征定义文件路径及命名规则

特征定义文件的路径及命名需要符合配置变量 "CIVIL_CONTENTMANAGEMENTDGNLIBLIST" 的要求，如图 3.6-3 所示。注意特征定义文件的名称里可能要求有"Features"这样的字眼。

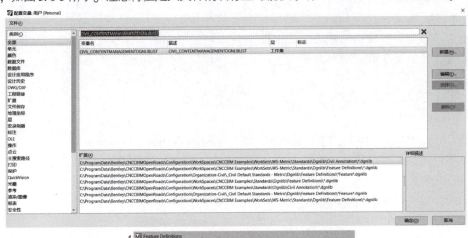

图 3.6-3　特征定义配置变量

3.6.3 特征定义的创建

特征定义的重要性，在前面章节已做了描述，接下来我们介绍如何创建符合项目需求的特征定义。

（1）打开配置文件。启动软件，选择合适的"WorkSpace"和"WorkSet"，启动界面如图 3.6-4 所示。

图 3.6-4　启动界面

点击"浏览"，找到并打开"Features_Annotations_Levels_Elem Temp Metric.dgnlib"文件，选择特征定义文件如图 3.6-5 所示。路径为："C:\ProgramData\Bentley\CNCCBIMOpenRoads\Configuration\WorkSpaces\BentleyInc\Worksets\公路项目\Standards\Dgnlib\Feature Definitions"。

图 3.6-5　选择特征定义文件

在软件界面上点选"主页"选项卡→"资源管理器"，管理窗口如图 3.6-6 所示。

图 3.6-6　管理窗口

资源管理器（图 3.6-7）打开后，在 CNCCBIMOpenRoads Standards 里查看.dgnlib 文件里的内容，比如特征定义（Feature Definitions）、特征符号（Feature Symbologies）、标注组（Annotation Groups）以及标注定义（Annotation Definitions）等。

图 3.6-7 资源管理器

（2）新建特征定义。下面以路线特征定义为例，介绍新建特征定义的基本流程，如图 3.6-8 所示。

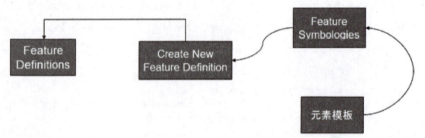

图 3.6-8 新建特征定义流程

在资源管理器里，展开"CNCCBIMOpenRoads Standards"，点击当前".dgnlib"文件，展开文件的详细内容，展开"特征定义"，找到"路线"，如图 3.6-9 所示。

点击 ☑ ／路线后，能看到该队列下存储的所有的特征定义。创建特征定义有两种方法：一种是新建特征定义，鼠标右键单击 ☑ ／路线，在弹出的菜单里选择新建类别或者新建特征定义，设定特征定义名称即可，如图 3.6-10 所示。

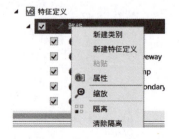

图 3.6-9 特征管理

图 3.6-10 新建特征定义

另一种是复制已有的特征定义：找到类似的特征定义，单击鼠标右键选择"复制"，然后重命名为"路线中心线"，如图 3.6-11、图 3.6-12 所示。推荐采用第二种方法，因为可以在现有特征定义属性的基础上进行修改，以避免因设置不完整导致特征定义属性缺失。

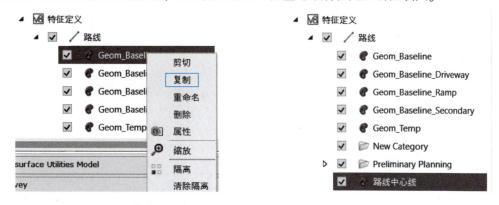

图 3.6-11　复制已有特征定义　　　　　图 3.6-12　重命名特征定义

选择"路线中心线"，单击鼠标右键选择"属性"，即可查看该特征定义属性，如图 3.6-13 所示。

图 3.6-13　特征定义属性

说明如下：

特征定义——名称种子：利用此特征定义绘制线形时，程序自动为这个线形命名："GeomBL、GeomBL1、GeomBL2……"。

项类型——可以为该特征定义添加属性。

路线

——廊道模板：为该特征定义附上横断面模板。目的是利用该特征定义绘制线形时，自动利用已定义的模板创建廊道的三维模型。

——纵断面特征符号：纵断面特征定义与特征符号进行关联。

——线性特征符号：线性特征定义与特征符号进行关联。

（3）新建特征符号。在特征定义☑ ／路线的目录树下，选中"路线中心线"，单击鼠标右键选择"属性"。根据"属性"的提示，分别到线性特征符号和纵断面特征符号队列创建"路线中心线"特征符号，如图3.6-14所示。

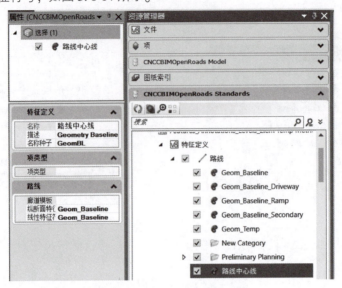

图3.6-14 定义特征属性

点选"特征符号"，找到"线性"目录树，来到"Alignment"目录树，复制"Geom_Baseline"并改名为"路线中心线"，如图3.6-15所示。收起"线性"目录树，点选"纵断面"目录树，在"Alignment"目录树下复制"Geom_Baseline"并改名为"路线中心线"，如图3.6-16所示。

图3.6-15 定义平面特征符号　　　　图3.6-16 定义纵面特征符号

1)"线性"特征符号属性说明，如图3.6-17所示。

平面图：在平面图里不仅可以定义平面线（"线性"）的标注风格，而且也可以定义平面线的直线段、圆弧段和缓和曲线段所用的颜色、图层、线型、线宽等。

——标注组：定义平面线所需要的标注风格。

——元素模板：平面线直线段所对应的元素模板。

——弧元素模板：平面线圆弧段所对应的元素模板。

——缓和曲线元素模板：平面线缓和曲线段所对应的元素模板。

平面交叉点投影至其它剖面——元素模板：在路线纵断面设计中，当需要把与该路线相交的路线的交叉点投影出来时，这些交叉点在纵断面设计视图里的表现形式，如颜色、线型等需要在对应的元素模板里设置。

三维——元素模板：定义路线中心线在三维（3D）视图的显示样式。

2)"纵断面"特征符号属性说明，如图3.6-18所示。

图3.6-17 "线性"特征符号属性

图3.6-18 "纵面"特征符号属性

标注组：与纵断面出图后的标注样式进行关联。选中后，通过下拉框选择标注样式。

纵断面——元素模板（曲线元素模板），用来定义纵断面里直线、曲线的图层、颜色、线型、线宽等内容。

(4) 新建元素模板。点击"主页"，通过"元素模板关联"的下拉框找到"管理"并点击，即可打开元素模板，如图3.6-19所示。

图3.6-19 元素模板

元素模板定义元素的属性。一个模板可同时存储多个元素属性。可以设置通用属性（例如层、颜色、线型和线宽）、闭合元素属性（例如区域和填充色）等，如图3.6-20所示。

图3.6-20　元素模板属性

在元素模板对话框里，可以按照项目要求新建模板组和模板。为了方便查找和后期调用，在元素模板的"Linear"目录树下，"Alignment"文件夹里创建特征定义所需要的元素模板："路线中心线""路线中心线缓和段"和"路线中心线圆弧段"。

新的特征定义"路线中心线"如果需要一个新的图层时，在层管理器 里，新建图层为"路线中心线"，并在元素模板里，将新建的元素模板与新建的图层关联上。例如在左边对话框里选中"路线中心线缓和段"，如图3.6-21所示，在右边对话框的"基本设置"里，点击"层"的位置，弹出下拉框，选中"路线中心线"图层即可。颜色、线型等设置可以按层设置，也可以在对话框里进行单独设置。例如，颜色选择"4"号色。

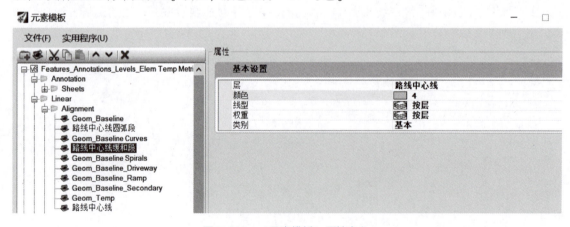

图3.6-21　"元素模板"属性定义

（5）关联起来。特征定义、特征符号以及元素模板分别创建完成后，最后的关键工作就是把三者关联起来。只有将特征符号、元素模板关联到特征定义上，此特征定义才能被设计时所使用。关联的步骤如下：

第一步，在资源管理器"CNCCBIMOpenRoads Standards"下找到特征定义"路线中心线"，单击鼠标

图3.6-22　关联特征符号

右键选择"属性"。在属性对话框的纵断面特征符号和线性特征符号两项内分别通过下拉框选择新建的特征符号"路线中心线"，如图3.6-22所示。

第二步，在资源管理器"CNCCBIMOpenRoads Standards"下找到纵断面特征符号"路线中心线"，单击鼠标右键选择"属性"，将对应的元素模板与纵断面特征符号相关联，如图3.6-23所示。采用同样的方法，将对应的元素模板与线性特征符号相关联，如图3.6-24所示。

图 3.6-23　关联元素模板（一）　　　　　图 3.6-24　关联元素模板（二）

3.7　工作环境中项目层级配置文件的读取

在上一个章节中提到，WorkSpace 和 Worksets 层级虽然都有与 Organation-Civil 层级相类似的配置文件夹，但是各文件夹内没有配置文件。总体而言，当我们以某一 Worksets 打开文件时，根据相关配置变量的设置，Organation-Civil、WorkSpace 和 Worksets 层级文件夹中的配置文件系统都是能读取到的，如果公司层级和项目层级的文件夹下没有配置文件，系统读取的就只是行业级别的配置文件。

以项目层级为例，现在各单位做的项目越来越具有综合性，项目类型多样。在项目实施之前，需要确定当前项目所需的图层、颜色、材质等设计标准的内容与行业层级的是否一致。如果不一致的话，需要在项目层级按需求定义当前项目独特的配置内容。

接下来介绍如何定制项目层级的"图层"，步骤如下：

第一步，在项目层级里的"Feature Definitions"文件夹里新建一个.dgnlib文件。在这个文件中添加需要的图层，如图3.7-1、图3.7-2所示。

图 3.7-1　项目层级特征定义文件

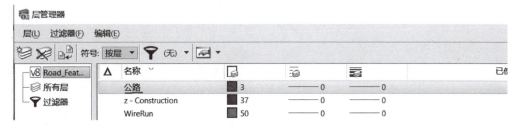

图 3.7-2　图层管理

第二步，启动软件，新建或打开.dgn文件，就能看到新建的"图层"。如未与特征定义文件匹配，请参见第三步。

第三步，在如图 3.7-3 所示路径下找到 "公路工程" 的 .cfg 文件。

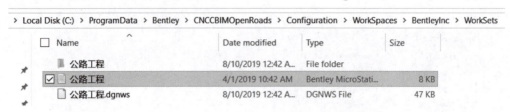

图 3.7-3　配置文件

打开文件（图 3.7-4），检查配置变量 "MS_DGNLIBLIST_LEVELS"，如图 3.7-5 所示，检查前文定义的 .dgnlib 文件的位置及名称是否正确。

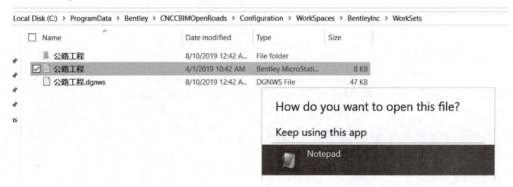

图 3.7-4　配置文件打开方式

```
70 #=================================================================
71 # Append WorkSet (PW=Project) standards to those defined by the
72 # Organization (PW=Customer) and WorkSpace (PW=Site) standards.
73 #
74 # If any files that define standards such as Levels, Element Templates,
75 # Text Styles, Feature Definitions, Graphical Filters, Civil Cells, GUI
76 # Customization, Sheet Borders, Sheet Seeds are included in the WorkSet
77 # standards folders they are automatically APPENDED to the standards
78 # defined by the Organization (PW=Customer) and WorkSpace (PW=Site).
79 #
80 # Include Levels, Element Templates, and Text Styles from the WorkSet (PW=Project) if they exist.
81 MS_DGNLIBLIST                 < $(_USTN_WORKSETSTANDARDS)Dgnlib/Feature Definitions/*.dgnlib
82 MS_LEVEL_LIB_DIR              < $(_USTN_WORKSETSTANDARDS)Dgnlib/Feature Definitions/
83 MS_DGNLIBLIST_LEVELS          < $(_USTN_WORKSETSTANDARDS)Dgnlib/Feature Definitions/*.dgnlib
84 # Include Line Styles from the WorkSet (PW=Project) if they exist.
85 MS_DGNLIBLIST                 < $(_USTN_WORKSETSTANDARDS)Dgnlib/Line Styles/*.dgnlib
```

图 3.7-5　查看配置文件

第四步，完成第三步设置后，再进行第二步的测试。

第4章 CNCCBIM OpenRoads工作流程及功能

4.1 CNCCBIM OpenRoads 简介

Bentley 软件公司基于 Bentley OpenRoads 技术，结合国家规范、国内用户习惯等本地化需求联合中交第一公路勘察设计研究院有限公司研发的道路工程 BIM 正向设计软件——CNCCBIM OpenRoads，主要面向公路、市政设计院，解决现有 BIM 设计软件缺乏本地化设计规范、模板及标注标准、交付等难题，提供基于 BIM 的道路三维设计、工程图纸的输出、数字化交付等方面的解决方案。

CNCCBIM OpenRoads 引入全新的综合建模环境，提供以施工驱动的工程设计，有助于加快路网项目交付，统一从概念到竣工的设计和施工过程。该应用程序提供完整且详细的设计功能，适用于勘测、给水排水、地下设施和道路设计。真实的 BIM 设计环境和设计过程能提高设计效率、保证设计质量；基于设计模型实现的"一键"式出图让 BIM 设计真正落地，大幅提高出图效率，满足现行交付要求。

4.2 工作流程示意

工作流程示意如图 4.2-1 所示。

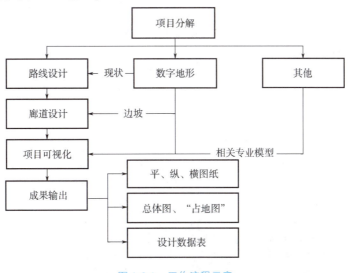

图 4.2-1 工作流程示意

4.3 系统界面

系统界面如图 4.3-1 所示。

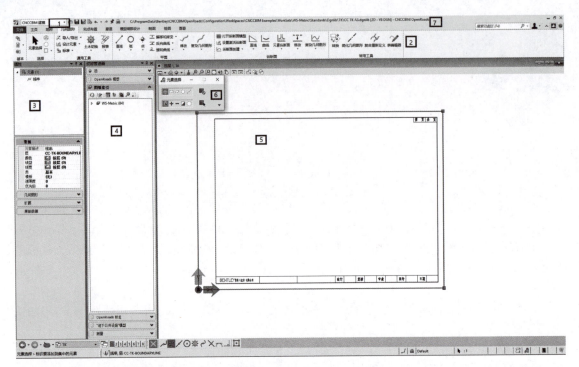

图 4.3-1 系统界面

①——系统工作流（图 4.3-2）：主要包括 CNCCBIM 建模、CNCCBIM 制图、实景建模、地下公共设施等，不同的工作流包括不同的功能命令，可依照工作内容需要进行工作流切换。

②——功能区：不同的功能标签针对不同的设计内容，除去 MicroStation 自身的功能标签外，主要包括地形、几何图形、站点布置、廊道、模型细部设计等，可按专业、设计内容选择对应的功能标签应用具体的设计功能。

③——属性栏：选择对象后，属性栏可以显示该对象的相关属性，并可进行设置调整。

④——资源管理器（图 4.3-3）：当前模型文件中的资源查询管理工具，在资源管理器中除了常规的 DGN 文件中的管理，还可以对文件中的 Civil 模型进行详细查询和管理。

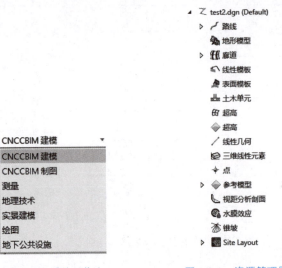

图 4.3-2 系统工作流　　　　　图 4.3-3 资源管理器

⑤——模型区：模型设计、选择、编辑、显示区域，在模型区能够快速进行项目的设计调整工作，同时在模型区能够直观选择对象、调整模型。

⑥——选择框：不同的选择方式和选择编辑可以在各种选择需要过程中按需选择。可以按捕捉、直线、多边形等进行选择，可以按单选、多选、反选、全选等进行选择内容的调整。

⑦——文件信息：显示当前文件的名称、路径、模式（2D/3D）、程序名称。

4.4 设计文件

在公路或市政项目实施过程中，一个团队共同完成项目的各项内容，而对于项目的划分尤为重要。常见的划分可以按团队、专业、阶段等进行。从大的专业划分上来看，可以按照工作流程中不同内容进行设计文件的组织，如将项目所在范围的整体地形作为 Civil 项目实施的基础数据可以单独创建一个地形模型文件，如"XX 地形.dgn"，线路、路基路面、给水排水、桥梁等专业通过参考的形式从地形文件中得到最新、准确的地形信息；线路专业的路线模型可以为路面、路基、桥梁等专业提供中线以及超高等相关设计内容，所以对于设计文件的组织尤为重要。设计文件的划分对整个项目实施的总装效率和质量影响很大，下面以简单的路桥项目为例。

总装文件：将各专业设计内容通过"参考"组合到项目级别的最终文件，通过总装文件既可整体对项目进行浏览、展示，又可以进行项目的碰撞检查、成果输出。

分装文件：一般以专业划分，如线路专业所有路线模型；如果项目体量较大，也可以标段划分，下一级根据内容进行分解。

专业文件：各专业模型，属于最基本模型文件，在专业文件中包含了专业设计模型，各专业工程师的设计成果被直接体现，同时专业文件也可能涉及参考其他专业的设计成果，但参考的内容在分装文件中不体现，只作为本专业设计的依据和参考。

4.5 常用基本操作

4.5.1 新建文件

利用 MicroStation 平台创建新的文件时，前面章节介绍的工作空间会影响应用过程中的资源调用，种子文件则直接影响文件的模型类型，包括针对不同专业定义的种子文件中的专业设置。在 Open Roads 技术下创建的模型主要分为地形、路线、廊道、图纸等，在新建空白文件的时候，地形文件如果采用"图形过滤器创建"需采用三维种子文件，其他方法创建地形以及其他模型均采用二维种子文件，且在系统工作空间中的种子文件主要分为公制和英制两种，选择时需要注意。种子文件除了包含平台定义内容以外，还包含了专业设置信息，例如竖曲线设置参数时，可以选择输入"K"值，也可以定义输入"R"值，对于刚接触系统的工程师而言，需要了解专业上的常见设置，同时从种子文件中还可以预定义桩号表现的格式、模型数据的精度及其他与 Civil 设置相关的信息。

新建文件可以按照工作流程进行命名，规范命名有利于项目文件的管理，可以按企业或者项目实施细则进行文件名称的定义，如图 4.5-1 所示。

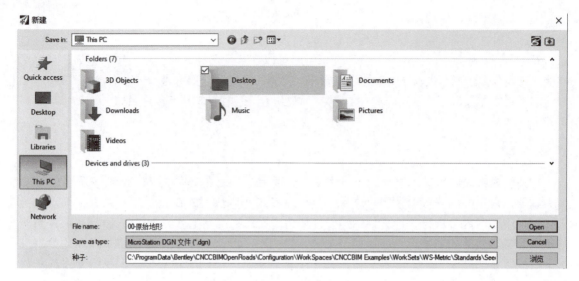

图 4.5-1 新建文件

4.5.2 打开文件

打开文件时要注意当前的工作空间是否与文件编辑的工作空间一致,不同的工作空间选择会影响模型编辑过程中对于资源的调用。打开文件时会优先显示当前工作空间下的历史记录,如文件不属于当前工作空间,可以通过"浏览"打开文件。

4.5.3 参考文件

在综合项目中,多专业之间的数据互用、模型间的定位、综合模型的碰撞检查都离不开文件的参考应用,本书中主要涉及的参考应用包括地形创建时参考已有测绘图形文件;路线设计时参考现状地形文件及其他辅助设计的模型文件;超高设计时参考路线模型;廊道设计时参考原始地形、中线模型、超高模型及其他辅助设计文件;总装文件参考各个模型文件等。

参考能够在各相关专业的实施过程中控制彼此的依赖关系,保证数据传递的准确性和实效性,同时对工程人员的技能要求降低到本专业相关知识即可,对 BIM 实施的硬件门槛降低到主流办公级配置。例如在路桥项目设计中,桥梁专业要根据路线模型、地形模型进行桥梁的结构选型和墩台布置,利用超高设计模型实现桥梁主梁的深化设计,同时结构详图的设计要根据桥梁的建筑尺寸进行配筋和工程量统计及出图。设计过程中各环节都会存在数据调整、方案优化,如何能保证下游专业及时得到最新的成果是保证设计质量的重要前提,而通过参考关系的应用能够满足这类需求。路线专业对路线纵断进行了调整,保存路线设计模型;桥梁专业参考了路线模型,更新参考得到新的墩高尺寸;详图模型更新了桥梁结构专业模型,钢筋模型、钢筋详图同时也更新到最新的内容。

4.5.4 系统设置

本书所述系统设置只针对 CNCCBIM OpenRoads 专业上的设置内容,不涉及 MicroStation 平台的系统设置和说明,相关细节请参考 MicroStation 学习资料。

OpenRoads 的系统设置主要包括用户首选项、文件设计控制。首选项主要是针对显示进行定义,使用者可以按需进行设置。系统设置路径为:文件→设置→用户(文件)→首选项(设计文件设置),可参考图 4.5-2、图 4.5-3。

图 4.5-2　系统设置路径

图 4.5-3　系统设置选项

设计文件设置会涉及设计过程中的定义,包括常用的坐标定义、桩号定义、平纵定义等内容,如应用过程中与习惯不符可在此进行定义,同时可将空白文件定义完成后保存为种子文件,作为后期创建新文件时候的标准。具体操作如图 4.5-4、图 4.5-5 所示。在此设置界面中,纵断面设置会对定义竖曲线有很大影响,竖曲线参数格式在国内普遍采用"R"值进行定义,需在进行纵断面设计前检查,如图 4.5-6 所示。

图 4.5-4　文件设置路径

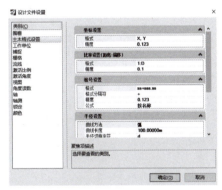

图 4.5-5　文件设置选项

图 4.5-6　纵断面设置选项

4.6 原始地形

数字地形作为工程设计的基础数据环境，可以通过多种方式进行创建，也可以通过特征定义显示多种工程信息。地形模型是根据在正在建模的表面上收集的点数据，以数学方式计算的一组三维三角形。模型用于定义高度不规则的表面，可以为设计场地生成模型。地形模型也称为"数字地形模型"（DTM）、"三角形化不规则网络"（TIN）或"三角形化曲面"。

下面针对地形创建阶段常用的操作方式进行讲解，主要目标为创建道路工程提供原始数据，功能介绍主要服务于道路工程设计。

地形模型创建过程中常见选项包括"附加到现有地形""三角网选项""特征定义"等。

附加到现有地形：当创建新的地形模型时，如果当前文件中已经存在地形，该选项决定是否将新地形与已有地形进行合并。

三角网选项：

无或不删除：不删除外部三角形。

删除裂片：基于系统内硬编码的公式，消除"长而细"的三角形。

最大三角形长度：删除外边界长度超过用户指定距离的外部三角形。该选项不适用于内部三角形，仅适用于模型边界上的三角形。以主单位指定最大三角形长度。

特征定义：工作空间中定义的地形显示样式，即当地形创建或者刷新后的显示状态，如图 4.6-1 所示为现有三角网地形，地形创建完成后，会按特征定义中的相关属性显示三角网的地形。常用特征包括三角网、等高线、高程点、边界、水流方向等，具体的显示样式也可以在地形属性中进行修改。

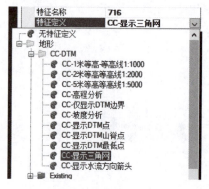

图 4.6-1　特征定义

4.6.1　数据文件创建

不同软件生成的地形数据文件是不同的，通过导入专业软件生成的地形数据文件实现数字地形的流转和应用。目前系统对于专业数据主要支持的格式包括：".dtm、.tin、.xml、.xyz、.las、.dem、.dim"等多种专业测绘软件的数据。以".dtm"文件导入为例（其他数据格式类似），过程如下：

（1）点击从文件创建地形图标。

（2）选择需要导入的地形数据文件。

（3）读取数据文件后，在窗口中针对导入文件的选项进行调整。

（4）提示导入完成后关闭对话窗口；若提示导入失败请检查原文件的数据格式是否正确、相关参数是否完整。

4.6.2　从图形过滤器创建

现有勘测数据为图形文件表达方式的时候，利用图形过滤器的创建方式能够快速从众多的图形中筛选出可用的对象进行原始地形的创建工作。通过图形过滤器创建地形主要包含两部分：过滤器管理和创建地形。

过滤器管理器：主要根据原始素材的性质创建不同的过滤器，为创建操作提供原始的素材管理。以创建等高线过滤器为例：选择新建过滤器，系统打开新的界面，过滤器的名称和描述内容可以根据项目或者使用习惯自定义相关的内容，但是特征定义的类型一定要选择正确，因为特征类型不同将直接影响到系统创建地形的数据。选择特征类型为"等高线"后，点击"编辑过滤器"，打开编辑状态，编辑过滤器主要包含了图形元素中主要的属性信息，例如颜色、(图)层、线型、线宽、元素类型等，根据原始素材决定进一步的操作，如图4.6-2所示。

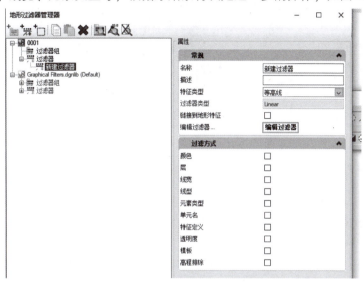

图4.6-2　图形过滤器管理器

创建过滤器：在已知对象信息的情况下可以选择主要属性，如（图）层、元素类型等快速编辑过滤器；如不能明确等高线的信息可以采用"通过选择"，如图4.6-3所示。系统自动读取被选中对象的相关信息并显示在属性框中，此时可以通过取消非必要性条件，得到过滤器的属性设置。如图4.6-3所示，原始测绘数据的等高线位于DGX层中，且为"B样条曲线"，既可以手工选中，又可以自动拾取。一般项目中只需保留（图）层、元素类型即可，特殊的项目数据（高程点）可以考虑选中"单元名"。在利用原始图形素材创建数字地形过程中，原始数据的准确性直接影响到地形的准确与否，而实际项目中不可避免地会存在错误数据，尤其是高程点和等高线的实际高程，所以当直接利用现有图形创建地形后发现有大量异常点的时候（通常是没有给定实际高程，图形中对象高程为"0"），可以通过过滤器中的"要排除的高程"选项去筛选异常高程数据，保证地形的准确性，如图4.6-4所示。

图4.6-3　编辑图形过滤器

图4.6-4　增加过滤条件

图形过滤器可以控制点、线、文本等过滤条件，但是当原始测绘数据中存在多种信息的时候，单一过滤器不能过滤全部所需对象，此时需要创建"过滤器组"，如图 4.6-5 所示。过滤器组，顾名思义就是多个过滤器的组合，利用过滤器组创建地形的时候，系统同时执行多个过滤器进行地形的创建。例如，创建"等高线"和"高程点"的过滤器组，系统分别执行两项过滤条件对原素材进行筛选。

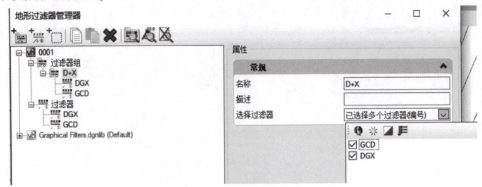

图 4.6-5　创建过滤器组

创建地形：选择通过图形过滤器创建地形，在控制界面中选择圆形过滤器或者圆形过滤器组，设定相关选项即可得到地形，如图 4.6-6 所示。

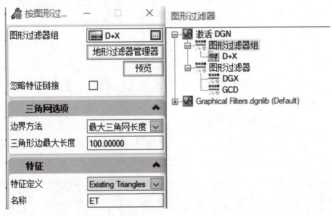

图 4.6-6　通过过滤器组创建地形

确定过滤器的选择以及相关选项设置后，按照系统提示，完成地形的创建过程即可得到三维地形。

4.6.3　元素创建

利用元素创建地形的功能是利用三维图形元素，无论是直接绘制的三维空间中的对象，还是利用平纵设计原理创建的三维对象，都可以此方法实现地形的创建。此方法主要用于场地设计工作或者原测绘文件中元素相对简单、可以通过直接选择的方式快速确定对象进而实现数字化地形的创建。设计过程中，通过设定不同控制性元素的三维信息，分别以不同的类型添加到选择集中，共同组成设计场地。例如，某工业场地需要进行场地平整设计，设定场地边界后，给定场地的控制线固定高程或者通过边线间控制条件得到空间的边界线，然后利用边界线创建设计场地，且场地的实际模型与原场地边界是动态联动的，当原要素发生变化的时候，设计场地也会随之变化,对于场地初测的时候,能够灵活地实现对场地模型的实时调整。

4.6.4 按文本内插创建

此方法针对的原始对象是二维文件,主要包括两类对象:无高程的线性元素和无高程的点。通过创建过滤器的形式将图形中的有价值对象进行提取,然后创建三维地形。原理是利用两个过滤器,一个提取元素,一个提取文本信息,然后通过控制参数将文本与图形元素进行匹配,进而得到地形模型,主要参数设置如图4.6-7所示。

文本过滤器:将文件中的文本信息快速提取用于后期与图形进行匹配,创建方法与前文中的图形过滤器同理。

线性特征过滤器:将文件中的地形特征对象进行筛选用于与文本过滤器进行联合工作。

搜索公差:按照文件中的主单位在线性特征对象的范围内进行搜索,如果文本对象内容包含在公差范围内,则该高程参与线性特征的地形模型创建;如果文本对象内容没有在任何线性特征的搜索范围内,则忽略该对象值,不参与地形模型创建。

包括文本作为高程标记:将文件中的文本插入点作为高程点的位置,文本值作为高程点的高程,参与到地形模型创建中。

下面以带高程标注的平面等高线为例进行功能介绍:

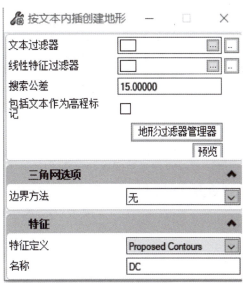

图4.6-7 控制参数

(1)创建新的三维文件,并参考无高程的二维等高线文件,如图4.6-8所示。

图4.6-8 无高程等高线文件

(2)创建新的过滤器,方法与前面章节讲到的过滤器方法相同,需要注意的是创建两个过滤器,一个是以点的特征创建的文本过滤器,另一个是以等高线的特征创建的图形过滤器,如图4.6-9所示。

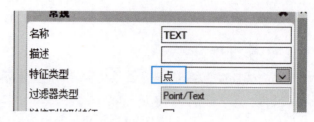

图 4.6-9　过滤器特征类型

（3）选择"按文本内插创建"地形的命令，如图 4.6-10 所示。

图 4.6-10　创建方式

（4）在提示框中选择两个不同的过滤器，"搜索公差"值要注意文本与线条之间的距离，如图 4.6-11 所示。

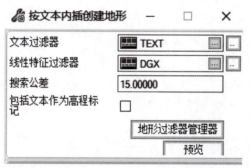

图 4.6-11　创建设置

确认相关参数后，系统从当前文件中读取相应信息生成地形模型，水平线为原参考二维信息，上层内容为三维地形模型，创建地形完成如图 4.6-12 所示。

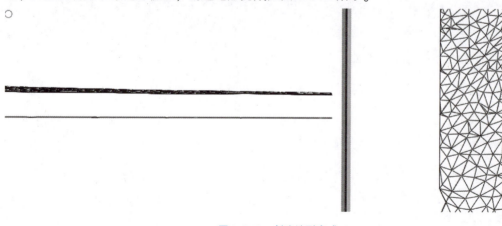

图 4.6-12　创建地形完成

(5) 通过查询地形模型的不同显示特征可以检查生成文件的准确性，例如设置地形的等高线显示并标注，进而与原参考文件进行对比，如图 4.6-13 所示。

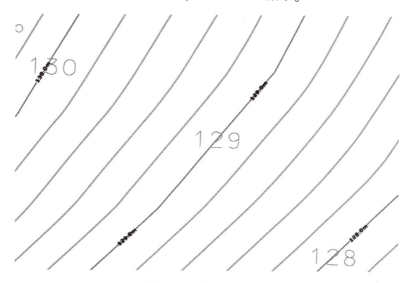

图 4.6-13 地形特征查询

4.6.5 从 ASCII 文件创建

通过 ASCII 文件创建地形，主要应用在原始数据是经过人工编辑和调整，或因为数据来源的原因，不在专业数据文件支持列表中的文件，而需要进行导入的操作，常见的为高程数据点文件，以 .txt 或者 .xls 格式保存，需要对文件的内容进行识别后才能导入到地形模型文件中。

（1）点击"从 ASICII 文件创建地形模型"。

（2）选择对应的文件，以 .txt 文件为例，选中文件后自动打开选项界面，可以是单个文件也可以是多个文件，如图 4.6-14 所示。

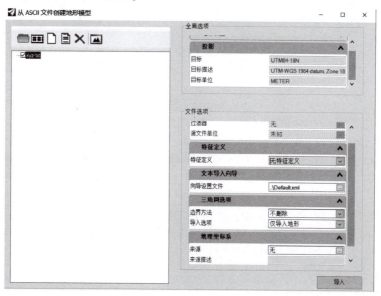

图 4.6-14 导入选项界面

(3) 主要"按钮"及参数说明。

📁：选择要导入的文件。

##：重命名地形，若输入新名称则导入的地形以新名称命名。

📄：创建文本导入向导设置文件。

📄：编辑文本导入向导设置文件。

特征定义：导入后地形模型的特征。

向导设置文件：完成向导设置文件后，文件以".xml"的格式保存。通过设置文件将文本内容与地形特征进行匹配，完成地形模型的创建工作。设置文件有利于标准文件的预定义，以提高导入效率。

来源：指定导入以及创建的地形模型的地理坐标系统。

(4) 点击"创建文本导入设置文件"按钮，如图4.6-15所示。向导由一个或多个过滤器组成，过滤器是用来描述要导入的文件内不同数据的参数。在统一的数据文件向导配置中采用一个过滤器即可完成，非统一的数据文件在单个数据文件中由不同的数据文件描述，为了适应复杂非统一的文件数据导入，可以在向导中创建多个过滤器，以同时读取不同的数据格式。

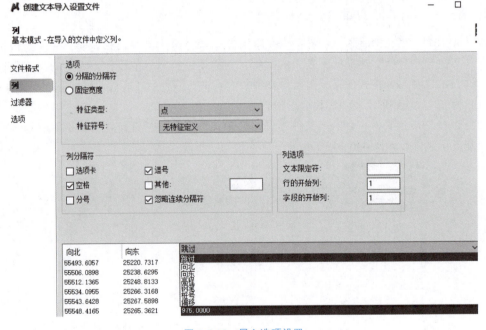

图4.6-15 导入选项设置

文件格式：可以确定文件导入的起、终行数据。

列：重点注明导入数据的类型，导入的数据与所选的"特征类型"必须匹配，如图4.6-16所示。

过滤器：用于检查以及创建过滤器的界面。

选项：指定导入的地理坐标系。

向导设置文件定义完成后，按提示进行保存。

（5）保存设置文件后，系统按照配置文件与数据文件进行匹配得到数字地形。

4.6.6 点云创建

点云文件除了用于描述现状的实际情况以外，还可以用于创建数字地形。利用 MicroStation 的点云工具，将文件参考或者导入到 DGN 文件中按需选择功能应用，如图 4.6-17 所示。

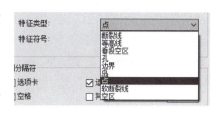

图 4.6-16 数据特征匹配

（1）参考或者打开包含点云文件的模型文件。
（2）选择"从点云创建地形"，如图 4.6-18 所示。

图 4.6-17 地形创建方式　　　图 4.6-18 点云创建设置

过滤器：针对大体量数据的轻量化处理，点云文件通常情况下密度很大，可以使用过滤器将数据通过公差的多种设置，对地形进行轻量化处理，如图 4.6-19 所示。此工具支持两种过滤算法，一种基于平铺，另一种基于切线（TIN）。从经验研究来看，平铺算法更快，通常可以使文件大小减少 30% 到 50% 而切线（TIN）算法通常可使文件大小减少 70% 到 90%。

平铺算法是一种递归分治算法，它将"LIDAR"数据集划分为分块，为每个分块计算最佳拟合平面，如果"LIDAR"点落在用户设置的平面"Z"公差范围内，则将其移除。如果"LIDAR"点落在三角形平面的"Z"公差范围外，则"TIN"算法会对其进行过滤。切线（TIN）算法首先将"LIDAR"点平铺到具有最多 200 万个点的分块中，然后重复对每个分块进行三角形化以过滤点。此算法若在具有 1 GB 内存、CPU 频率为 1.67 GHz 的计算机上运行，通常需要大约12分钟来过滤3000万个"LIDAR"点。

Z公差：过滤过程中允许曲面在Z轴移动的变化范围。建议使用英制数据，该值设置为"0.5"到"1.0"之间；若为公制数据，则设置为"0.25"到"0.5"之间。

最小平铺点：平铺的点数少于次数，则不会细分，推荐值为"5"。

最大平铺分界线：允许的递归级别，且是指初始平铺集可以细分的次数，通常此数量设置为"5"。

起始平铺长度：进行平铺递归前，数据集的划分大小范围，通常设置为点之间距离的"10"倍。

粗滤器（精滤器）[当过滤器选择切线的时候可选]：过滤更多（更少）的点，得到不同清晰度的地形。

图4.6-19 点云过滤器设置

测试过滤器：针对不同设置参数进行预过滤，以检查是否满足需求。

（3）点击导入完成点云创建地形操作。

4.6.7 创建剪切地形

顾名思义，创建剪切地形的结果不是剪切地形，而是创建地形。利用已有的地形模型结合剪切元素创建新的地形，用于解决原始模型的分区和编辑。创建剪切地形的功能可以应用于大地形模型基础上裁剪小范围数据和利用道路模型裁剪原始地形得到道路模型+建造后地形，对于单点项目以及项目展示提供准确模型数据。创建剪切地形设置如图4.6-20所示。

（1）选择创建剪切地形按钮。
（2）按照提示选择创建剪切地形的原始地形。
（3）选择创建剪切地形的元素（剪刀）。
（4）确定剪切的选项。

剪切方法：内部——在剪切模型的副本中放置空区（剪掉剪切元素内部范围的内容）。

外部——对剪切元素之外的任何地形数据进行剪切，保留内部范围数据。

水平偏移：剪切元素进行水平偏移复制后进行剪切操作。

图4.6-20 创建剪切地形设置

竖向偏移：对新生成的地形进行竖向偏移，正值为"上"，负值为"下"。

（5）选择对应的特征定义，新建地模名称后完成创建工作。

4.6.8 创建复合地形

创建复合地形指进行多个地形之间的合并或者叠加，得到一个整理后的地形模型，主要应用于将多个零散地形进行合并。创建复合地形关键是"顺序"，模型按顺序进行处理，处理的地形至少有一点应处于重合位置，否则不执行操作，如图4.6-21所示。

（1）启动命令。
（2）DGN文件中所有可用地形模型会在左侧面板中展示。

图 4.6-21　创建复合地形

（3）选择主要地形将其添加到右侧合并列表中。
（4）依次选择其他可用地形，选择"合并"或"附加"添加到右侧列表。
合并：将不同地形的不重叠部分的数据进行合并，两个模型重叠区域均有数据时则会利用合并的地形数据参与新地形构建，这时主模型中该区域数据失效。
附加：使用合并的各个模型中所有数据进行地形构网。
（5）给定合并后地形的特征和名称，完成创建过程。

4.6.9　实景模型创建地形

丰富的测绘手段可以提供更全面的信息，实景建模成果也可以在软件中进行地形模型的提取，方法如下：

方法一：打开实景模型工作流"提取"选项卡中的"实景模型"，点击"地面提取"，如图 4.6-22 所示。

图 4.6-22　提取工具

方法二：打开"实景网格连接"对话框，点开"编辑"下拉列表，点击"地面提取"，如图 4.6-23 所示。

方法三：打开"点云"对话框，点开"编辑"下拉列表，点击"地面提取"，如图 4.6-24 所示。

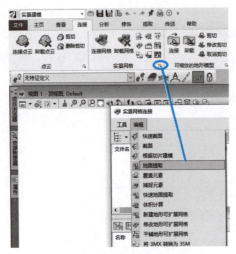

图 4.6-23　选择工具

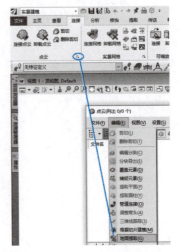

图 4.6-24　点云提取

由实景模型生成地形模型：

该工具创建或导入已知的地面点，称为"种子点"。这些种子点用于创建一个粗糙的三角形不规则网格（TIN），该网格的精细程度与对话框的参数有关，输出的文件由密集的不规则网格（TIN）生成。

由实景模型生成地形模型通常的流程为：输出种子点→编辑种子点→从点创建地形模型。这个流程的关键就在于在创建地形模型之前，可以编辑种子点，即把不必要的点删除。"地面提取"提取设置如图 4.6-25 所示。

"种子模式"分为"自动"和"点"两种，这决定了种子点的来源方式。现在以"种子模式"是"自动"为例，介绍"最大基础设施规模"以及"地形变化"这两个参数的作用：

当选择"种子模式"为"自动"时，"最大基础设施规模"这个参数起作用，用来计算由实景模型得来网格的大小，每个网格上的分块都必须包含一个地面上的点，每个分块上的最低点将作为一个种子点。这个参数的值越大，得到的种子点越"稀"，反之"越密"。

"地形变化"的值的大小决定了生成的地形的三角网的多少。一般来说，当地形变化比较平缓时，这个值可以取小一点，生成的三角网较少，反之，这个值若取大一点，生成的三角网就密一些。

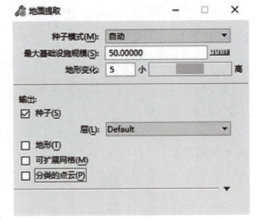

图 4.6-25　提取设置

例如，"最大基础设施规模"参数一样，"地形变化"值分别取"10"和"1"，前者生成的地形模型会更精确些。

当然，地形模型的三角网越密，占用的内存也会越大，应根据实际情况来设置满足项目需要的参数。

4.6.10 地形模型的应用

激活：激活地形为默认情况下纵断面模型中显示的模型，如图 4.6-26 所示，是后期廊道创建的默认目标，当前模型中只能存在一个激活地形以保证廊道的正确创建，既可与廊道在同一文件中，也可以采用参考的形式参与模型创建。

特征管理：针对采用元素创建的地形模型中的元素进行修改和编辑。主要包括添加特征、删除特征和更改特征类型。"添加（删除）"用于处理模型添加新的元素或删除已有元素；"更改特征类型"则是将已有元素的类型进行调整，例如将某线条原有断裂线的形式更改为边界，则效果为地形的外轮廓不超过该对象。

4.6.11 地形模型的编辑和保存

地形创建完成后，由于原始数据或者创建规则对于个别情况的判断处理与预期不同，故需要针对地形进行编辑，如图 4.6-27 所示。编辑的对象主要是顶点、三角形。选择编辑模型的操作后，系统提示选择要编辑的对象，按需选择即可进行地形的编辑操作，常用操作如下：

图 4.6-26　地形应用

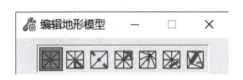

图 4.6-27　地形编辑

删除顶点：删除地形中个别错误的顶点，以保证地形的准确性。
插入（移动）顶点：按需添加或移动模型中的三角网顶点。
删除边三角形：手工删除地形边界上的三角形，并更新地形边界。
按线删除三角形：在顶视图中创建直线，删除与之相交的三角形。
地形编辑效果如图 4.6-28 所示。

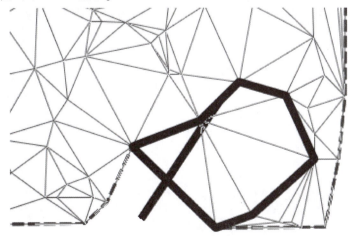

图 4.6-28　地形编辑效果

地形模型创建完成后，既可直接参与后续的纵断面设计和廊道设计，又可以参考到对应模型中参与设计，同时可以通过地形数据文件的形式与其他软件或者厂商解决方案进行数据传递。

选择对应的地形模型，在快捷菜单中选择导出地形工具，如图 4.6-29 所示，按需选择不同的数据格式即可完成地形模型的数据格式保存。

4.6.12 地形模型与卫星照片的结合

使用覆盖功能（将图像贴到一个面上）可使地形模型与卫星照片相结合，下面是具体的操作步骤：

（1）打开含有三维地形模型的 DGN 图，切换到顶视图上。

（2）选择实景建模工作流，在连接选项卡光栅点击如图 4.6-30 所示按钮，打开光栅管理器对话框，参考卫星图片（以交互式方式放置），注意位置的确定。

图 4.6-29 导出类型

图 4.6-30 打开工具

（3）还是在光栅管理对话框里，在列表框的顶部单击鼠标右键，在弹出的菜单中打开覆盖这一列［如果在步骤（2）中参考进来的图片的覆盖列没有选中，请选择这一列将其选中］，如图 4.6-31 所示。

（4）将视图旋转到轴侧图。

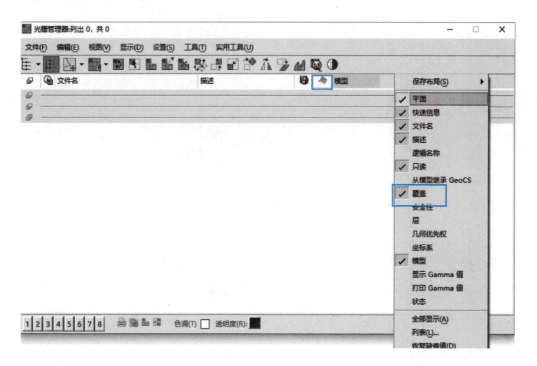

图 4.6-31 确定属性

（5）切换到可视化工作流，在主页选项卡找到材质点击如图4.6-32所示按钮，打开材质编辑器对话框。

图4.6-32 选择工具

（6）打开"Civil"材质板，如图4.6-33所示。

（7）如图4.6-34所示，选择分配材质工具（"步骤1"），弹出分配材质对话框，选择"dcdrape"。

点击"步骤2"所示按钮，弹出"分配材质-dcdrape"对话框。

点击"步骤3"所示按钮，弹出"新建分配-dcdrape"对话框，在这里指定地形模型所在图层。

（8）选择视图的渲染方式为光滑，此时就应该能看到卫星图片被覆盖到三维地形模型上了。

图4.6-33 打开"Civil"材质板

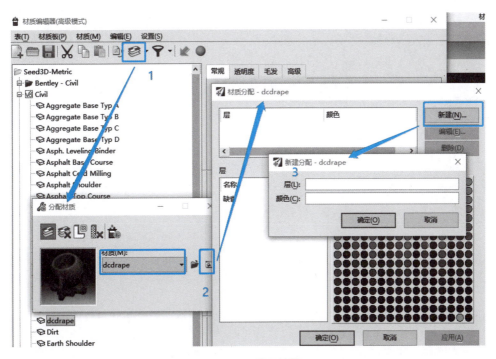

图4.6-34 应用材质

4.7 路线设计

4.7.1 通用及常用工具

路线设计通用工具包括导入和导出、设计元素的选择、特征定义的选择、规范文件的选择以及土木精确绘图控制,文件的导入和导出在4.7.2 节中详细阐述,本节针对常用操作进行解释。标准工具栏如图 4.7-1 所示。

设计元素:包括设置激活纵断面、设置激活地形模型、通过图形过滤器选择、创建土木规则特征。下面重点解释创建土木规则特征的意义:在绘图功能下,仅绘制的一条直线是没有工程意义的,当利用此功能操作后,该直线则为带有方位角和长度的路线元素,可以通过调整角度和长度实现参数化调整。

图 4.7-1 标准工具栏

标准:路线设计可以调用工作空间中的设计标准文件对元素进行规范化设计,如图 4.7-2 所示。依据项目的具体标准选择对应的标准文件并激活设计标准后,系统会给定推荐路线参数辅助线路设计,也可针对已经完成的设计进行标准校核。系统对于不符合标准的对象会有对应的提示符号和说明,但不会主动强制修改不合规的参数。

特征定义:配合特征定义工具栏同时使用,激活工具栏第一项"使用激活特征定义"则新建的元素默认使用该特征,以达到快速定义特征的需求。元素的特征定义除了可见的图层、线型、线宽、颜色、属性以外,还会影响到后期模型批注、出图调用等信息,所以在形成正式的设计模型之前,一定要设定符合要求的特征定义以满足后期的其他应

图 4.7-2 设计标准选择

用。特征定义工具栏中自动批注功能能够实现在创建线路的同时对模型进行批注,方便查询相关信息,也可以在后期出图阶段统一进行批注。在 CNCCBIM OpenRoads 中平面线及纵断面设计线特征要选择以"CC"开头的特征名称以便后期实现自动批注及一键出图的工作,如图 4.7-3 所示。标注结果如图 4.7-4 所示。

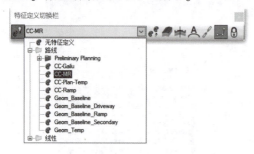

图 4.7-3 指定特征定义

图 4.7-4 标注结果

土木精确绘图:点击"土木切换",打开"土木精确绘图"工具栏,使用土木精确绘图可精确输入点,通过锁定精确绘图中的数值,实现路线设计的精准定位。土木精确绘图会自动根

据当前激活的视图模型类型进行切换，当为平面线设计时控制选项主要针对的是坐标（极坐标输入或直角坐标输入），如图 4.7-5 所示，而输入的值既可以是绝对值（x，y），也可以是相对值（Δx，Δy）；但当前模型为纵断面激活窗口的时候，该工具栏则切换至高程、桩号等信息，可以输入增量值，如图 4.7-6 所示。

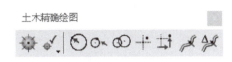

图 4.7-5　平面线精确绘图　　　　图 4.7-6　纵断面精确绘图

自定义参数栏：各类功能操作进行作业的时候，默认的属性内容为常用参数，非常规或者自定义需求可以通过在显示出的属性界面中长按鼠标右键，显示"自定义"功能（图 4.7-7），系统会根据该功能可能涉及的参数进行自动甄别，并在当前及后续应用中直接调用，以提高设计效率。

以插入简单切向圆弧为例，自定义窗口打开后可以看到，除常用的参数外，还有不常用的参数，如图 4.7-8、图 4.7-9 所示。参数窗口的选项中的不同"图标"代表不同的默认状态，可按需进行调整定义，定义结束后选择"保存"得到自定义的默认功能界面。通过自定义的对话框可以实现多个类似功能的输入在一个对话框中实现以免去选择多个类似的窗口。以本功能为例，如果将自定义中的缓和曲线开放，则该功能与插入"插入缓-原——缓和曲线"功能相同。

图 4.7-7　自定义参数栏

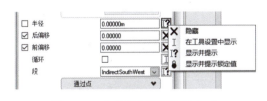

图 4.7-8　自定义参数栏选项（一）　　　图 4.7-9　自定义参数栏选项（二）

自定义界面功能可应用于多种支持界面输入参数的设置，在使用的过程中可以根据自身使用习惯和需求进行定义。

复合重新定义：路线设计完成后，已基于该路线进行了其他相关规则约束和模型创建，如果进行局部调整，如用直线替换掉某段曲线，或者进行部分元素的添加和调整，可以通过此命令实现路线的重新复合。此命令保留了原路线的定义信息，当进行此操作后，与该路线有关的对象会自动进行刷新并保存对应的关系。操作方法如下：

1）激活"复合重新定义"命令，复合元素前的状态如图4.7-10所示。
2）选择要进行操作的复合元素，如图4.7-11所示。

图4.7-10　复合元素前的状态

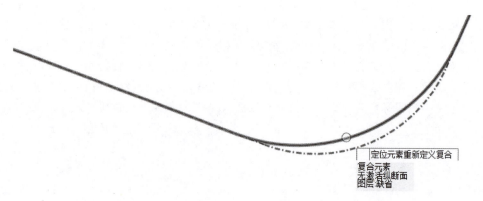

图4.7-11　选择复合元素

3）定位需要复合的元素，将新元素替换区间内原元素对象。
4）得到重新定义后的新元素，复合结果如图4.7-12所示。

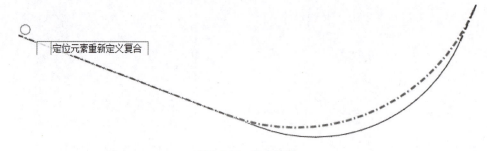

图4.7-12　复合结果

表编辑器：对于平面线或纵断面设计完成后，针对整体长度大、交点数量众多的对象可以通过表编辑器进行修改。满足设计习惯在软件的使用过程中尤为重要，在数据驱动模型的环境中，既可以通过直接选择对象，通过对象的"句柄参数"直接进行修改，也可以在对象的属性中进行调整。而表编辑器是将众多复杂的路线参数以交点进行划分，既可以通过表格的形式查询整条路线中的所有主要参数，又可以结合模型高亮显示快速定位到要修改的参数，以提高编辑的准确性。表编辑器功能是针对平面线和纵断面设计的通用工具，激活此命令后，选择的对象是平面线则显示平面线的线形相关参数，如图 4. 7-13 所示；同样如果选择的是纵断面，则界面中的参数为纵断面的相关内容，如图 4. 7-14 所示。

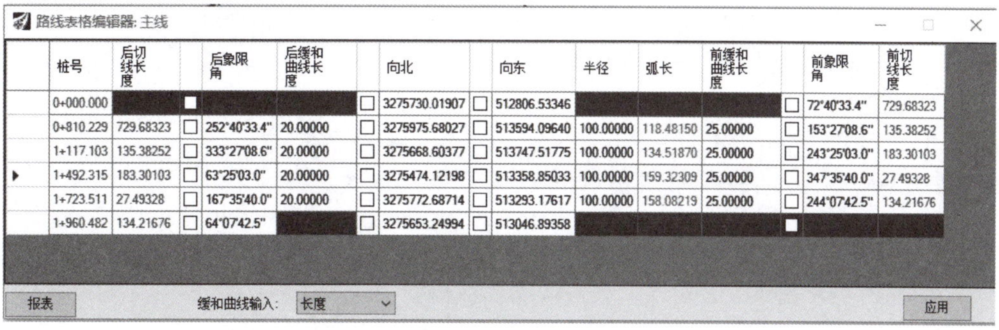

桩号	后切线长度	后象限角	后缓和曲线长度	向北	向东	半径	弧长	前缓和曲线长度	前象限角	前切线长度
0+000.000				3275730.01907	512806.53346				72°40'33.4"	729.68323
0+810.229	729.68323	252°40'33.4"	20.00000	3275975.68027	513594.09640	100.00000	118.48150	25.00000	153°27'08.6"	135.38252
1+117.103	135.38252	333°27'08.6"	20.00000	3275668.60377	513747.51775	100.00000	134.51870	25.00000	243°25'03.0"	183.30103
1+492.315	183.30103	63°25'03.0"	20.00000	3275474.12198	513358.85033	100.00000	159.32309	25.00000	347°35'40.0"	27.49328
1+723.511	27.49328	167°35'40.0"	20.00000	3275772.68714	513293.17617	100.00000	158.08219	25.00000	244°07'42.5"	134.21676
1+960.482	134.21676	64°07'42.5"		3275653.24994	513046.89358					

图 4. 7-13　平面线表编辑器

后切线长度	后斜坡	桩号	高程	曲线长度	K-值	半径	前斜坡	前切线长度
		0+000.000	37.24748				1.78%	1948.81837
1948.81837	1.78%	2+179.185	76.09700	460.67861	99.96939	10000.00000	-2.83%	884.71550
884.71550	-2.83%	3+554.174	37.24748	519.95405	99.96544	10000.00000	2.38%	457.72829
457.72829	2.38%	4+464.465	58.87504	385.17458	99.97842	10000.00000	-1.48%	967.18901
967.18901	-1.48%	5+847.705	38.44901	446.81670	99.96643	10000.00000	2.99%	1344.78992
1344.78992	2.99%	7+415.865	85.38383					

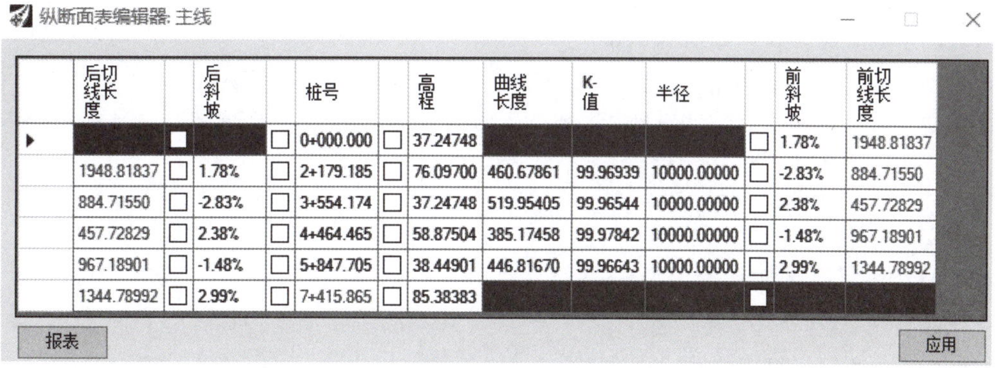

图 4. 7-14　纵断面表编辑器

在表编辑器中，选择不同的行的时候，对应模型中相关的线形也会高亮显示，以提醒目前编辑的对象能影响的范围，以确定当前的修改对整体的模型影响的程度。如图 4. 7-15 所示选中了当前一行中的数据，则在模型中该边坡点的信息与模型自动匹配，高亮显示该行数据影响的桩号区间。

后切线长度	后斜坡	桩号	高程	曲线长度	K-值	半径	前斜坡	前切线长度
		0+000.000	37.24748				1.78%	1948.81837
1948.81837	1.78%	2+179.185	76.09700	460.67861	99.96939	10000.00000	-2.83%	884.71550
884.71550	-2.83%	3+554.174	37.24748	519.95405	99.96544	10000.00000	2.38%	457.72829
457.72829	2.38%	4+464.465	58.87504	385.17458	99.97842	10000.00000	-1.48%	967.18901

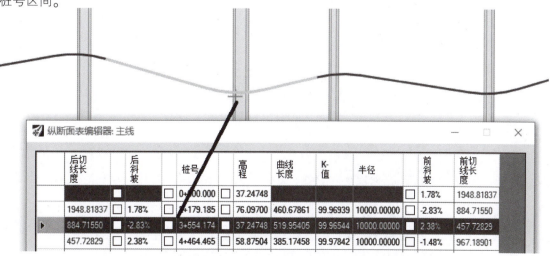

图 4. 7-15　调整纵面参数

4.7.2 导入专业数据中的平纵数据

专业数据导入指导入路线软件生成的专业数据文件，文件中包含了路线设计中的相关元素描述和解释，软件直接读取文件后，根据文件描述直接转换成专业的路线模型，主要格式包括".xml"".alg"".ifc"等文件格式。专业数据导入相比其他导入形式而言，更专业、更简单。点击命令后，根据界面提醒选择对应的数据文件，直接导入即可，如图4.7-16所示。此操作主要应用在不同软件的数据对接。

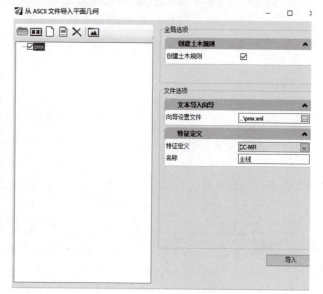

图 4.7-16 选择导入文件类型

4.7.3 导入 ASCII 文件

导入 ASCII 文件主要应用于文本文件形式保存的路线数据或者当前版本不能直接支持的数据文件经过文本编辑后进行导入，支持的内容包括平面线和纵断面数据，与路线设计流程相似，先导入平面线文件，然后导入对应的纵断面数据，具体操作如下：

（1）选择导入平面线文件，导入设置如图 4.7-17 所示。

（2）配置平面线导入属性，包括交点坐标（NE）、圆曲线半径、缓和曲线长度等主要信息，相关操作与地形导入配置类似。在主要配置页中将数据进行分割，分别指定相对应的列的信息与工程属性对应并保存设置，如图 4.7-18 所示。

图 4.7-17 导入设置

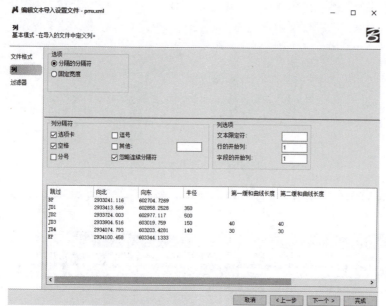

图 4.7-18 导入选项自定义（一）

（3）读取配置文件并应用到当前的导入过程中，生成平面线模型。

（4）选择纵断面文件，首先要对模型中的平面线进行选择，然后进入到纵断面导入界面，纵断面导入的数据根据选择的平面线模型进行匹配得到最终的三维线形，并支持属性编辑，如图 4.7-19 所示。

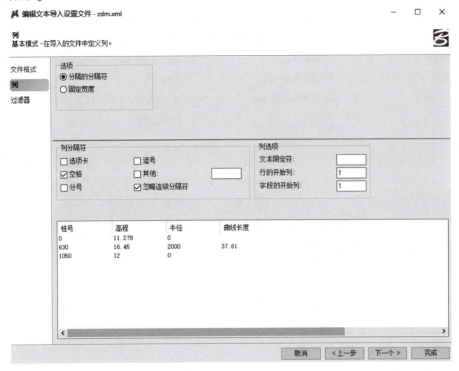

图 4.7-19 导入选项自定义（二）

4.7.4 图形导入平面线

图形导入"几何图形"主要针对平面线文件的导入，当路线为 DWG 或者 DGN 文件的时候，可以直接将元素选中，以图形导入的形式进行快速创建线路，从而进行线路的编辑和调整，具体操作如下：

（1）同条路线的几何要素连接成一条线性元素。

（2）选择"标准"工具栏中"创建土木规则"，此操作旨在将普通的线条附加上土木信息，得到工程路线。

（3）按照命令提示选择需要附加土木规则的对象，选择完成后"重置"即可完成图形文件的转化。

注意：因 DWG 和 DGN 文件都没有缓和曲线的概念，注意导入的直线为"离散"直线，所以对于路线的缓和曲线部分需要在导入后重新定义缓和曲线参数。

4.7.5 积木法创建平面线模型

平面文件创建主要分为积木法和交点法，不同的创建方法根据设计项目的实际情况分别选择。

积木法：根据控制调整创建独立的曲线元素，包括直线、缓和曲线、圆曲线，利用积木法工具将分散的路线元素进行串联，得到一个平面线元素，此操作多用于交点法不能布置设计或利用图形导入等形式得到的模型要进行分解后编辑的路线的设计。

连接：将已有元素作为终点，创建新的元素与之相连。例如，已有一段直线段，需要创建某个元素（圆曲线或新的直线）连接到此直线段上可以采用此工具。如图4.7-20和图4.7-21所示，图标箭头所指部分为新建内容。

延长：将已知对象作为起点，向前进方向新建对象，如图4.7-22和图4.7-23所示。

图4.7-20 直线连接	图4.7-21 曲线连接	图4.7-22 直线延长	图4.7-23 曲线延长

插入：将已知两个对象，以多种不同形式的元素进行插入以便能够连接到一起，根据设计所需指定不同的插入形式及对应的参数，如图4.7-24和图4.7-25所示。

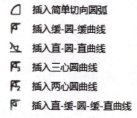

图4.7-24 插入圆弧

图4.7-25 线形调整选项

修剪/延长：针对两个元素在插入元素后是否调整剩余的部分以保证线路的连续性，可针对两个元素分别进行操作，也可以同时操作。

过渡段：连接两个元素之间的曲线参数，"后"指的是先选择的对象，"前"指的是第二个对象部分的参数。当插入的元素确认后，在模型中选中对象，可以直接在对话框中修改参数，也可以在属性框中修改以满足不同使用习惯和需求，如图4.7-26和图4.7-27所示。

图4.7-26 平面元素属性　　　　图4.7-27 平面元素参数

以插入"直-缓-圆-缓-直"为例,操作过程为:选择弧→插入直-缓-圆-缓-直曲线→设定相关参数→选定第一个元素→选定第二个元素→确认参数完成操作。

具体操作为:

(1)选择对应命令。

(2)选择第一个元素,并设置插入对象与第一个元素的偏移距离,可以从模型中捕捉调整,也可以输入具体数值,如图4.7-28所示。

(3)选择第二个元素,并设置插入对象与第二个元素的偏移距离。

(4)两个元素选择完成后,可以在对话框中输入后(前)渐变的信息,有三种格式可以选择:"长度—比率""长度—偏移""比率—偏移"。输入相关设计参数,如无须设置,可将该选项选择为"无"。

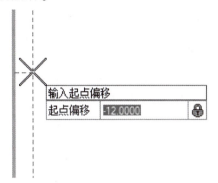

图 4.7-28 输入偏移参数

(5)依照设计需要定义后(前)过渡段参数,过渡段分为缓和曲线和圆曲线两类,缓和曲线参数包括长度、A 值、偏转、增量 R,圆曲线参数包括长度、偏转、增量 R。如无须设置,可将该选项选择为"无"。

(6)设定圆弧半径;设定修剪方式后完成创建。插入平面元素效果如图 4.7-29 所示。

圆弧延长:相比其他延长工具而言,圆弧延长可以根据参考对象的设定点控制相切作为基准元素进行圆弧的定义,可以应用于相对简单地从已知对象偏移出控制点,然后得到新的路线而不局限于某个元素的"顺序"延长。具体操作如下:

(1)选择命令图标,选择参考元素。

(2)确定偏移值,通过光标移动或者直接输入偏移值并确认,如图 4.7-30 所示。

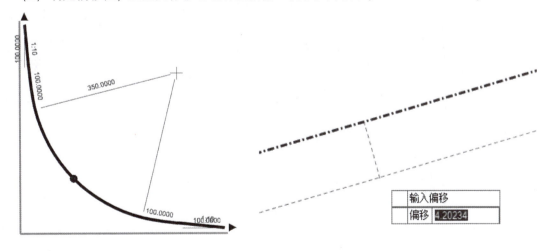

图 4.7-29 插入平面元素效果 　　　　图 4.7-30 设定偏移值

(3)移动光标调整曲线方向和圆曲线半径,设定延长参数,并点击确认,如图 4.7-31所示。

(4)定义过渡段的类型和相关参数,以缓和曲线为例,设定方法和参数完成圆弧延长的操作,如图 4.7-32 和图 4.7-33 所示。

图 4.7-31　设定延长参数

图 4.7-32　设定延长参数

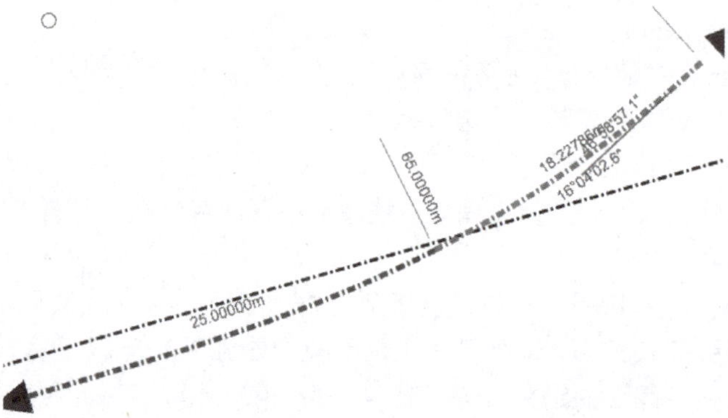

图 4.7-33　确认延长参数

缓和曲线：针对已有对象的延长或者两对象之间只连接缓和曲线的操作，缓和曲线的参数主要包括长度、A 值、RL 值（其中：长度 = 缓和曲线长度；A = RL 的平方根；RL = 半径乘以长度）。以缓和曲线延长（图 4.7-34）为例，具体操作如下：

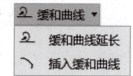

图 4.7-34　缓和曲线延长

（1）选择要延长的对象。
（2）选择延长的起点位置。
（3）参数界面中输入相关参数。

缓和曲线延长操作如图 4.7-35 所示。

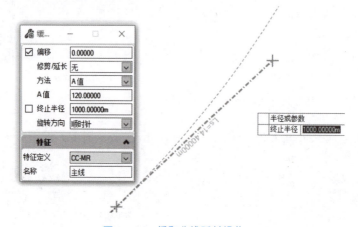

图 4.7-35　缓和曲线延长操作

其中：

旋转方向：缓和曲线的方向为顺时针或逆时针。

终止半径：缓和曲线的终点位置的半径，终点半径和缓和曲线的参数共同决定缓和曲线的终点方向。

（4）确定相关操作得到所需元素。

利用不同的方法创建的平面线元素在模型中虽然可以单独选择并编辑属性，但是因为是各自独立的，所以不能称之为完整的路线。平面线元素创建完成之后要针对路线进行路线的合并，即把多个元素串联成一个对象。

4.7.6　交点法创建平面线模型

交点法：根据路线控制交点，设置圆曲线半径和缓和曲线参数，快速得到路线中心线，模型创建完成后可以直接在模型中调整交点参数或者拖动交点位置进行模型的编辑和修改。

交点法创建路线的过程：如果有交点的精确坐标，可以激活"土木精确绘图"，直接输入或定位到准确的交点处，同时输入各个交点的相关参数，包括圆曲线半径，以及缓和曲线的类型、参数并最终得到中线的几何模型。交点法创建路线适合路线条件充足、利用交点的方法能够直接得到中心设计线的项目中。具体操作如下：

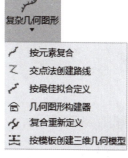

图4.7-36　"交点法创建路线"命令

（1）选择对应命令"交点法创建路线"确认创建方式，如图4.7-36所示。

（2）激活"土木单元精确绘图"，确认元素创建的起点，同时可以在创建路线的选项框内定义路线的曲线要素，每次曲线要素的定义针对的是当前PI点之前的交点属性。如图4.7-37所示，目前需要确认的是第三个交点，但是设置框中的数值是针对第二个点进行定义的，这样便于实时调整前后交点的切线夹角以满足曲线和线形的整体要求。

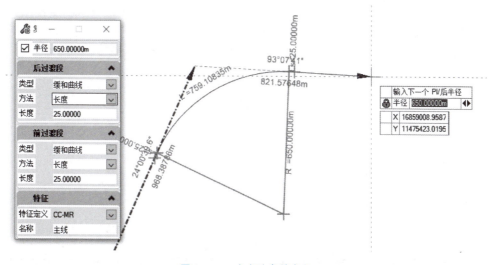

图4.7-37　交点法参数定义

（3）继续通过单击鼠标左键定位交点或输入对应后续的交点得到最终的路线线形，以"重置"结束路线的创建过程。整条路线创建完成后，选择路线对象，则设计过程中的相关参数均可以在模型"手柄"中进行调整，同时也可以在对象属性框中进行参数调整。利用交点法创建平面线如图4.7-38所示。

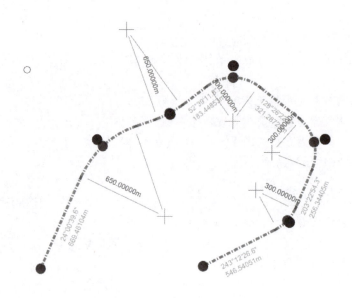

图 4.7-38　利用交点法创建平面线

注意：利用交点法创建路线的过程中需要控制参数的合理性，尤其是曲线要素满足两交点间的切线长度，当设定的曲线要素不合理时，虽然系统会创建路线，但是路线是断开或是有重叠的，出现这种情况后重新调整合理参数并更新后可完成路线的创建。如图 4.7-39 所示由于参数长度大于切线长度，系统提示错误，适当调整了后一交点位置后，得到合理线形，如图 4.7-40 所示。

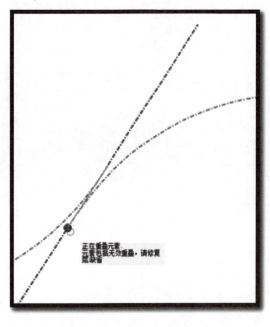

图 4.7-39　系统提示错误

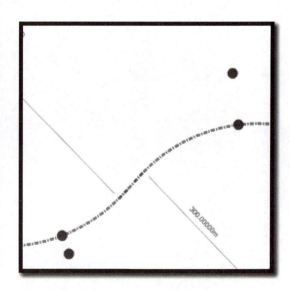

图 4.7-40　修正数据后的效果

4.7.7　平面线的利用和修改

平面线形创建完成后，主要体现的是路线在平面上的几何信息，可以通过多种方式进行编辑,而在工程角度上的信息或者利用已知信息得到更多相关信息的操作则属于平面线的利用和编辑。利用平面线可以根据已知线形得到与之相关的新的线形,不仅提高设计效率,同时保证对象之间的逻辑关系;平面线的修改主要针对的是平面线微量调整,例如桩号信息的编辑、断链的定义及增加圆角等。对于交点法创建的整条路线,既可以通过选择元素进行编辑,又可以通过表编辑器直接编辑交点线信息。

偏移和渐变:顾名思义就是针对已有的平面线元素进行偏移以及偏移距离的调整。此功能可以分为"整体与局部"和"等距与渐变"两种划分形式。平面模型利用工具如图 4.7-41 所示。

"整路段等距偏移"是两种划分形式中的最基本组合,意思为对于选中的对象从头至尾全线以固定值进行偏移,偏移得到的对象与原对象保留相对关系,当原对象发生调整时,对应的对象同时发生对应的变化。

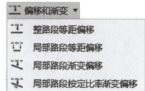

图 4.7-41　平面模型利用工具

局部路段偏移的几种方式的概念是针对选择对象的部分区间进行偏移,而"等距""渐变""定比率渐变"三种方式主要针对偏移的效果进行控制,可以调整对应的参数得到整路段等距偏移的效果,可以理解为整路段等距偏移是局部偏移的一种特例,下面以局部路段渐变偏移为例进行说明。

(1) 选择对应工具,得到偏移参数设置界面,如图 4.7-42 所示。

(2) 选择要偏移的对象,按需设置相关参数。

图 4.7-42　偏移参数定义

> 偏移:相对参考元素的距离,面向前进方向,左负右正
>
> 起、终点距离:定义局部偏移的区间,一般从模型中选择范围
>
> 特征定义:定义得到元素的特征

(3) 在模型中确认相关参数得到最终的偏移结果,当起点偏移距离和终点偏移距离数值不相同,编辑新对象时图形中的"手柄"仅显示首尾可调值,如果首尾值相同,则可以通过中部的属性值直接整体调整偏移值。不等距偏移和等距偏移如图 4.7-43、图 4.7-44 所示。

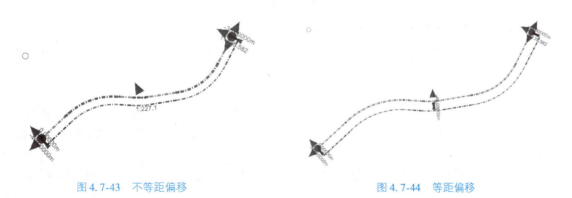

图 4.7-43　不等距偏移　　　　　　　　图 4.7-44　等距偏移

起点桩号：路线设计完成后，路线的起点桩号默认为"0+000.000"，而实际项目中路线有可能是分段设计的，不同设计标段的起、终点桩号要衔接，此时对于其中的线路桩号就要指定起点桩号。起点桩号设置完成后，可以通过选择路线激活编辑手柄，直接进行修改。桩号定义工具如图4.7-45所示，在模型中选择对象如图4.7-46所示。

图4.7-45　桩号定义工具　　　　　图4.7-46　选择对象

（1）选择命令按钮，按照鼠标提示定位需要编辑的元素。

（2）起点距离。用于选择修改桩号的位置，既可以直接输入桩号值（因未定义起点桩号的路线以"0"开始桩号布置，起点距离实际可以理解为桩号），又可以直接在路线中捕捉特殊设置的点。路线进行过桩号定义后，设置点的前后都会自动进行计算并于后期标注时自动读取。

（3）桩号设置后，如需修改，选择调整的元素对象，桩号设置手柄自动显示，可以直接拖动或者输入新的桩号值即可完成桩号的重新定义，如图4.7-47所示。如果重新激活此命令对已经进行过桩号设置的元素进行选择的时候，系统会提示该对象已经进行过设置，如图4.7-48所示。

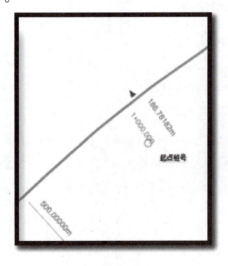 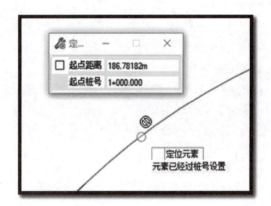

图4.7-47　设置桩号　　　　　图4.7-48　修改桩号

添加断链：在路线设计过程中，因各种条件限制，通常需要设置断链，断链设置针对路线元素进行，断链设置完成后，对应的桩号统一自动调整，且纵断面和廊道设计中的桩号设置也会自动调整，以保证路线、结构的桩号同步调整。

断链设计过程：定义断链后的路线桩号时要给定对应的区间编码，以便区分桩号是否在断链涉及的范围内。

（1）选择添加断链命令，创建断链显示设置窗口，如图4.7-49所示。

(2)选择设置对象,定义设置参数,确认完成添加工作。

前桩号:设置断链后下一断链区间起始的桩号(对于前、后的概念,以路线前进方向定义,走在大桩号侧为前,反之为后)。

(3)编辑断链设置,需要编辑断链的时候,选择元素,则相关的设置均可激活对应手柄,可以点击需要修改的参数直接进行修改,并自动保存到模型中。查询断链如图4.7-50所示。

图4.7-49 创建断链

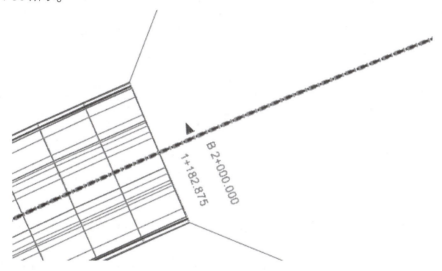

图4.7-50 查询断链

平面线的设计有多种方法,不同方法创建路线的约束关系不同,不同元素之间的规则将设计思想保存到平面线设计模型中,后期进行模型调整时系统能够保存设计过程中的设计原则并按要求调整而自动变化。可以理解为将设计原则进行了封装,依据封装的对象和原则不同,修改的时候按原则修改就能高效得到新的设计成果。这种封装对象和原则的思路能够快速布置形式类似、设计原则一致的设计节点。例如常规的相交路口、道路联络线、道路出入口、路口环岛、立交方案等均可进行封装,对于设计团队的标准化、设计项目的设计效率、设计单位的统一管理都有很大的提升作用,将重复的工作交给计算机去执行,专业人员的价值体现在项目的合理性、专业性、人性化和精细化上,可提高项目的经济效益、社会效益。

4.7.8 纵断面设计概况

平面线设计后,接下来的工作是对平面线进行纵断面的设计。纵断面设计依照平面线与数字地形结合后的关系进行竖向设计,将平面线对应的地面线高程反映到竖向设计的模型中,能够辅助优化设计,且涉及平面线在设计过程中的改线要求竖向模型中能够实时体现变化并提供新的参考意义。一条中线平面确定后,往往会考虑到各项指标以及实际的情况需要进行方案的比选,在方案比选阶段会涉及比较线之间的工程量、项目效果,同一条平面线往往会进行3~5

个比较方案,对后期的道路模型创建进行比较。在系统中可以同时创建多个纵断面,可以在竖向设计模型中同时展示不同表面,例如原始地形、设计地形、不同地质结构层及其他相关的三维设计模型均可在竖向设计模型中进行体现并参与到设计过程中的控制。

纵断面设计模型中,可以通过"激活"不同的纵断面与平面线结合得到不同的三维线形,进而影响后面章节中的"廊道",包括工程量、项目效果、项目可视化展示等,而这些只需在纵断面模型中选择不同的纵断面设计线,点击"设为激活纵断面"即可自动完成后续的工作。CNCCBIM OpenRoads 支持同时打开8个视图,而8个视图可分别指定显示不同的设计内容,例如:在某个设计项目模型打开状态下,同时打开视图1——平面、视图2——纵断面、视图3——三维轴侧、视图4——指定桩号横断面、视图5——超高设计模型、视图6……多个视图显示的内容均为当前设计模型的不同内容,而整个模型设计过程中调整设计参数,相关内容自动刷新得到新的成果,能够真正实现设计联动性,达到即改即现、所见即所得的效果。

纵断面设计中不同的对象之间可以通过约束关系进行竖向关联,类似于平面设计中的各个元素之间的规则,对于逻辑性原则性强的设计可以通过平面线、纵断面进行双向约束,从而实现控制性条件发生调整后相关联的对象在原则约束下进行自动适应,减少重复人工干预操作,提升变更效率,保证设计原则,控制设计质量。

纵断面设计过程主要包含:纵断面设计模型打开及已有内容显示;纵断面线形定义及调整;纵断面模型的衍生应用。

4.7.9 打开纵断面设计模型

平面设计有了雏形后,平面线投影到数字地形上的地面线及相关的竖向元素可以根据需要进行显示作为纵断面设计的参考对象。选中平面线元素时,系统自动在光标处显示常用命令,可以在 ▢▦⟨⟨▦↶♦·ℐ⌞⊕✕ 选择打开纵断面视图,此时系统提示"选择或打开视图",该提示的意思是将纵断面设计模型显示在某一个视图中,既可以直接点击当前的平面线视图,也可以在视图创建区从8个视图中选择一个,然后确认,系统会自动将相关信息投影创建到指定的视图中,也可以直接在垂直设计功能区中选择相同的图标命令进行同样的操作。选择"打开纵断面模型",如图4.7-51所示,按照系统提示选择需要打开纵断面模型的平面线元素,然后进行选择视图并确认的操作。

利用常用命令和标准图标命令执行的流程稍有不同,前者的操作是先选择了元素,然后从支持的常用命令进行下一步的操作,后者是先选择命令,然后选择元素,进行接下来的功能。相比之下,常用命令可以快速选择需要进行的操作,能够提升设计速度。

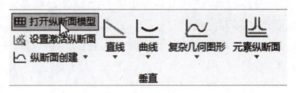

图 4.7-51 打开纵断面模型

如果当前设计模型中存在地形模型或者参考了地形模型,可以选中地形的元素,然后将该地形作为激活地形,则纵断面视图中会自动出现该激活地形对应的地面线信息,如图4.7-52所示;同时也可以切换到"地形"工具栏选择"激活",实现对选中的地形模型的激活操作,如图4.7-53所示。

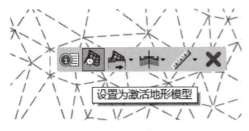 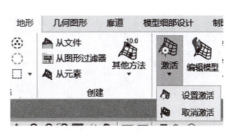

图4.7-52　模型中激活地形　　　　　图4.7-53　工具中激活地形

4.7.10　显示设计模型参考数据

纵断面设计模型打开后，初始状态是将平面线形的信息通过分色进行区分和定义，同时纵轴显示高程信息、横轴显示桩号信息以便进行纵断面设计的时候定位，如图4.7-54所示。

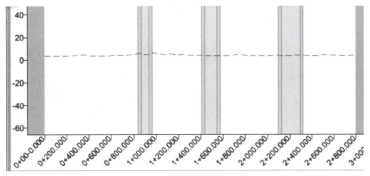

图4.7-54　纵断面模型

纵断面设计模型的视图右上侧有针对纵断面的创建以及参考数据显示的功能，纵断面工具里第一个功能"快速剖切地面线"，如图4.7-55所示，可以手工选择需要显示的表面投影，激活地形可以不用选择，当模型环境中有多个参考表面的时候可以通过此功能实现激活地形以外的表面模型的投影对比，通过"重置的操作"结束要选择的对象，如图4.7-56所示。

 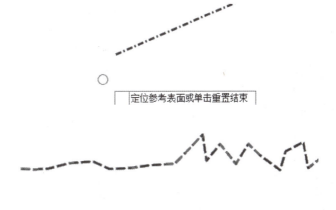

图4.7-55　纵面常用工具　　　　　图4.7-56　手工显示投影面

在快速工具最右侧两个功能键——"创建三维剖切"，主要是针对模型中除了表面以外还有其他的模型信息，例如桥梁模型、建筑模型，如果在平面线投影范围内，可以进行剖切并显示到纵断面设计模型中，如图 4.7-57 所示，而且如果原对象发生了变化，可以通过"刷新"按钮直接刷新模型信息。

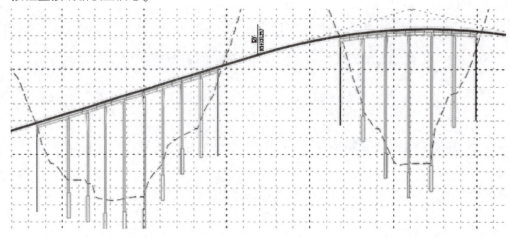

图 4.7-57　三维剖切桥梁

通过上述的"快速剖切地面线"和"创建三维剖切"两个功能，将平面线所在位置的相关内容显示到纵断面模型中，有了上述的原始现状内容，接下来的纵断面设计工作便有了参考和依据。

4.7.11　积木法创建纵断面模型

纵断面的设计过程可以按照不同类型、不同限制条件的平面线进行不同的设计方式，既可以采用先进行纵坡的设计，按设计要求确定了纵坡后，添加竖向曲线的定义后串联成"一根"纵断面设计模型，又可以直接按照竖曲线边坡点及竖曲线参数进行竖向设计，直接得到一个完整的纵断面设计模型。

采用积木法进行竖向设计的时候，先利用直线工具（图 4.7-58）进行拉坡设计，然后对纵坡进行插入竖曲线，最后将纵坡切线、竖曲线首尾相连得到最终的纵断面设计模型，主要操作包括：

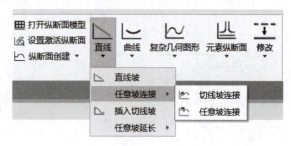

图 4.7-58　创建直线

直线坡：纵断面设计中的拉坡定义。在进行纵坡设计的时候，可以将土木精确绘图激活，精确输入相关设计参数，如图 4.7-59 所示，如路线准确桩号对应精确高程可以在窗口中直接定义。对应纵断面设计过程中的桩号定义既可以直接输入桩号，也可以将光标移动到平面视图中（不点击，只移动到平面视图，系统会自动识别光标所在视图内容），对桩号进行捕捉（既可以是平面线上特殊的位置，也可以是通过相关参照物投影到平面线上的桩号），如图 4.7-60 所示，对话框中桩号自动随光标捕捉而变化，确定桩

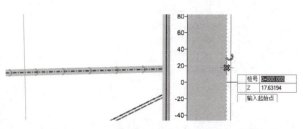

图 4.7-59　直接输入准确信息

号时按回车键锁定桩号，此时平面、纵断面中均可以看到锁定桩号的位置，将光标移动到纵断面视图中，利用光标上下移动可以捕捉高程控制信息，通过回车键确定高程的捕捉信息。桩号和高程均锁定后，光标可以在纵断面视图中任意位置点击确认即可得到纵坡的一点。

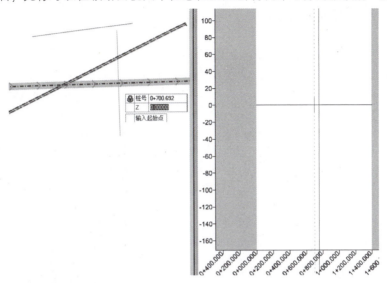

图 4.7-60　自动捕捉平面图中桩号

确定直线坡的起点后，可以通过两种方式实现纵坡的创建，既可以通过定义点的形式得到第二个点，进而得到纵坡并自动计算纵坡和坡长；又可以通过设定坡度、坡长等参数得到纵坡。对于参数的输入既可以在窗口中给定也可以在光标的跟随窗口中通过〈Tab〉键结合左右方向键快速切换输入的内容。注意：当输入纵坡锁定坡度和坡长时，如图 4.7-61 所示，如果需要编辑数据时则只能修改坡度和坡长，变坡点的桩号和高程是自动计算得到的，但如果采用拖动图形的方式进行调整则不受此限制。

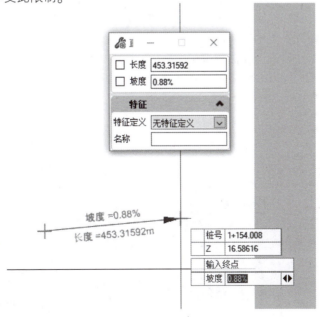

图 4.7-61　定义坡度

曲线：纵断面设计曲线主要包括抛物线和圆曲线。目前主要以圆曲线形式居多，可针对已知对象进行竖曲线元素的连接和延长，同时也可针对已知的纵坡切线进行插入圆曲线的操作。

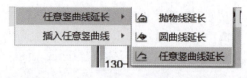

图 4.7-62　创建曲线

连接或延长：以已知纵坡为例，选择任意竖曲线延长，如图 4.7-62 所示，则根据控制窗口进行参数设定或者采用动态光标移动实现竖曲线的创建。实施功能过程中要注意系统提示，按步骤实现竖曲线的创建，如图 4.7-63 所示。

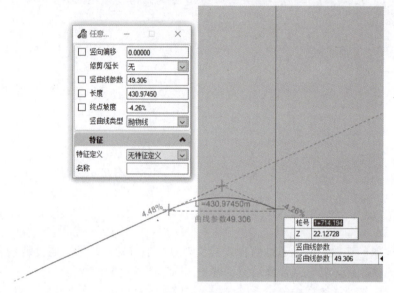

图 4.7-63　定义曲线参数

操作过程：选择参考元素（延长或连接的对象）→捕捉（设定）延长（连接）的偏移量→指定起点（终点）→设定曲线参数→设定终点（起点），完成竖曲线的延长或连接。

插入竖曲线：插入曲线的操作相比直接定义曲线而言要方便快捷，此功能的目的是在两个元素间创建竖曲线，如图 4.7-64 所示。

激活插入任意竖曲线命令，根据窗口提示可设定相关参数信息，如前文所述，参数信息既可在窗口设定也可以在光标跟踪栏中直接输入。二者的主要区别是根据项目要求和现状对纵断面设计的限制决定，如图 4.7-65 所示。

图 4.7-64　插入元素

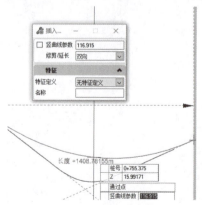

图 4.7-65　插入元素参数

"插入曲线参数"窗口针对插入的竖曲线类型、参数、前后偏移进行定义,其中曲线参数和长度二者定其一即可确定相关内容,如图4.7-66所示。激活命令后,按照提示选择需要插入的曲线的第一个元素,如图4.7-67所示。

图4.7-66 插入曲线参数

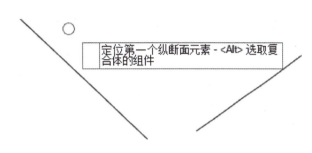

图4.7-67 选择元素

选择第一个纵断面元素之后,系统会提示竖曲线的切线与参考的纵断面元素之间的偏移距离,第一个元素对应的提示为"后竖向偏移",第二元素对应的提示为"前竖向偏移"。常规的竖曲线设置是与已知纵坡相切的,所以建议输入值为"0"。当分别选择两个纵断面元素且设置对应的偏移值后,接下来的内容就是确定竖曲线,系统可自动根据"通过点"结合两个对象

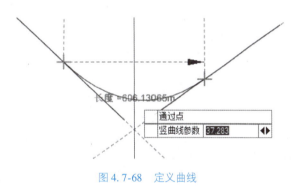

图4.7-68 定义曲线

的相切确定曲线,同时如前文所述,可以通过竖曲线参数或曲线长度来定义竖曲线位置和大小,如图4.7-68所示。

竖曲线位置和大小确定后,最后一步是针对原有的切线是否进行"修剪/延长"(图4.7-69),因为竖曲线的参数设定后,曲线的起终、点很难与切线的起、终点完全重合,所以需要对切线进行修剪,类似在普通作图中的两个直线间插入圆弧的操作,在 Civil 软件中,此操作不但实现里对两条线的修剪,同时绑定竖曲线与两条线之间的关系,进而在后期的应用自动调整(切线夹角变化曲线变化)和主动调整(直接修改曲线参数重新修剪切线得到新的竖曲线),如图4.7-70所示曲线外侧的线为虚拟的切线的已经修剪掉的部分,选中曲线部分的时候,该元素对应的参数显示且支持在模型中调整修改。

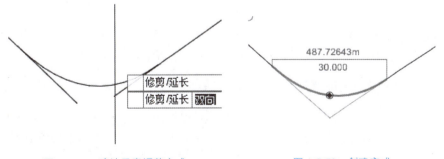

图4.7-69 确认元素调整方式   图4.7-70 创建完成

积木法创建纵断面：如前文所述操作创建多个纵断面元素完成后，在纵断面模型中可以看到是多个独立（内部存在相互依赖关系）的元素，如图4.7-71所示，将众多的纵断面元素进行连接的工作是完成该纵断面设计的关键步骤。

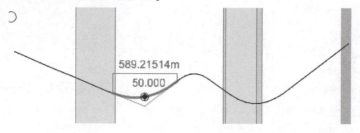

图4.7-71　纵断面元素

激活复杂几何图形中的按钮"按竖曲线单元创建纵断面"（图4.7-72），设置内容主要包括连接的方法和特征定义（图4.7-73）。特征定义的作用和方法在前文已经解释，在此不再赘述，考虑到后期的自动出图，建议特征定义按照工作空间说明文件指定对应的特征以实现高效出图。

图4.7-72　选择命令

图4.7-73　设置条件

操作过程中，注意系统提示，选择纵断面的起点元素，系统会自动进行串联预览（方法选择自动，如选择手动需逐个进行元素的选择），如无异议则点击确认，完成纵断面的创建，可参考图4.7-74、图4.7-75。

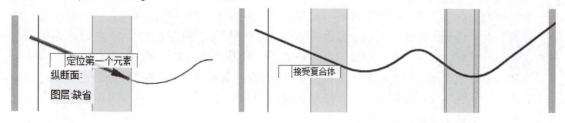

图4.7-74　选择起点　　　　　　　　　　图4.7-75　结果预览

纵断面通过串联元素创建完成后，选择该模型则整体显示设计元素的属性信息，可以通过模型中直接调整或者属性调整实现纵断面的优化，如图4.7-76所示。

4.7.12　交点法创建纵断面模型

纵断面设计另外一种主要的方式为交点法，其原理与平面线交点法相似，在设计的过程中通过捕捉或者输入精确纵面信息确定边坡点的信息，设置变坡点的竖曲线参数得到对应竖曲线，逐个变坡点定义完成后以重置命令结束此操作，完成纵断面设计的工作。

执行交点法进行纵断面设计建议打开土木精确绘图，便于准确定义变坡点参数，主要参数

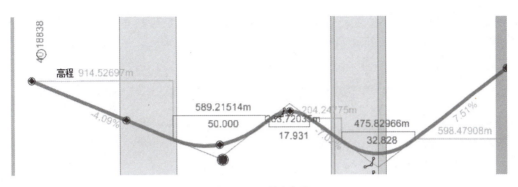

图 4.7-76 创建完成

包括竖曲线参数、长度、坡度、竖曲线类型,如图 4.7-77 所示。激活命令后,首先定义参数,然后按照光标提示确定第一个点的桩号和高程,点击确认键(通常是鼠标左键)确认当前的输入,如图 4.7-78 所示。

图 4.7-77 参数界面

图 4.7-78 参数调整

当系统提示"输入下一个 VPI"时,如图 4.7-79 所示,定义第二个变坡点(可以通过坡度和坡长或者直接定义桩号和高程),参数可以通过〈Tab〉和〈←〉〈→〉键调整参数信息,当输入完成第二个点后,从第三个点开始,曲线相关参数是针对前一点进行设置的,例如设置第三个点的

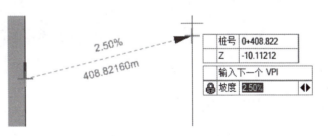

图 4.7-79 确定坡度

时候,曲线长度或者曲线参数是针对第二个点而言的,如图 4.7-80 所示。

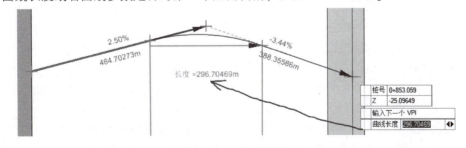

图 4.7-80 确定竖曲线

依次确定相应的变坡点位置和曲线参数后，以重置命令结束纵断面的交点法定义得到整条线路的纵断面设计，如图4.7-81所示。

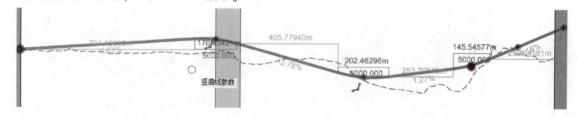

图4.7-81　完成模型创建

注意：用交点法设计了纵断面模型后，选择纵断面提示的系统参数是有两种类型的，一种是浅色参数，一种是高亮状态参数。浅色参数为自动计算得到的数值，如两个变坡点为独立输入的桩号和高程，则该纵坡以及坡长是自动计算的，这类值是不能通过模型中的调整参数方式调整的；高亮状态的参数是前期创建的时候设置的，可以通过此方式进行调整，除了如图4.7-82显示的曲线参数，还包括变坡点的桩号、高程等。当然，纵断面总体模型是可以通过前面讲到的表编辑器进行全面调整的。

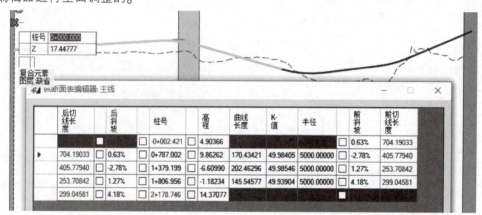

图4.7-82　纵断面编辑

4.7.13　纵断面模型的应用

纵断面投影到其它剖面：当设计线完成平纵设计后，与之相关的路线或者其他辅助线形需要纵断面与以完成的路线对应，例如A线完成了设计，与A线在纵断面上有参考关系的B线可以直接利用此功能得到B线的纵断面，这样B线与A线在纵断面上产生了约束关系，当A线进行竖向调整的时候，B线自动进行关联调整，而无须进行手工干预。纵断面投影到其他剖面的功能细分为两种：全部投影和局部投影。全部投影的优势在于选择该功能后，当接受投影的线形长度发生变化的时候，自动会从原参考的元素中得到纵断面（参考元素投影出的纵断面最大投影的区间为自身纵断面范围，不支持扩展计算：A线100m且包含纵断面，B线200m，则B线最大得到纵断面长度为100m），如图4.7-83所示；局部投影主要应用于接受投影的线形只有部分区间需要从参考元素中得到，当接受投影的元素前后都有自己的纵断面设计内容，只有某个区间段是通过参考对象得到的时候，可以通过局部投影的形式得到纵断面设计内容特征选择如图4.7-84所示。当设置局部投影的区间起终点锁定到对象的起终点的时候，作用与整体投影效果相同，如图4.7-85所示。

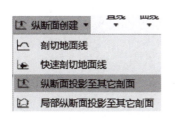  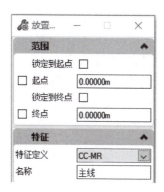

图 4.7-83　投影工具　　　　　图 4.7-84　特征选择　　　　　图 4.7-85　定义范围

下面以局部投影为例进行功能说明。激活"局部纵断面投影至其他剖面",显示对话窗口,窗口中可以直接设定区间的桩号范围,同时在模型中,系统提示"选择要投影的元素",此时需要选择参考元素,且该元素必须有自己的激活纵断面才可以选中,否则系统会提示"无激活纵断面",如图 4.7-86 所示;选择了含有激活纵断面的元素之后,需要选择要投影到的元素(接受投影的元素),此时对象可以选中没有纵断面的元素也可以选择已经进行了纵断面设计的元素,系统接下来需要明确区间的起终点,可利用鼠标在模型中直接确定起终点的桩号,同时模型中会有示意动态显示范围,确定了终点后,该操作完成,系统将参考元素的区间纵断面投影到目标对象上,如图 4.7-87 所示。

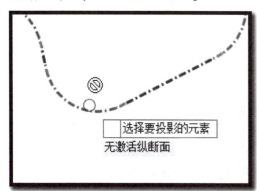 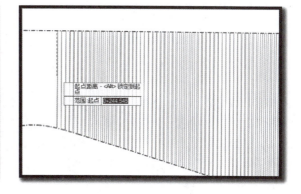

图 4.7-86　选择元素　　　　　　　　　　图 4.7-87　投影示意

平面交叉点投影到其它剖面:该功能主要应用于交叉路线之间对于竖向有设计控制要求的时候,可以利用已有线路的纵断面作为参考,用于其他线形的纵断面设计。顾名思义,从功能的名称上解释就是将与某一个对象平面相交的所有元素的交点处的高程投影到该元素的纵断面模型中用于平面交叉以确定纵断,"立体交叉"控制净空的参考因素。交叉点投影到纵断面模型中为交叉点的高程绝对值,进行平面纵断面参考设计的时候,可以从参考点引出纵坡并最终合成联动纵断面模型,当交叉对象的纵断面发生变化的时候,交叉点高程变化,进而带动相关的纵断面发生变化,从而保证平面交叉纵断面设计过程中相关对象的设计联动性,减少无须的操作;在进行立体交叉路线纵断面设计过程中,将交叉点投影后,可以利用交叉点创建单个纵断面元素,然后将该关联的纵断面元素进行纵断面偏移(操作可参考"纵断面偏移"),偏移的量可以用于控制路线设计中的净空,利用纵断面偏移得到的元素参与到纵断面设计过程中,实现纵断面控制净高区间与相交元素存在依附关系,当对原参考元素的纵断面进行调整后,则投影的点发生进行联动,进而生成的偏移区间进行联动,最终保证两条相交线之间的净空关系不发生变化。下面以平面交叉高程参考为例进行功能说明:

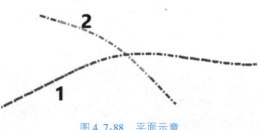

项目中各条线路中线设计完成后,按优先级已经完成了主线的纵断面,接下来进行平面交叉路线的纵断面设计,如图4.7-88所示。

图4.7-88 平面示意

线路1已经完成全部设计,而线路2完成平面线,现参考线路1进行纵断面设计。首先选择"平面交叉点投影到其它剖面"功能(图4.7-89),此功能没有可选操作和参数设置,当选择了该功能后,直接按照提示完成操作接口。先选择要显示交点的元素,即线路2,然后选择要投影的元素1,如与线路2相交存在多条相交元素可以依次选择以重置命令结束选择,如图4.7-90所示。

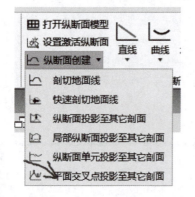

图4.7-89 交叉点投影功能

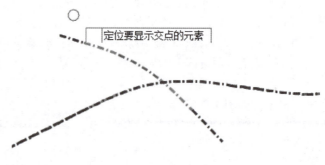

图4.7-90 选择元素

打开线路2的纵断面模型,可以看到在空白的纵断面模型中存在上一步选择的相交元素的投影点,可以利用这些点作为线路2的纵断面控制点,以投影点作为出发点,进行前后放坡的定义,则当投影点发生变化的时候,线路2的纵断面也随之变化,进而实现设计原则的联动性,保证了设计过程中"一动则与之关联对象随动"的目的。如果线路1已经进行了路面的设计,同样可以将整个线路1的断面全面投影到线路2中,此需求需要用到纵断面的"快速剖切地面线"的功能,选择线路1的廊道即可实现,结果示意如图4.7-91所示。

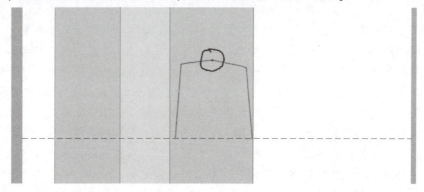

图4.7-91 结果示意

纵断面偏移:此功能主要应用于利用现有的纵断面元素进行偏移,得到与之相关的纵断面元素且保留之间的关系,当原始元素发生变化的时候,偏移得到的纵断面元素随之变化,如图 4.7-92 所示。纵断面偏移的对象可以为纵面模型中的单个元素也可以是复合元素,命令主要分为等距偏移和变距偏移,如图 4.7-93 所示。变距偏移选项中将起、终点偏移值设定为相同值则可实现等距偏移的效果,相关参数值设置主要包含偏移距离、是否镜像、起点位置、终点位置或长度、特征定义。设定偏移的起终点位置既可以直接在模型中捕捉相关点,也可以给定具体桩号;特征定义的作用是将新创建的对象通过特征定义与原对象区分,且可作为后期其他功能创建的目标。

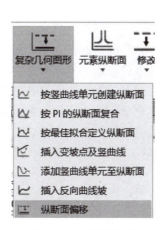

图 4.7-92 纵断面偏移

图 4.7-93 选择偏移方法

激活命令后,可以在设置窗口范围内选择绘制方式,当光标置于绘图区时,则提示定位要偏移的对象,按照提示选择对象,设置偏移距离和偏移起、终点位置,如图 4.7-94 所示,得到新的元素,选中新元素后系统除了高亮对象以外,还会显示新元素与参考元素之间的关系,包括起、终点位置、偏移的距离和总长度,选择提示的属性可以直接在模型中进行属性的编辑以得到符合设计的成果。对于纵断面偏移的对象,除了纵断面设计内容以外,还可以是纵断面模型中的其他对象,如原始地形的地面线,将地面线进行竖向正负值进行偏移后,得到三根线形用于控制路线纵断面设计过程中填挖的高度和深度,路线纵断面以三根线(挖方控制线、地面线、填方控制线)为参考关系,在符合设计标准的前提下,对填挖有所控制,降低后期修改变化的工作量。偏移完成如图 4.7-95 所示。

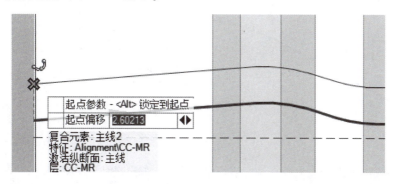

图 4.7-94 定义偏移距离

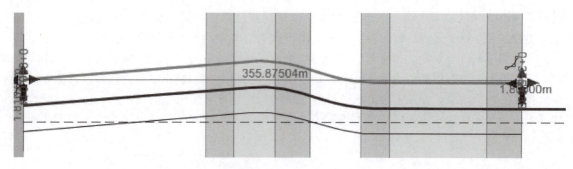

图 4.7-95　偏移完成

插入过渡纵断面：这个功能主要应用在项目细节位置，用于对象元素的平面创建受制于两个元素，纵断面同样受制于前、后对象的高程和坡度，系统可以自动匹配曲线纵断面或者线性纵断面模型。当前、后元素发生变化的时候，不论是平面变化还是纵断面变化，设置对象的相关信息也能自动同步发生变化并处理后续的相关命令。设计项目中会存在多处类似限制条件的结构细节，例如路口设计的过渡区间，道路边缘的过渡要保证与相关元素属性顺接，而过渡段自身没有固定的纵断面设计，利用此工具可以实现过渡区间的自动调整。过渡的方式既可以是常用的线性过渡形式，也可以是系统根据起、终点高程、过渡长度自动计算抛物线线形。具体操作过程如下：

（1）激活命令：纵断面元素→插入过渡纵断面，例如插入线性过渡如图 4.7-96 所示。
（2）设置过渡形式：线性过渡或抛物线过渡，插入抛物线过渡如图 4.7-97 所示。

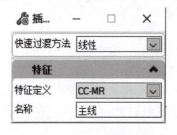　　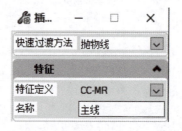

图 4.7-96　插入线性过渡　　　　图 4.7-97　插入抛物线过渡

（3）选择需要设置"过渡纵断面"的元素，如图 4.7-98 所示平面圆弧由前后两条直线通过插入圆弧并剪切两条直线得到，所以受制于前、后两条直线，此时可以定位该圆弧进行纵断面过渡自动创建。

图 4.7-98　选择元素

当中间元素创建过程不是受制于前、后两个元素时，如果是利用"XX 延长"等形式首尾相连依次创建的方法，则不能应用此命令，系统会自动提示"元素未受两个元素约束"，如图 4.7-99 所示，此时需考虑是否重新利用两个相关元素创建该对象以实现自动纵断面调整的目的。

图 4.7-99　错误提醒

（4）选择了要定义的元素后，系统自动创建该元素的纵断面，操作结果如图 4.7-100 所示。打开元素的纵断面模型可以看到过渡纵断面模型，可以从纵断面属性中调整过渡形式以改变该元素的纵断面信息，属性编辑如图 4.7-101 所示。

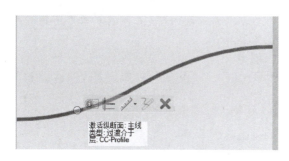

图 4.7-100　操作结果

图 4.7-101　属性编辑

按固定高程给定纵断面：这个功能按照指定的固定高程设定平面元素的纵断面，通过设置固定高程值以及特征定义快速将平面元素进行三维设计，得到三维模型。按固定高程给定纵断面主要应用在纵断面简单、不涉及纵坡及竖曲线的元素定义中，此功能可同时指定多个元素为同一高程，所以也适用于如场区道路高程简单的道路、场地整平为统一高程、场地微循环设计等没有复杂纵断面设计的元素设计过程。无须打开纵面设计模型即可快速完成纵断面定义。具体操作过程如下：

（1）激活命令：元素纵断面→按固定高程绘制纵断面。

（2）设定操作对象的相关属性并选择对象（图 4.7-102）：高程——设定的固定高程值，既可以在窗口中设置，也可以在选择对象完成后给定；特征定义——设定对象的纵断面特征定义且命名到纵断面模型上。

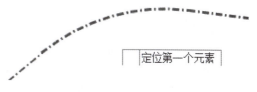

图 4.7-102　选择元素

（3）依次选择多个设定对象（图 4.7-103），以重置命令结束选择，确定高程和特征定义（图 4.7-104），完成高程设置（图 4.7-105），得到对象的纵断面信息。

图 4.7-103　实现多选　　　　　图 4.7-104　设定高程　　　　　图 4.7-105　完成高程定义

基于参照纵坡按固定坡度绘制纵断面：该功能通过使用已有元素的纵断面结合横向坡度创建对象的竖向设计，得到的竖向设计保留与原参考对象之间的约束关系。当参考元素的纵断面发生变化时，求得的纵断面同时进行调整。此功能包含两种形式：固定坡度和可变坡度，"固定坡度"顾名思义，元素与参考元素之间的相对坡度是一个固定值，从起点到终点是一个横坡，而可变坡度可以设置不同的坡度值以实现设置范围内的高程投影坡度关系的变化。本功能主要用于快速处理相关对象之间存在可梳理的规则，且主要元素需要在设计过程中进行调整的设计对象之间建立纵断面的相对关系。设计项目各对象之间的约束关系创建后，当设计发生变化调整时，能做到"牵一发而动全身"，在保证设计原则的前提下，提升设计效率，保证设计质量。基于参照纵坡绘制纵断面主要涉及两类对象：参照对象和目标对象。参照对象指的是在一次命令执行过程中的纵断面的发起者，它必须存在自身的激活纵断面；目标对象指的是待求纵断面的元素，可以是一个或者对个，当多个目标对象选择的时候，以重置命令结束选择，多个目标对象会根据命令的统一参数和自身与参照对象之间的关系进行高程的分别计算，得到各自的纵断面模型。目标对象之间没有隶属关系，各个目标对象与参照对象的关系既可以在选中目标对象后的快捷属性中进行调整，还可以在对象属性中进行综合调整，如图 4.7-106、图 4.7-107 所示。

具体操作过程如下：

（1）激活命令：元素纵断面→"基于参照纵坡按固定坡度绘制纵断面"。

（2）设置创建的主要参数并选择目标对象，如图 4.7-108、图 4.7-109 所示，其中点选择——纵断面控制点的选择，可以选择全部纵断面整体计算，也可以控制起、终点作为目标对象的纵断面，针对项目的主要用途不同选择不同的选项；纵断面调整——投影的纵断面是否选择最大值或者最小值作为特殊处理的方式，选择"无"则按照标准的投影操作；竖向偏移——当参照对象的纵断面投影到目标对象后，是否对该值进行竖向的偏移（边沟的沟底高程可以理解为参照设计线纵坡得到边沟顶高程，然后设置竖向偏移值得到沟底的高程）；坡度——参照对象与目标对象之间的横坡；边坡样式——设置不同的坡度

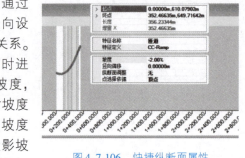

图 4.7-106　快捷纵断面属性

图 4.7-107　属性框查询属性

过渡形式，可以是线性也可以是四次曲线。对于变坡度功能，可以设置起、终点位置以及对应的坡度值。

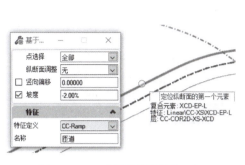

图 4.7-108　选择需设置高程元素　　　　图 4.7-109　选择坡度投影参数

（3）确认相关参数后，通过确认键完成此操作，同时可以通过打开纵断面视图查询目标对象的纵断面信息。

激活纵断面：创建纵断面的形式前文已经介绍多种方法，同一个平面线元素可利用不同的途径创建多个不同的纵断面设计方案，例如可以主动设计纵断面（交点法、积木法），也可以通过其他对象投影的方式得到带有关联关系的竖向设计，而应用到模型中同一时期可以通过激活不同的纵断面来进行路线方案的比选及项目的工程量对比和后期的项目效果展示。激活纵断面是将设计纵断面与平面线结合应用得到三维的路线中线的过程，平面线只有存在激活纵断面才能是真正的路线。激活纵断面功能可以在菜单栏中选择"设置激活纵断面"（图 4.7-110），也可以在选中纵断面元素后，在显示的快捷命令中直接选择"设置为激活纵断面"（图 4.7-111）。

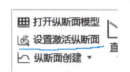 

图 4.7-110　激活纵断面命令　　　　图 4.7-111　激活纵断面快捷命令

4.8　模板设计

4.8.1　项目分析

设计项目包含的断面形式、不同断面形式的合并分类对于 CNCCBIM OpenRoads 进行项目设计的应用尤其重要，减少模板类型、增加模板的适用性对于设计效率的高低有着直接的影响。针对整个项目有一个清晰的框架是利用软件进行设计之前要做的首要工作。确定项目所需结构的属性特征、几何特征，以及确定点特征、自定义针对项目的特征名称，对于 BIM 项目实施过程中项目的模板分析尤其重要，而全面合理的项目分析，对于后期项目的实施会起到"事半功倍"的效果。当然，BIM 实施初期可以先进行简单的项目分析，而在实施后期项目总结的过程中不断完善和修正，可以为项目顺利高效进展提供有力支持。

4.8.2　确定设计原则

模板中各个组件之间的逻辑关系、组件自身各个控制点之间的逻辑关系在设计原则定义后需落实到模板中,以便于设计开始后,按照设计原则快速创建设计模型。举例:一个简单的单幅双向坡路面结构,半幅宽度是10m,路面边缘与路面中心的关系如果是通过水平距离和高差进行约束,那么在路面结构宽度发生变化的时候,高差不变、宽度变化,那么结果就是路面横坡发生变化,一般情况下这种做法是不合理的;如果我们进行了水平距离和横坡的约束,当路面宽度发生变化的时候,坡度不变、宽度变化,边缘的高程会根据距离和横坡自动计算得到设计成果。通过路面的约束的举例,应该可以理解约束的概念及作用,在定义模板的原则的时候一定要考虑周全,以达到事半功倍的效果,如果不确定的话,可以分别创建组件,单独应用到测试模型中进行验证。需要注意的是不同需求的模板从模板的几何信息上有可能一样,但是可以通过模板显示选中的显示约束关系来进行理解和检查。元素点属性如图4.8-1所示。

4.8.3 模板分类

模板的分类主要用于模板的管理,通过分类可以清晰地看出一个模板库文件中哪些是组合模板,哪些是用于组合模板的组件,而从本质上讲模板是不分组件和组装模板的。举例:一个道路的模板包含了路面结构、附属结构、防护结构,而每一个结构可能会由不同的、更细的划分单元组成,路缘石、沥青路面、混凝土结构层、边沟、排水沟、挖方放坡、填方放坡、中央分隔带都可作为道路模板组件进行分类,同时不同的组件也可以认为是简单的模板,例如路缘石可以单独作为场地边缘的模板进行直接应用。

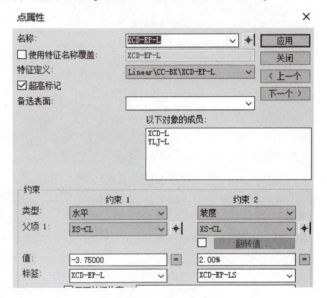

图4.8-1 元素点属性

1)模板组件:行车道、硬路肩、土路肩、中央分隔带、防撞护栏、边沟、排水沟、各种形状和尺寸的路缘石等自身结构相对变化较少的结构,同时简化的组件可以根据不同的项目需求快速地调整,例如路面宽度,可以快速调整宽度数值得到新的结构用于后期的模板组装。在定义结构组件的过程中要考虑到后期的扩展需求。

2)末端条件组件:末端条件组件也可以认为是特殊的模板组件,主要是各种不同形式边坡与目标对象(如地形、参考对象)的求解,包括各类挖方

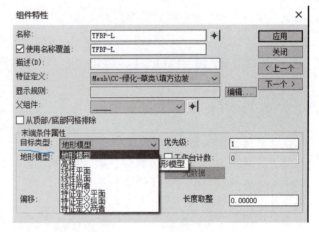

图4.8-2 组件属性设置

放坡、各类填方边坡及利用放坡功能计算特殊控制点的组件,主要特点是结构尺寸不固定,会根据不同的控制条件得到不同的设计模型。例如目标类型设置(图4.8-2),当定义为激活地形的时候,末端条件自动寻找激活地形;定义末端条件到指定高程,则边坡会依照自身的控制线

和指定的高程信息为创建模型的基本原则进行模型的创建；定义末端条件目标类型为特征定义的内容时，模板在应用到设计项目过程中按照设定的目标进行搜索，得到不同的设计模型。末端条件通常用于填挖边坡的定义，则在同一项目中不同的填挖条件下需要选择不同的边坡形式，通过末端条件的优先级可以实现自动根据实际情况选择不同的组件。例如放坡高度 6m 以内的时候采用 1∶1 坡度，大于 6m 时，6m 范围内采用 1∶1.75 放坡，同时在 6m 高度位置设置 2m 宽、坡度为 -2% 的平台，平台边缘按照 1∶1.75 继续放坡直至结束。这类设计要求需要分别创建两个末端条件来实现，而同时出现两个末端条件在实际项目中是错误的，此时可以通过优先级的定义来处理，定义 ≤6m 的优先级为 "1"，另一个为 "2"，则在项目应用过程中，首先进行优先级高的末端条件放坡，实际情况 "超过" 的时候，则自动选择其次的优先级完成创建，以此类推，模板中同一位置的放坡可以创建多种不同优先级的末端条件。需要注意：在创建多种末端条件的时候，需要在模板编辑界面的右下角有 "测试" 功能，可以尝试在不同地形条件下的创建合理性。

3）组合模板：项目应用标准断面，包含了模板组件、末端条件组件根据项目需求进行的模板组合，尤其是各个组件之间的逻辑约束关系进行确认，按照项目情况进行模板命名以便创建模型调用。组合模板的数量无须很多，但要考虑通用性结合项目实际情况进行命名和创建，基本原则为易管理、方便调整。例如：8m 路基与 10m 路基的结构相同，只是路基尺寸不同，可以通过不同的路基组件加上相同的附属结构组成不同的模板或者采用同一组件，针对路面宽度利用参数定义实现在模型中的更广泛应用。

4.8.4　模板的特征定义

模板的特征定义主要包括点（图 4.8-3）的特征和组件（图 4.8-4）的特征，编辑对象通过约束关系和特征定义实现内在的关联和外观的展示，组件是通过点的连接构成的。点的特征定义主要包含图层、线形、线宽、颜色等针对点延展生成的线进行预设，组件的特征定义是针对点围成的形状进行预设的，包括图层、颜色、材质、线宽及附加属性的 "挂接" 等内容，特征定义已经在工作空间中进行定义，创建模板的时候只需选择对应的特征名称即可，通过工作空间调用的方式既能省去重复定义的工作量，又能保证设计过程中的标准统一、风格一致，在可视化应用中便于统一管理，同时为后续的 BIM 应用提供标准的数据和模型，减少非必要性工作量投入。

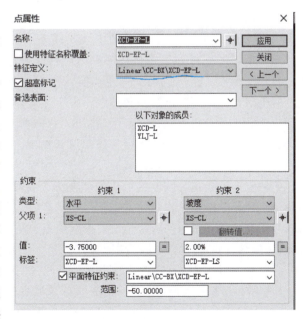

图 4.8-3　点属性及特征定义

CNCCBIM OpenRoads 在后期的成果输出中实现了一键出图及批注，系统在进行相应操作的过程中通过特征定义以及名称的识别快速完成对应的操作，同时模板的特征定义也包含着绘图标准、批注标准以及后期的工程量统计划分，所以模板的特征定义尤为重要，在定义横断面相关内容的过程中必须严格按照要求进行定义。以横断面中的点和组件为例，点可以分为需标注和无须标注两类，需标注的点可以通过定义不同的特征定义名称而进行区分，实现横断面出图的批注，如中线点、行车道控制点、路肩控制点等，组件的定义同样会影响横断面出图过程中的批注，如行车道（XCD-L/R）在进行坡度标注的时候是通过"$x\%$"体现，而边坡（填方边坡 L/R）会通过 1:x 来体现。

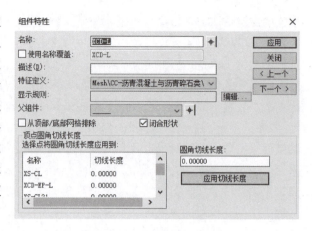

4.8.5 模板的创建

图 4.8-4　组件特征定义

模板创建过程包括模板目录创建及模板内容创建。根据不同的使用阶段可以逐渐完善，从项目级的应用累积到企业级的模板库组建。模板目录创建可以参考模板分类的定义，将组件、末端条件、组装模板分别定义文件夹进行管理，后期按需求进行优化、组装。模板内容创建首先以项目为依托，优先满足当前项目情况，逐步扩展到设计风格和习惯，最终实现模板直接按需调用、无须再新建的程度，形成企业级的模板库。

模板的组件是由开放或者闭合的点构成的，系统新建组件可以选择不同的类型：简单、受约束、无约束、空点、末端条件、重置/剥离、圆，如图 4.8-5 所示。简单组件是由坡度和厚度及宽度构成的平行四边形（四个点构成），可以快速定义类似的结构形式；受约束组件是通过第一个点进行约束后续点组成的自定义形状，创建之初第一个点控制整个组件

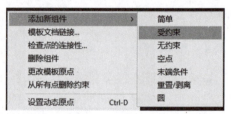

图 4.8-5　组件类型

中的其他点，后续可以调整约束关系，且要注意在定义约束关系的过程中保证关系是单向的，避免出现循环的约束，例如：A 点限制 B，B 限制 C，C 又限制 A，如果进行了此类设置，系统会进行提醒以纠正；无约束组件是由没有约束限制的多个点组成的组件，各个点之间没有关系，只是构成组件的基本元素而已，组件内点的移动不影响其他点；空点是与组件无关的点，它的主要作用是为其他的对象提供参考或者限制，不影响模板的形状；末端条件是一类特殊的组件，它主要的作用是定义到目标对象上的组件，是根据不同对象而自动调整的，还可以用于其他的约束组件的定位，在模板组装过程中可以测试末端条件来检测模板的合理性；重置/剥离组件用于处理调平等类似操作，例如"路基清表"的工程量计算；圆组件区别于约束组件的点与点关联方式，通过圆心和半径控制得到圆形组件。组件的构成形状不受约束，可以根据项目需要和使用习惯定义成各类简单或者复杂的形状，需要明确的是组件中的点的约束关系要明确清晰。

点是构成组件的重要部分，点与点的位置决定组件的形状，点的约束关系决定组件的变化，管理点的变化规则直接影响组件的灵活应用。单个点的约束最多有两个，当点存在两个约束的时候，点的位置在当前状态下是唯一且固定的，此时点用红色"加号"表示；当点的约束为部分限制的时候，以黄色"加号"表示；点没有约束的时候用绿色"加号"表示。将带有约束条件的点应用到模型中，如果它的父约束点发生变化的时候，该点会随之变化，同理如果在组件

中将约束关系以参数形式（约束标签）添加，也可以在模型中直接创建参数约束（例如廊道编辑中的解释应用）进行调整。点约束类型主要包括水平、竖向、坡度、矢量-偏移、对表面进行投影、对设计进行投影、平面最大值、平面最小值、纵面最大值、纵面最小值、角度距离，如图 4.8-6 所示。

不同约束关系通过不同的图示显示，在横断面模板界面中可以通过显示约束或者显示组件来更改不同的显示内容，如图 4.8-7 所示。显示组件的方式有利于整体检查组件的完整性和合理性，如图 4.8-8 所示。约束显示的方式便于了解组件中各个点之间的约束关系，有利于理解整个模板中的逻辑，组件约束关系如图 4.8-9 所示，约束说明见表 4.8-1。

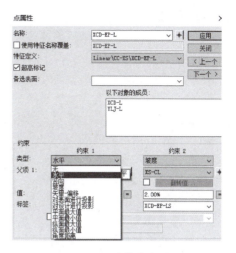

图 4.8-6　点约束类型

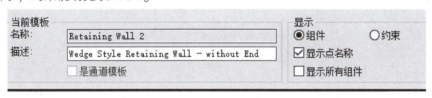

图 4.8-7　组件选项

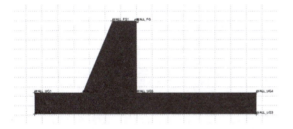

图 4.8-8　组件显示模式

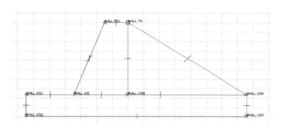

图 4.8-9　组件约束关系

表 4.8-1　约束说明

水平	子点与父点水平相对位置，左侧为负值，右侧为正值
竖向	子点与父点垂直相对位置，下侧为负值，上侧为正值
坡度	子点与父点之间的坡度，从左向右，上坡为正，下坡为负
矢量-偏移	子点与两个父点构成的矢量关系，矢量左侧为负，右侧为正
平面最大（小）值	子点的水平方向上取两个父点之间最大（小）值的位置
纵面最大（小）值	子点的竖直方向上取两个父点之间最大（小）值的位置
对表面（设计）进行投影	子点投影到已有表面（设计）控制方向，结合其他约束得到子点
角度距离	子点通过两个父点的连线确定转角方向及一个父点的距离得到

矢量-偏移约束多用于子点受组件中其他的点构成的矢量控制，可以通过矢量偏移和其他约束条件得到子点。如行车道线是停留到行车道板上且距离某一侧控制点（最内侧行车道边线）一定水平距离。因为行车道线不参与三维路面的建模只用于结果展示，可将该点用此设置实现。角度距离约束主要针对的是结构整体旋转，不发生自身的变化，例如钢轨组件，在模型中钢轨

整体进行旋转，但自身内部的相对尺寸和角度不发生变化，可以将两条钢轨连线作为矢量线，进行角度和距离约束实现钢轨的整体旋转。

组件作为模板的组成部分，不同的组件设置不同的特征定义和控制条件实现自动的模型创建。一个模板可以是一个组件，也可以是多个组件的综合。各个组件之间可以通过点约束或者显示规则实现联动和自适应场景模板的应用。例如，填方路段设置护栏，挖方路段不设置护栏或者护栏形式不同，则可以将对应的组件设置"父组件"或者设置显示规则实现对象的自动创建与否。一个适用性强的模板往往是比较复杂的，而复杂的模板是通过多个相对简单的组件通过约束关系、显示规则等建立起来的，总的来说，模板的创建分三步：创建各类组件（包含末端条件）、拼装组件、测试组装模板。

（1）创建不同模板分类的文件夹，如：组件、末端条件、组装模板，如图 4.8-10 所示。

（2）结构组件创建。以 5m 宽、0.1m 厚半幅行车道为例。选择组件文件名称单击鼠标右键新建模板，指定名称为"5m 行车道"；模板绘图区单击鼠标右键添加新组件——"受约束"，按照行车道的轮廓绘制四边形，假设从左向右，从上到下，分别为 1、2、3、4，则 1 点为起点（也可以定义为模板原点），2 点受 1 点约束，可设置约束条件为水平 = 5，坡度 = -0.02，继续设置 3 点受 2 点约束，设置水平 = 0，垂直 = -0.1，4 点默认是受 3 点约束，但是考虑到后期车道宽度会发生变化，4 点应受 1 点的约束水平 = 0，垂直 = -0.1。至此完成了半幅行车道的组件创建。点约束设置如图 4.8-11 所示。

图 4.8-10　模板分类

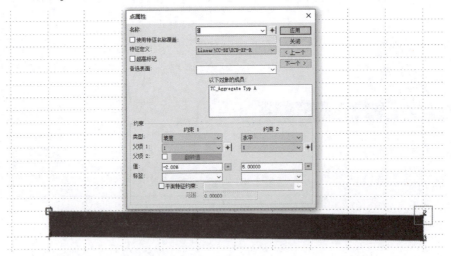

图 4.8-11　点约束

（3）末端条件创建。以填方两种形式为例，不同的放坡环境选择不同的末端条件。填方高度在 8m 以内的时候，采用 1∶1 放坡，填方高度大于 8m，设置平台后以继续放坡，依次类推，末端条件如图 4.8-12 所示。

（4）组装模板。创建 10m 路面宽度和边沟及放坡的道路模板，进行模板测试，达到预期结果，如图 4.8-13 所示。

4.8.6　模板的导入

横断面模板可以利用创建不同约束规则的点描述出项目的轮廓实现模板的从无到有的过程，

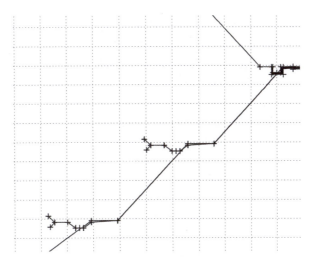

图 4.8-12 末端条件

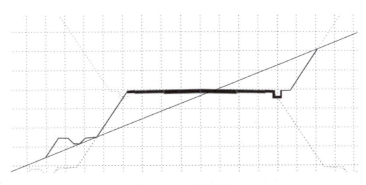

图 4.8-13 模板测试

当横断面比较复杂或者尺寸不好通过点之间的约束快速创建的时候,可以利用横断面模板的导入功能直接从原始的图形文件中创建模板文件,图形文件支持既可以是已有的原始模板,也可以是利用绘图功能新创建的几何图形,通过导入模板的功能快速实现横断面模板的创建和已有数据的利用。

系统中对于模板是以组件的形式构成的,对于断面中的主要结构形式为闭合的多边形,所以如果准备导入的模板是独立的线条,则需要进行预处理,将线条按实际情况进行多边形的构建,使各组成部分均为独立的多边形,清除掉无用的线条和元素以保证在选择内容时选择正确的对象。具体导入的操作如下:

(1)从文件中选择需导入的模板几何图形,如图 4.8-14 所示。

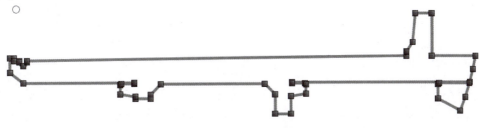

图 4.8-14 原始图形

(2)选择"导入模板":廊道→创建→模板→导入模板,如图 4.8-15 所示。

（3）系统显示导入的控制条件：类型——导入的内容是只包含模板或是有约束规则，因绘图中不包含 Civil 的专业约束，可只选择模板；图形的竖向比例系数——若平纵比不同，可以设置，建议原图形按 1:1 绘制；曲线元素的最小弦长——对于非圆形结构，将曲线离散成折线时的弦长，可根据实际情况给定，圆形结构系统直接读取圆形尺寸信息进入到模板中。设置导入参数如图 4.8-16 所示。

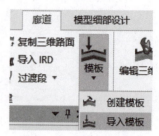

图 4.8-15　选择导入命令

图 4.8-16　设置导入参数

（4）确定相应的参数值后，完成导入，可以在模板编辑中对组件的特征、名称及点间的约束进行优化定义，并保存，如图 4.8-17 所示。

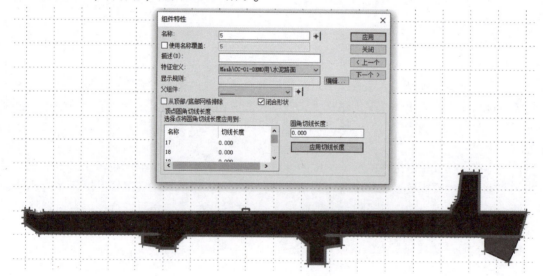

图 4.8-17　导入完成

4.8.7　模板的管理

在企业级的模板库完成之前，不同的项目、不同的人员会根据自身的需求定义不同的模板文件，但是在应用过程中不可避免地会遇到系统瘫痪和重装、不同项目文件叠加、不同需求文件叠加等情况，而分散的模板文件对于形成统一规范的模板库而言无疑是无序和混乱的。模板的管理主要针对此类问题进行处理和优化，首先对于单独模板文件中的模板命名需统一规则以便后期归档，其次对于模板的描述应精简准确，再次将不同的模板库文件通过管理功能进行合并，既可以将不同模板库中的模板进行合并，又可以将当前打开模型中的模板进行入库操作，最后如有需求将模板控制点的特征及组件的特征进行检查、修正，得到最终整理后的模板库文件。

模板库中不同模板及组件的管理可以通过将选中的对象进行复制、粘贴、重命名等操作，例如将某路沿石模板移动到标准文件夹下，可以采用"剪切→粘贴"的操作完成。模板库中的操作主要应用在同一使用项目模板库某个使用者的模板归档，而当不同的模板库进行合并归档则应用在部门级、企业级标准模板库的管理，需要利用模板的管理功能进行合并，具体操作如下：

（1）打开模板库文件。

（2）切换工具栏标签到"工具"→"模板库管理"，如图 4.8-18 所示。

（3）展示的界面可以分为两个部分，左侧为当前模板库的结构目录形式，右侧为待管理的模板列表，待管理的模板可以分为两大类，一是打开指定模板库文件，从对应的结构中选择需要的模板导入到当前的模板库中；二是当前系统打开的模型文件中已经应用的

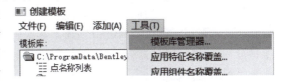

图 4.8-18 "模板库管理"工具

模板，即直接从模型文件中读取模板并导入到当前模板库。两种方法在选中要管理的模板后在界面的下部可以看到预览情况，如图 4.8-19 所示为当前 DGN 文件中应用了一个名称为"公路通用"的模板。

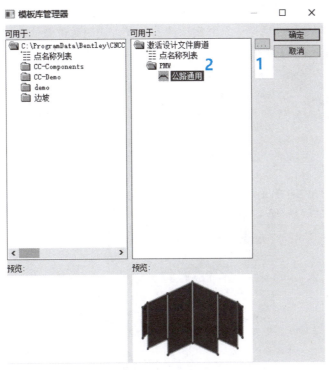

图 4.8-19 模板管理

（4）在要导入的模板处点击鼠标左键，直接拖动到左侧指定文件夹中松开鼠标左键即可完成模板的导入，同时本操作同样适用于文件夹的导入，导入完成后保存并关闭模板库文件实现

模板库的合并管理。

4.9 廊道设计

4.9.1 廊道的创建

廊道是指整个道路的设计内容，不仅包括路面模板生成的三维模型，同时还包括道路设计中不同断面的应用列表、道路设计中的曲线加宽控制、道路设计中的超高应用、道路设计中的参数约束控制以及所有道路设计相关的控制内容都属于廊道设计的内容。

廊道设计首先要确定进行廊道平面设计线以及对应的纵断面设计线，在路线设计中，一条平面线可以对应多条纵断面，在廊道设计时需注意纵断面的选择，创建廊道的时候会有提示选择纵断面或者采用激活纵断面进行创建；其次廊道的设计根据当前的项目需求可以选择不同的廊道特征，廊道特征包含廊道精度、廊道显示形式、廊道显示内容等，不同的设计阶段对廊道的要求是不同的，这也是廊道特征的重要意义；最后系统会根据之前的设置和定义得到廊道的示意线，并自动弹出下一步创建三维路面的操作。

（1）廊道创建有两种方法，一种是在模型中选中路线利用常用命令直接创建廊道，另一种是通过工具栏中新建廊道的命令创建廊道，如图 4.9-1、图 4.9-2 所示。

图 4.9-1 创建廊道快捷命令

（2）选择廊道创建的纵断面，推荐直接采用激活纵断面进行创建，以便于在后期进行方案比选的时候，快速通过激活不同的纵断面实现方案的对比，选择元素如图 4.9-3 所示。

图 4.9-2 创建廊道工具　　　　　　　　图 4.9-3 选择元素

（3）定义廊道的特征（图 4.9-4）和名称后得到廊道。

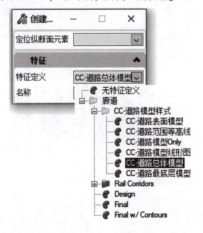

图 4.9-4 廊道特征

（4）不同的廊道的特征定义用于不同的廊道需求，在项目实施过程中可预定义廊道特征，也可在当前特征定义中进行编辑，如图 4.9-5 所示。

图 4.9-5　廊道特征

廊道在三维模型中是"客观不存在"的，廊道的展示是通过三维路面的形式进行的，但是廊道管理着众多的三维路面，包括模板及相关的控制参数，所以想要查询廊道的属性信息需要在二维模型中选择对应的对象进行属性编辑和信息查询。

4.9.2　三维路面的创建

廊道通过管理的三维路面实现设计的立体展示，三维路面是横断面模板结合路线中线加上廊道的控制信息得到的三维模型。在廊道创建完成后会自动跳转到三维路面创建的窗口；对于已经创建过三维路面的廊道需要增加新的三维路面区间，可以通过工具栏中的创建三维路面功能进行创建。

方法一：廊道创建完成后自动弹出窗口，需要设置选择的横断面模板使用的区间，包括起点桩号、终点桩号、模型精细度（横断面划分间隔），按照提醒设置对应的值即可完成一个三维路面的创建过程，同时廊道的示意线也会由路线起、终点调整为当前三维路面的起、终点范围。如继续创建不同的三维路面，则廊道的示意起、终点为所有三维路面的最小起点桩号和最大终点桩号范围。

方法二：当某个廊道已经存在部分三维路面而需要创建新的三维路面，对应的命令没有自动弹出的时候，可以选择工具栏中的新建三维路面的工具（图 4.9-6），此时需要先选择需要增加路面的廊道，然后进行与方法一同样的操作，得到新的三维路面。

创建三维路面的设置窗口（图 4.9-7）可以定义要创建的路面的起、终点范围，以及应用的模板、三维面的模型精细程度、该段路面与前、后路面衔接的过渡

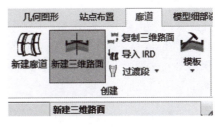

图 4.9-6　创建三维路面工具

范围。

注意：一条路线可以设置多个廊道；一个廊道中同一个桩号范围内只能有一个横断面，当新创建的三维路面与现有的同廊道三维路面有交集的时候，系统会自动按照后创建的三维路面将原三维路面进行分割以保证三维路面的不重叠。

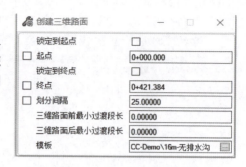

图 4.9-7　创建三维路面的设置窗口

4.9.3　三维路面的编辑

路面创建完成后，如需对路面设计进行调整时，既可从工具栏中选择"编辑三维路面"快捷工具（图 4.9-8），然后选择对应的三维路面进行编辑，同样也可以先选中三维路面，在快捷菜单中选择"编辑三维路面"，打开横断面模板的编辑界面进行修改。针对三维路面的编辑除横断面以外还有三维路面的属性、复制三维路面和模型与库同步等功能。

属性参数包含模型精细度，如横断面间隔从 20m 精细到 5m；模板的选择和替换；模板使用的起、终点桩号等信息，可以直接在属性中修改，模型自动刷新，也可以在模型中选择三维路面后，直接拖动模型起、终点句柄完成桩号范围的调整，三维路面参数如图 4.9-9 所示。

图 4.9-8　"编辑三维路面"快捷工具

复制三维路面：无须从模板库中选择，只要明确相同的模板的使用区间，即可利用此功能进行模板的快速复制。如模板 A 当前的使用范围为 "K1+100～K1+500"，新的模板使用区间为 "K2+100～K2+500"，就可采用此命令快速创建新的路面区间。

与库同步：当模板库中的模板有变化调整的时候，采用该模板的三维路面可通过此功能快速更新模板，保证模型与库同步。该功能同样也可以用于编辑三维路面的操作将模板改动比较大后，需要将修改全部撤销以回到初始状态。激活此命令时，如果当前三维路面中的横断面模板已经有修改和调整，系统会显示提醒窗口，确认是否将修改忽略而采用原库中的模板信息。同步模板提醒如图 4.9-10 所示。

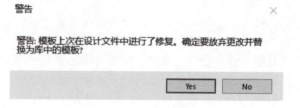

图 4.9-9　三维路面参数　　　　　图 4.9-10　同步模板提醒

注意："与库同步"和"编辑三维路面"两个功能是相辅相成的关系。当同一文件中大量三维路面均采用同一个模板且后期该模板发生了变化的时候，通过"与库同步"可以快速实现多模型的更新；当局部个别的三维路面需要单独调整时，可以通过"编辑三维路面"功能实现个例的单独处理。两个功能针对不同的模型修改需求，在使用过程中需要明确二者的区别和关系。

4.9.4　创建次要路线

次要路线的定义为与主线功能类似但次于主线的线形，实施断面放样的时候，处于次要路线且与主线反方向的部分，以次要路线为中心线进行放样布置，主要应用于互通项目中，主线与匝道连接部分的路面放样定义。

当设置次要路线的时候首先要确定调整法线方向的区间，桩号以主线为准。其次作为次要路线一定要有特征定义或者元素名称，这样系统才能记录对象的相关信息以保证后期的联动调整有效。次要线形参数及效果如图 4.9-11、图 4.9-12 所示。

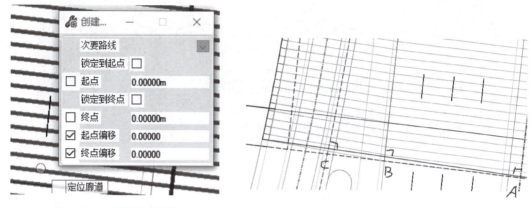

图 4.9-11　次要线形参数　　　　　　　　图 4.9-12　次要线形效果

从图 4.9-12 中可以发现，A 处为主线横断面放样方向，A 与 B 之间放样均垂直于主线，C 处设置了次要路线，则从 B 点开始主线的横断面放样垂直于 C 处的次要路线，B 点为分界点。从模型结果可以看出，三维路面的示意轮廓线是垂直于主线的，但是三维结构面从 B 点开始发生了方向变化，从道路最外侧三维路面与示意线的差异可以看出二者的区别。

4.9.5　创建末端条件异常

当横断面模板能够满足三维路面绝大部分的需要，而个别局部路段需要单独调整末端条件的情况下，可以通过"创建末端条件异常"功能实现，既不用整体修改横断面模板，又可以根据桩号范围实现特殊路段的单独调整。需要注意的是此功能只针对末端条件进行修改，非末端条件的修改需要到模板中进行调整。

"创建末端条件异常"功能属于廊道编辑功能，可以从工具栏中找到该命令并激活，如图 4.9-13 所示。系统首先提示选择要创建该操作的廊道，然后从本命令设置界面中选择需要进行的操作，如覆盖表示完全替换采用新的末端条件。定义完成相关参数（图 4.9-14）后系统会按照设置进行三维路面的重新创建以达到设计要求，如图 4.9-15 所示。

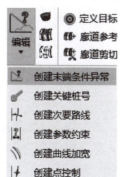
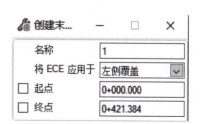

图 4.9-13　廊道编辑功能　　　　　　　　图 4.9-14　创建末端条件异常

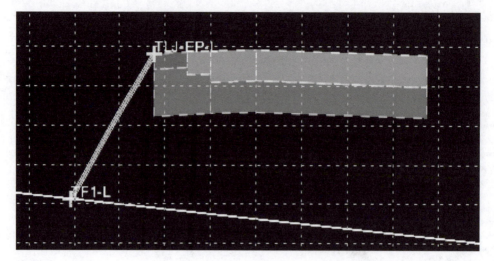

图 4.9-15 功能预览

当末端调整设置多个区间的时候,可以从"廊道的查询"中检查并修改相关的设置,同时也可以对照三维模型进行检查。如图 4.9-16 所示,设置末端条件"仅主结构(左)",则在选择的区间内只有左侧的结构组件创建,而"末端调整"则不创建。

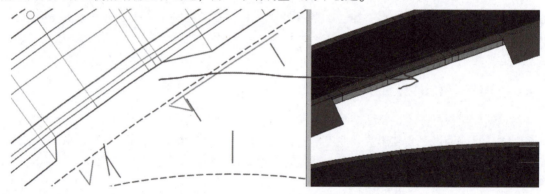

图 4.9-16 功能对比

4.9.6 创建关键桩号

系统在进行模板放样的过程中,除了特征设置的划分间隔和曲线加密间隔,某些个别桩号需要单独增加放样以满足需求。例如填挖的临界点,这个桩号与线形没有直接关系,所以系统是不会自动在临界点创建断面的,此时需要创建关键桩号以便对有必要的位置创建断面,实现更精细的模型展示。

关键桩号的创建应用的位置主要包括:临界点断面、需要重点显示的桩号、三维路面发生突变需要明确桩号等不受线形要素影响的位置。创建关键桩号的益处在于不增加三维路面创建模型精细度的前提下,针对特殊桩号绘制进行重点关注点的操作。例如某段三维路面地势相对平坦,无需将三维路面的划分间隔调至最小值(如 2m),但个别位置存在地形突变且需要关注该位置,则可以通过创建关键桩号以满足局部间隔进行加密的需求。

如图 4.9-17 所示,标准划分断面为各实线位置,但需要针对桩号"0+328.515"进行重点关注,则可以在该位置创建关键桩号。

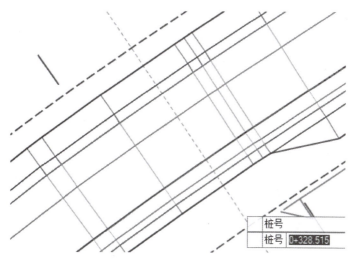

图 4.9-17　创建关键桩号

4.9.7　创建参数约束

参数约束的目的主要是应用于项目设计中的参数化需求，当横断面模板中的点与点之间的关系是固定的类型，但数值不一定的时候，可以采用参数约束的操作进行模型参数化调整，且参数约束的定义是针对廊道进行的，设计结果也是保存在廊道属性中的，这样当廊道中使用的横断面模板不同或是替换不同的模板时，无须针对修改后的模型进行重新定义，只要保证模板中的参数已经定义，那么当切换模板的时候，系统自动将对应的参数约束设置值与横断面模板中的参数进行匹配，得到新的模型。

1. 参数的创建

参数的创建无须固定格式，根据使用习惯或者命名习惯进行定义即可。例如高度可以给定"XX-H"或者"XX-GD"，也可以给定中文，建议在给定参数的名称时候要能一目了然或者统一规划便于管理，因为随着使用程度不断加深，参数定义也会逐渐增多，清晰的名称便于识别和管理。

假设在横断面模板设计中，考虑到路面宽度在模型中会发生变宽以及坡度变宽，那么在定义中心线与路基边线的约束的时候，除了选择对应的约束类型给定约束值以外，可以同时添加对应的约束为参数"W"和"SL"，那么当这个横断面模板应用到廊道以后，创建参数约束的时候，列表中就会有对应的"W"和"SL"。尽量避免同一个廊道中有代表不同意义的同一个名称的参数，如某个模板中定义"L"是路面的长度，另一个模板中定义"L"是硬路肩的长度，当这两个模板共同被一个廊道使用，参数约束中定义"L"值的时候，两个横断面都会有变化。如图 4.9-18 所示，左侧行车道边缘点与

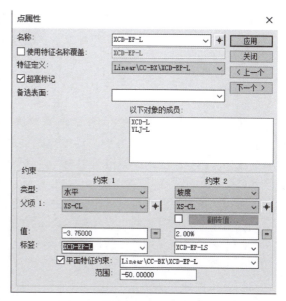

图 4.9-18　模板定义参数

中心点的水平距离和坡度分别进行了命名，命名原则为构件（XCD）—位置（EP）—方向（L/LS）。对于一个横断面模板而言，无需对所有的约束都进行参数控制，只针对断面中的需要主动发生涉及参数变化的约束定义，这样既能减轻工作量，又能在创建参数约束的时候能方便快捷地定位到需要涉及的参数。

2. 参数约束的应用

当廊道设计中应用了含有参数变量的横断面模板后，选择廊道编辑中的"创建参数约束"，系统显示参数约束的控制界面，按照提示给定对应的设置即可得到参数约束的变化。在廊道编辑工具栏中激活"创建参数约束"功能，系统首先要求选择要编辑的廊道，不同的廊道应用不同的横断面模板，选择廊道后，系统会读取廊道中应用的所有横断面模板中的参数，以提供设置应用，如图4.9-19所示的"约束标签"。廊道的参数约束是定义到廊道设置中的，所以当廊道中删除了三维路面后，参数约束依然存在，创建新的三维路面后，如果横断面模板中含有对应的参数，则该设置依然有效。此功能在规范操作设计模型时能尽可能保证廊道设计的完整性，避免删除三维路面后要重新创建参数约束的操作。

起、终点桩号为创建参数约束的区间定义（图4.9-20），既可以在对话框中直接输入，也可以在模型中捕捉定义；约束标签为廊道中所有模板中包含的参数，可通过下拉菜单完成选择；起始值（结束值）为预设值该参数的数值，默认时读取该参数在模板中的定义值，可根据设计需要分别给予赋值。

图4.9-19 创建参数约束设置

图4.9-20 锁定到终点桩号

参数约束的定义变化主要是线性变化，如果希望采用非线性的或者已知控制调整的变化，可以参考"创建点控制"的形式进行调整。

4.9.8 创建曲线加宽

当项目等级需要设置曲线加宽的时候，选择对应的功能按钮，读取对应的加宽文件，系统自动根据路线的参数进行匹配，并将曲线加宽的数据应用到廊道模型中，得到符合规范要求的曲线加宽模型。

曲线加宽功能主要应用在针对全线进行快速按规范要求进行路面加宽的操作，其中包括半径控制、内侧加宽值、内侧加宽过渡长度、外侧加宽值、外侧加宽过渡长度，曲线加宽的控制因素只与平面线有关，不涉及纵断面相关信息。

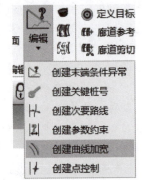

图4.9-21 创建曲线加宽

（1）选择曲线加宽命令，如图4.9-21所示。

（2）选择需要进行定义的廊道，系统显示设置界面。起、终点的定义既可以从窗口输入，也可以直接在模型中捕捉定义区间。"点"用以确认曲线加宽调整的模板点，例如将行车道的边缘点作为加宽的控制点。如果选择"将缓和曲线长度用于缓和段"则曲线加宽标准中对应的变化长度失效，当无缓和曲线的时候则生效，如图 4. 9-22 所示。"加宽表"用于快速创建曲线加宽的标准文件，"W"代表加宽值，"L"代表加宽过渡长度，下角标"i"代表内侧加宽，"o"代表外侧加宽，如图 4. 9-23 所示。

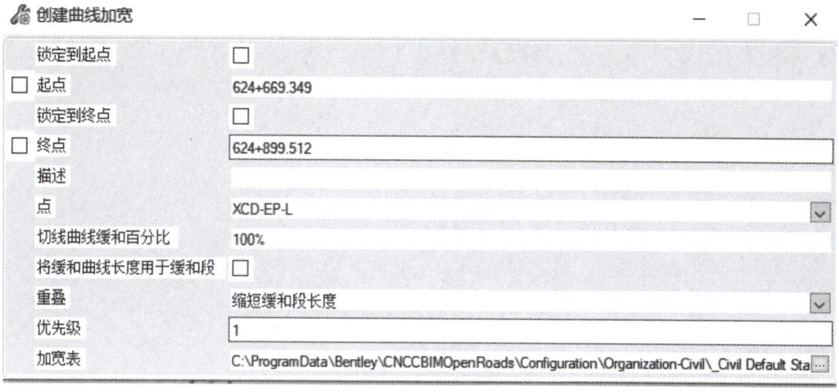

图 4. 9-22　曲线加宽参数

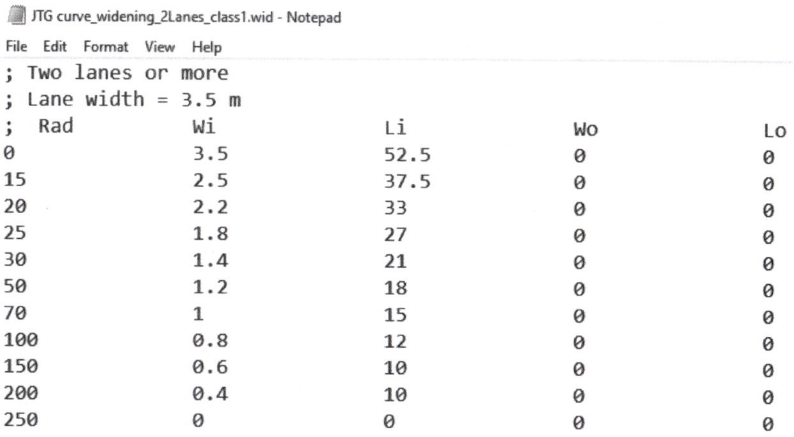
JTG curve_widening_2Lanes_class1.wid - Notepad

File　Edit　Format　View　Help

; Two lanes or more
; Lane width = 3.5 m

; Rad	Wi	Li	Wo	Lo
0	3.5	52.5	0	0
15	2.5	37.5	0	0
20	2.2	33	0	0
25	1.8	27	0	0
30	1.4	21	0	0
50	1.2	18	0	0
70	1	15	0	0
100	0.8	12	0	0
150	0.6	10	0	0
200	0.4	10	0	0
250	0	0	0	0

图 4. 9-23　参数加宽标准

（3）确认各项选择后，系统会自动进行更新，得到按标准进行加宽的廊道模型。

4. 9. 9　创建点控制

道路设计项目中局部变化既可以通过参数约束的形式实现，又可以通过"创建点控制"的方式实现。点控制，顾名思义是通过对模板中个别结构点进行控制和调整，进而实现模型的变化。点控制与参数约束的最明显区别是在变化形式上：参数约束通过参数的变化调整模型，但是变化的过程是线性的，即起点值与终点值之间是线性内插的，而点控制是通过已知的元素对模板点进行控制，元素的形式是灵活的，既可以是线性的直线，也可是曲线或者是通过其他功能创建的关联特征线。两种方式可根据项目的不同需求分别采用。

创建点控制之前要注意检查模板中对应的点是否已经将相应的约束实现准确管理，以便在进行点控制实施后准确按设计意图得到设计模型。点控制的类型主要分为三种形式：平面、纵面、"两者"。顾名思义，平面是以参考对象的平面线形为变化因素，不考虑其他变化的控制条件；纵面则是以参考对象的纵面线形为控制因素，忽略平面的变化；"两者"则是将参考元素的三维信息全部参考，分别从平面、纵面两个方向进行点控制。以路面加宽为例，右侧行车道边缘点为"XCD-L"，当道路设计中需要进行紧急停车带的设置，且已经有标准紧急停车带的加宽外形控制线时，可以采用创建点控制快速实现，具体操作如下：

(1) 选择创建"点控制"命令，如图 4.9-24 所示。

(2) 按系统提示选择需要进行点控制设计的廊道（图 4.9-25），且对点控制的桩号范围进行选择，确定点控制的模式（平面、纵面、两者）以及控制的类型（图 4.9-26），选择点控制的参考线。

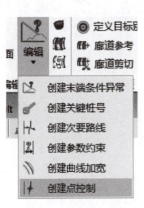

图 4.9-24　选择功能

图 4.9-25　选择对象

(3) 确定相关设置后，完成点控制的创建，得到按指定线形进行的变宽路面，完成效果如图 4.9-27 所示。

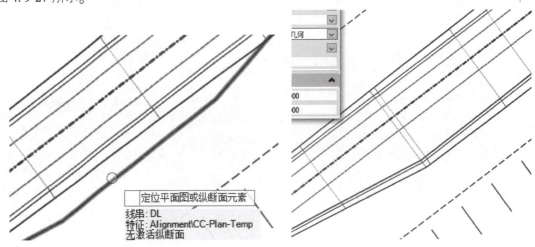

图 4.9-26　选择控制类型

图 4.9-27　完成效果

4.9.10　廊道的查询

廊道设计过程中包含三维路面的设计、次要线形、关键桩号、参数约束等各种与廊道编辑相关的信息，可以通过廊道查询功能（图 4.9-28）直接查询整个廊道中的综合设计信息，同时可以在廊道查询界面中对相关的

图 4.9-28　选择功能

设计信息进行调整和编辑以实现快速调整的目的，主要调整操作包括廊道设计三维路面、次要路线、关键桩号、参数约束、点控制、曲线加宽、末端条件异常、外部参考、剪切参考等内容。不同编辑内容对应的参数通过中间窗格结合右侧修改界面进行调整，当中部窗格为多行内容时，选择当前行，则右侧界面显示对应的参数，如图 4.9-29 所示。

通过廊道对象的查询功能可以集中对廊道设计过程中的相关参数进行编辑和定义，能够快速对整个廊道进行了解，得到所需的设计信息。如前文所述，廊道是作为整个项目的管理层面，设计信息通过模板体现到三维模型中，当横断面模板替换或者被删除后，廊道的设计信息仍然存在，依然会对新的横断面模板生效，从而保证了设计思想的一致性，同时也避免了在设计调整过程中的重复输入和修改。

图 4.9-29　控制界面

4.9.11　廊道裁剪

廊道的创建均以控制线进行布置，当项目中遇到附属设施与廊道相交或者廊道范围内存在斜交的桥梁时，需要对沿控制线法线方向布置的廊道进行裁剪，裁剪元素可以是自定义的多边形，也可以是项目模型。区别于建模平台对模型的裁剪，廊道裁剪的操作是动态调整的，当廊道自身发生变化，裁剪的动作会随之而变化，同样，当裁剪元素发生变化的时候，裁剪的结果也是动态调整的。例如：某段廊道利用某四边形进行了廊道裁剪，模型按照裁剪元素与廊道的相交面进行了切割，当四边形尺寸和形状发生变化，裁剪后的结果实时动态调整，甚至当删除四边形的时候，廊道也会自动回复原状。

（1）选择添加廊道剪切元素，此时系统提示选择要添加元素的廊道，选择要进行剪切的廊道。

（2）选择剪切参考元素（剪刀），如有多个参考元素，请依次选择，选择结束后以重置结束选择，系统会自动进行廊道的剪切计算直至完成裁剪。

（3）如果剪切元素为自定义多边形，可以将多边形元素类型设置为构造，以便后期项目展示时的元素关闭，但不可在廊道剪切完成后，删除剪切元素，如上文所言，廊道剪切为动态剪切，当剪切元素移动位置或者改变形状后会自动进行重新剪切计算，如果删除剪切元素，则等同于不剪切。

4.9.12　廊道定义目标别名

项目设计过程中，不同廊道间的末端条件难免会发生相交或者重叠的情况，这时如果不处理这些情况，那么生成的工程量清单势必会产生错误，定义目标别名的概念为定义廊道放坡的时候寻找对象的顺序。举例说明：两条填方路基的匝道，在某区间范围内边坡在寻找地模过程中首先与对方发生了交集，如果不定义多重目标，那么两条匝道的工程量会重复计算相交部分的工程量，导致报告有误。采用多重目标后，系统发现其中一个廊道相交后立即停止放坡，从而得到更准确的廊道模型。某相邻匝道路基，A 匝道与 B 匝道在某一区间段内有边坡相交，此时以 A 匝道模型为例进行设置：

（1）选择廊道多重目标命令，系统提示选择要进行多重目标的廊道，选择 A 廊道，如图 4.9-30 所示。

（2）选择基础廊道后，系统自动打开选择框，控制界面如图 4.9-31 所示，左侧是当前项目文件中可以利用的廊道对象，包括主文件以及参考文件中的对象，按顺序选择廊道 A 的目标，如先选择 B 廊道，然后是激活地形，应用前现状如图 4.9-32 所示。

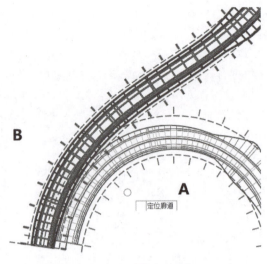

图 4.9-30　选择应用对象

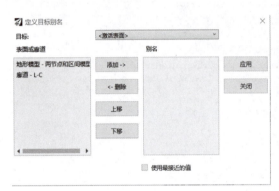

图 4.9-31　控制界面

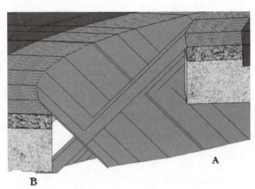

图 4.9-32　应用前现状

（3）确认操作后，则 A 廊道的边坡寻找规则为"先 B 后地面"，即在可相交范围从 A 的边坡寻找到 B 的边坡即停止，超出部分继续寻找到地面。此功能多用于互通项目或者改建项目中的放坡"自动求交"的操作。设置应用顺序及应用后结果如图 4.9-33、图 4.9-34 所示。

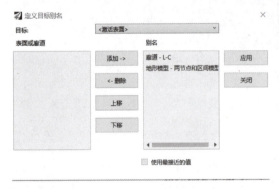

图 4.9-33　设置应用顺序

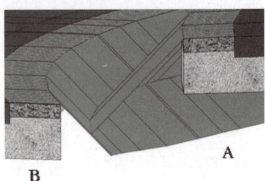

图 4.9-34　应用后结果

4.10 超高设计

4.10.1 超高区间及超高车道

创建超高区间和超高车道功能是前后相连的两个操作，选择超高设计中的创建超高区间图标，按提示进行超高区间和超高车道的创建。

图 4.10-1 选择功能

（1）选择"创建"的下拉菜单中的"创建超高区间"，如图 4.10-1 所示。

（2）依照对话框的提示定义超高区间的相关参数和特征名称，如图 4.10-2 所示。

（3）超高区间创建完成后会自动定义到创建超高车道的命令，如图 4.10-3 所示。

（4）创建完成的超高区间和超高车道如图 4.10-4 所示。

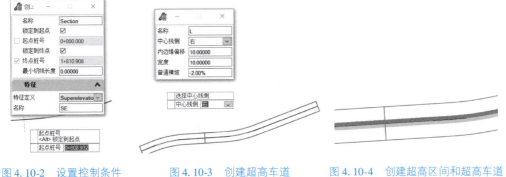

图 4.10-2 设置控制条件　　图 4.10-3 创建超高车道　　图 4.10-4 创建超高区间和超高车道

4.10.2 超高计算及编辑

超高车道创建完成后，直接跳转到超高设计，选择应用的超高"规范文件"，同时根据项目情况选择对应的设计原则，确定后系统会根据路线结合规范设置，如图 4.10-5 所示。

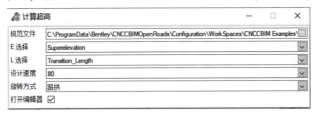

图 4.10-5 选择超高"规范文件"和控制条件

超高编辑如图 4.10-6 所示。

4.10.3 超高应用到廊道

系统中，超高设计是独立的功能，超高设计是基于路线和超高规范进行的，在进行超高与廊道匹配之前，廊道模型中路面横坡是以廊道参数约束及模板中定义的横坡，当超高设计应用到廊道上之后才是真正意义的道路超高设计。

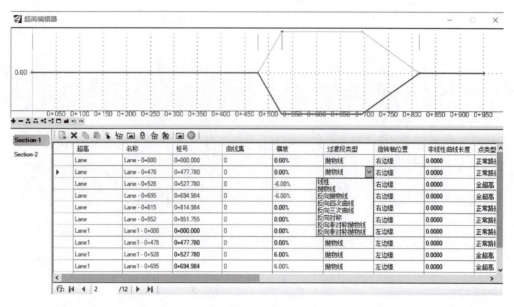

图 4.10-6 超高编辑

(1) 选择超高指定给廊道命令,激活超高应用命令。

(2) 选择要应用的超高区间,用鼠标左键逐个选择(单击)需要应用的超高区间,如图 4.10-7 所示,最后单击鼠标右键结束选择。

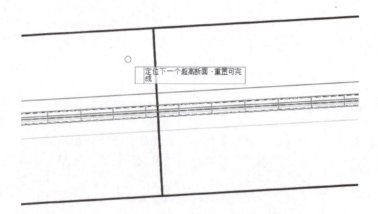

图 4.10-7 选择超高区间

(3) 选择需要应用此超高的廊道,如图 4.10-8 所示。

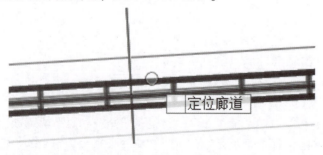

图 4.10-8 选择应用廊道

（4）读取廊道模板中的超高标记点与超高区间中的超高车道控制进行匹配，标准横断面文件中定义的超高标记点会与超高设计模型对应，系统自动读取对应的点与超高车道名称进行匹配，如图 4. 10-9 所示，然后将超高值应用到模板文件中，得到带有超高数据的道路模型。

关联超高

	超高车道	超高点	枢轴点	起点桩号	终点桩号	优先权
▶	Lane	XCD-EP-L	XS-CL	0+000.000	2+513.271	1
	r	XCD-EP-R	XS-CL	0+000.000	2+513.271	1
*						

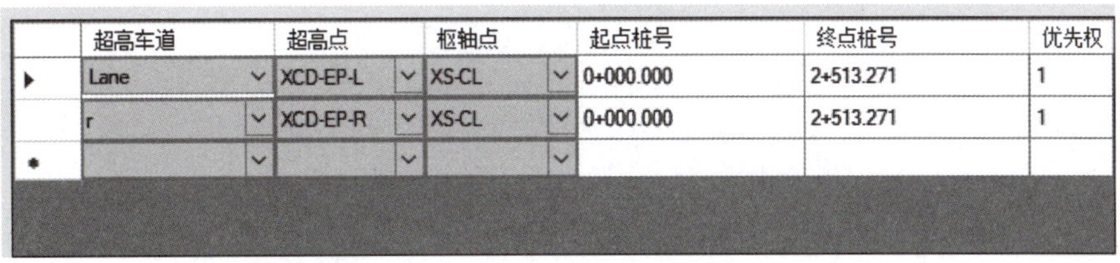

图 4. 10-9　匹配超高

4. 11　项目展示

4. 11. 1　廊道动态横断面查询

廊道设计完成后，除了对于前文提到的廊道查询各项设计参数以外，还可以通过动态横断面来直观地检查设计的合理性和准确性，同时在动态横断面中还可以设置临时标注用于查询宽度、高差、坡度等相关信息，如图 4. 11-1 所示。

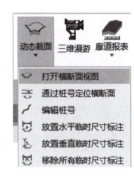

图 4. 11-1　选择功能

（1）打开横断面视图。有两种方式可以打开横断面视图，一是选择道路中线，然后设置相对中线左、右的偏移量，最后选择一个显示的视图即可完成横断面视图打开；二是直接选择廊道对象后选择一个视图完成横断面视图。

（2）在横断面视图中可以直接看到横断面模板在当前桩号显示的内容，同时要特别注意的是如果对模板中的点应用了特殊设置（点控制、参数约束、超高应用）则在横断面视图中会高亮显示，以便于查询和捕捉。

（3）选择放置水平临时尺寸标注或者垂直临时尺寸标注命令后，点击对应的模板点，然后定义标注的高度位置得到如图 4. 11-2 所示的标注。

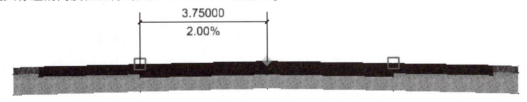

图 4. 11-2　放置查询

（4）在动态横断面的视图栏中可以实现递进或者指定桩号来显示模型，同时横断面中的标注也会随着模型的实际情况进行显示，如图 4. 11-3 所示。

（5）横断面视图中可以通过“视图特性”选项卡选择不同的内容，将填挖的图形及工程量在视图中显示以便于检查边坡情况。

（6）若需要清空动态视图中标注内容，可以选择“移除所有临时尺寸标注”。

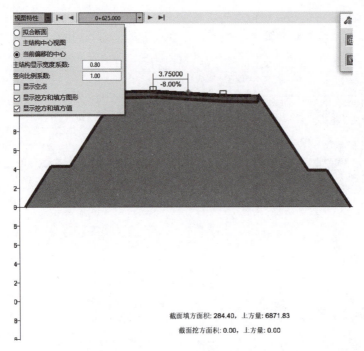

图 4.11-3　显示查询内容

4.11.2　行车模拟

廊道设计包含三维路面的设计（横断面模板的应用）、廊道参数约束及点控制、超高应用等各类相关设计应用，最终项目成果可以通过行车模拟检查设计是否满足人性化、安全性要求，相比传统平台的沿路径镜头移动方法而言，专业软件中的镜头移动是支持土木工程中的缓和曲线的，更贴近实际，模拟更真实。在行车模拟过程中可以将项目周边相关现状模型参考到设计模型中，呈现身临其境的感觉，更易于检查项目设计的合理性。

行车模拟功能需要在三维模型中进行，激活命令按照提示选择对应的路径后，行车模拟的界面如图 4.11-4 所示。

（1）常规控制。设定播放相关参数，例如速度、步长，选择播放相关按钮实现自动播放。

（2）高级控制。定义与路面细节相关参数可以实现与横坡同步旋转等。

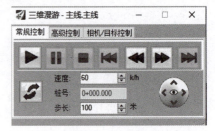

图 4.11-4　界面介绍

（3）相机/目标控制。定义相机与中线的关系和目标距离和高度。

点击播放按钮后，系统按设定的路径、速度进行三维漫游，同时可以通过视角的方向任意调整视角内容，如图 4.11-5 所示。

4.11.3　廊道工程量及报告

廊道设计完成后，该项目的工程量可以通过廊道报表中的"组件数量"进行查询，组件工程量的划分是以横断面模板中的组件特征定义为依据的。例如在横断面模板中将沥青路面分为粗沥青和细沥青两层，且分别定义了不同的特征定义，则在工程量统计表中是按两层分别统计

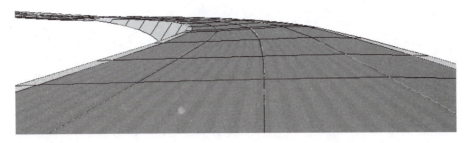

图 4.11-5 功能展示

的；如果在模板中虽然从几何上是分两层，但是"特征"定义为相同，则在工程量汇总时会合并到一起，以特征定义名称来分组。

选择"组件数量"（图 4.11-6），系统提示选择需要查询的廊道，指定对应廊道即可自动打开廊道组件工程量表格，其中填、挖方除了体积以外，还会根据边坡特征定义对填、挖边坡的面积进行汇总，如图 4.11-7 所示。

图 4.11-6 选择功能

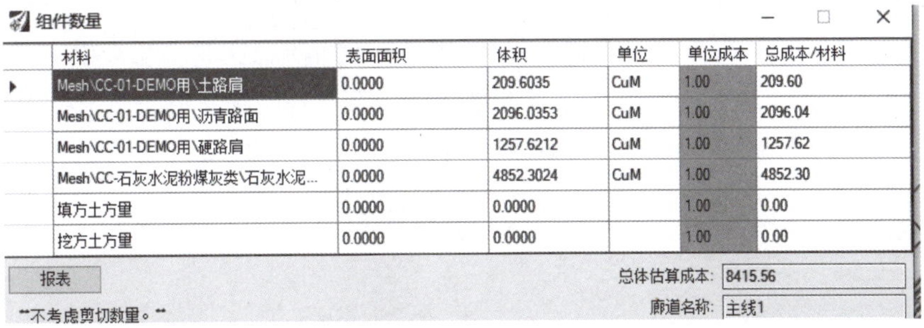

材料	表面面积	体积	单位	单位成本	总成本/材料
Mesh\CC-01-DEMO用\土路肩	0.0000	209.6035	CuM	1.00	209.60
Mesh\CC-01-DEMO用\沥青路面	0.0000	2096.0353	CuM	1.00	2096.04
Mesh\CC-01-DEMO用\硬路肩	0.0000	1257.6212	CuM	1.00	1257.62
Mesh\CC-石灰水泥粉煤灰类\石灰水泥...	0.0000	4852.3024	CuM	1.00	4852.30
填方土方量	0.0000	0.0000		1.00	0.00
挖方土方量	0.0000	0.0000		1.00	0.00

总体估算成本：8415.56
廊道名称：主线1

图 4.11-7 成果展示

廊道报告主要针对廊道设计过程中的相关参数进行综合输出，选择对应命令后按照提示即可查询廊道设计参数等相关信息，并以报告的形式进行输出整理。

4.11.4 可视化展示

项目设计成果的展示既可以在专业软件中进行，也可以过渡到渲染平台进行图片和动画视频编辑输出。将工作流切换到"可视化"，可以看到可视化的相关设置，在"LumenRT"设置中可以定义模型与车流分析软件"VISSIM"的车辆信息进行关联，共同到可视化平台"LumenRT"中进行处理，"LumenRT"的相关操作可参考相关书籍及操作手册。

第5章 成果输出

项目设计完成后，成果的输出是项目交付的重要体现。成果输出主要包括图纸和表格的输出，系统出图是通过对模型进行实时的动态剖切，引用图框，结合相关数据表格得出的。

针对标注以及参考内容，既可以在出图前完成，也可以在出图后进行。出图过程中为避免对原模型进行修改，可以新建出图文件，而后参考预出图的模型进行出图工

图 5.0-1 "CNCCBIM 制图" 工作流

作。出图工作流中可以针对项目定义项目名称、设计标段、设计人员以及选择相对应的表格模板，以便图纸统一、编号连续、目录一致。

切换系统的工作流到"CNCCBIM 制图"，如图 5.0-1 所示，主要功能集中在"数据""图纸""报表"三个选项卡中，制图功能应在二维模型下使用，三维模型作为辅助视图。"数据"选项卡中的命令主要针对原设计模型文件进行操作。

5.1 数据

5.1.1 项目——浏览

通过"项目——浏览"，可以查询到当前项目相关的信息，并显示该构件在模型中的位置，如图 5.1-1 所示。

5.1.2 专业对象—信息

"专业对象—信息"用于显示对象的工程信息，便于直接查询模型中对象的专业信息。启动命令后，选择需要查询的对象即可，如图 5.1-2 所示。

图 5.1-1 项目——浏览 图 5.1-2 工程信息查询

5.1.3 桩号数据

"桩号数据"主要应用于后期纵断面出图以及横断面出图中对应桩号进行的设置，既可以采用导入的形式直接定义输出的关键桩号位置信息，也可以利用本功能自动生成相关的桩号信息。本操作是对原始路线模型进行的编辑，需要打开路线模型进行编辑后保存，生成图纸过程中系统会自动读取相关信息并应用。"桩号前缀"，顾名思义就是对桩号标注进行前缀的定义，同时可以设置是否对断链名称进行标注。桩号数据设置方法如下：

（1）启动"创建/编辑"命令，选择要编辑的平面路线，定义桩号数据，如图 5.1-3 所示。

（2）导入，选择已有桩号数据 TXT 文件，确认后得到桩号信息。

（3）导出，将已完成的桩号数据导出为 TXT 文件。

（4）生成，在没有桩号数据的情况下，通过间隔距离分散生成桩号数据，可设置桩号范围、间隔距离，以及是否添加特征位置（平面要素点、纵断面要素点），确认后完成桩号数据的输入，如图 5.1-4 所示。

图 5.1-3 定义桩号数据

5.1.4 路廊数据

主要包括廊道"关键桩号"的确认和用地范围的设置，激活"关键桩号"命令后，只需选择对应的路线即可，系统会自动读取该路线的桩号数据并应用到该路线的廊道中作为廊道的关键桩号，同时为后期自动生成指定桩号位置的横断面奠定基础；激活"用地设置"命令，可以对廊道的占地红线进行自动定义，并为后期生成的"占地"图纸提供基础的几何数据，如图 5.1-5 所示。

图 5.1-4 生成桩号数据选项

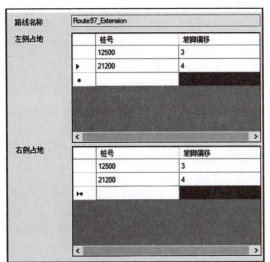

图 5.1-5 占地数据条件设置

5.1.5 构造物数据

路线设计完成后,针对线路上的构筑物可以通过"构造物"命令快速创建沿线的桥梁、隧道、涵洞的结构示意模型,并为相关图纸提供示意模型和便利标注依据。创建的构造物通过桩号、形式及相关参数进行定义,且可以随时修改和删除。创建构造物方法如下:

(1) 打开平面、纵断面、三维(3D)三种 Model 可视化操作视口。

(2) 启动"构造物"命令,选择构造物类型(以桥梁为例,如图 5.1-6 和图 5.1-7 所示)。

(3) 选择要编辑的路线。

(4) 编辑构造物模型相关参数。

(5) 选择构造物起、终点桩号,完成构造物创建。

(6) 编辑和删除构造物可以根据提示选择要进行操作的对象即可。

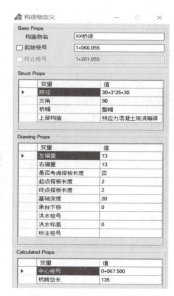

图 5.1-6 创建桥梁示意参数

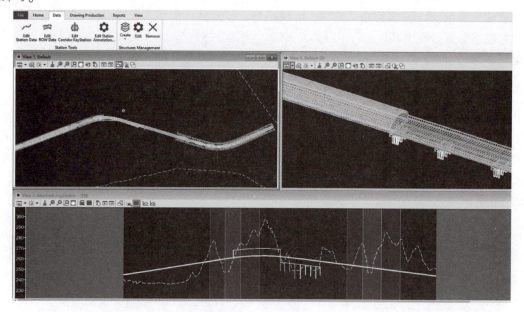

图 5.1-7 三视图预览

5.1.6 连接部数据

"连接部"命令能够根据中线的类型提供快速创建项目各类控制线(例如边线工具,如图 5.1-8 所示),依据选择的设计标准,自动读取相应的参数实现平面线形的快速创建,同时连接部还提供了"鼻端"设计的多种参数定义,以实现对于立交项目的出、入口的快速定义。

(1) 创建边线的方法为:选择路线(路线的特征定义要按要求给定是匝道还是主线)→选择设计规范(图 5.1-9)→确定起、终点后

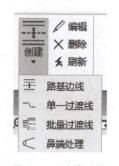

图 5.1-8 边线工具

单击"确认"完成边线的创建，创建边线预览如图 5.1-10 所示。

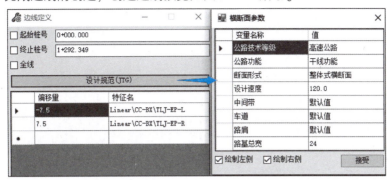

图 5.1-9　选择设计规范

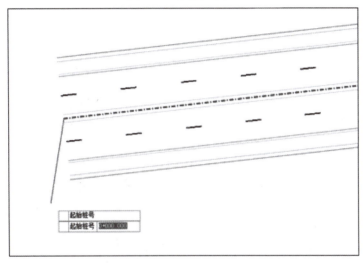

图 5.1-10　创建边线预览

（2）创建过渡线的方法为：选择需要过渡的两条边线（两组边线）→设置过渡类型（图 5.1-11）→"确认"后得到过渡结果（图 5.1-12）。

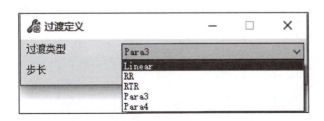

图 5.1-11　过渡选型

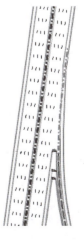

图 5.1-12　过渡结果

（3）鼻端处理的方法为：选择要进行鼻端处理的两条边线→设置鼻端参数（图 5.1-13）→"确认"后得到鼻端结果（图 5.1-14）。

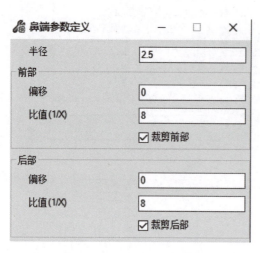

图 5.1-13　设置鼻端参数

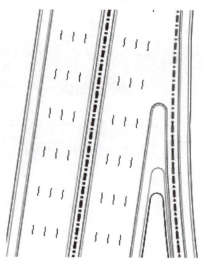

图 5.1-14　鼻端结果

5.2　标注

"图纸"选项卡中包括标注、工具集和出图三部分，如图 5.2-1 所示，"标注"支持路线、十字坐标、示坡线、用地（线）等的标注，"工具集"支持路线和边线信息标注，"出图"支持平面图、纵断面图、横断面图、总体图、用地图、平纵缩图、连接部图的出图。标注功能主要包含两部分：设置和标注，可以根据设计习惯在标注前进行设置后实施针对对象的标注。

图 5.2-1　标注工具栏

5.2.1　路线标注

"路线标注"功能分为路线标注设置和进行路线标注两部分，前者可针对单条线路或者全局进行标注的设置，后者实施标注操作。

在"路线"的下拉菜单中可以按需选择要进行的操作。设置功能在提示框中会有显示，如果针对单条线路进行设置可直接选择路线，如果针对全局进行设置可以单击鼠标右键进行全局设置。在设置窗口中可选择"中英文"标注标准（图 5.2-2）以及具体的标注设置及标注内容（图 5.2-3）的设置，如平面标注文字的位置和方向以及"公里桩"的设置等信息，将设置完成后关闭标注设置框，在模型空白处单击鼠标左键即可。

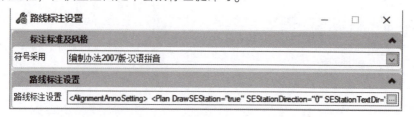

图 5.2-2　标注设置

标注路线时，直接选择平面线即可按照设置的选项对选择的对象进行自动标注并实时进行标注更新，如线路中已经创建了相关的构造物，则会自动进行标注，如图 5.2-4、图 5.2-5 所示。

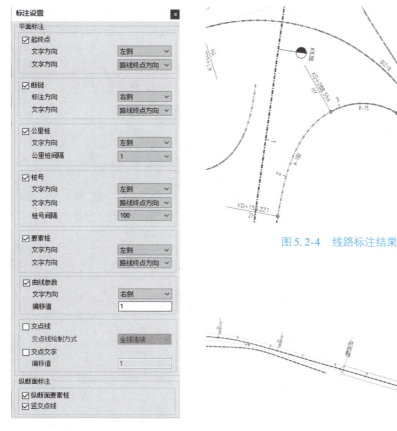

图 5.2-3　标注选项

图 5.2-4　线路标注结果

图 5.2-5　构造物标注

5.2.2　十字坐标

"十字坐标"的标注简单易懂，启动命令后，首先进行标注的设置，包括十字坐标 X、Y 的间隔，距路线最小范围、最大范围（其中距离路线最小范围内仅标"十字"，不标"坐标"），其次选择要进行标注的平面线，可根据项目情况逐个选择需要进行标注的内容，如图 5.2-6 所示，十字坐标选项结果如图 5.2-7 所示。

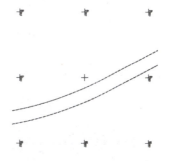

图 5.2-6　十字坐标选项

图 5.2-7　十字坐标选项结果

5.2.3 示坡线和用地线

示坡线和用地线主要应用在后期的相关图纸输出，不推荐在模型中直接进行设置，以免造成模型中元素众多，以致检查不便。建议新建对应的空白文件，通过参考的形式将路线、廊道及地形模型引入到新建文件中，然后进行对应的标注。如示坡线可以新建"总体图"，用地线可以新建"占地图"。对应命令直接按照提示进行操作即可：激活命令→定义参数→选择对象→确认结果，如图5.2-8、图5.2-9所示。

图5.2-8 示坡线选项　　　　　　　5.2-9 用地线选项

标注完成后可根据实际情况调整相关参数以达到最优效果，如图5.2-10、图5.2-11所示。

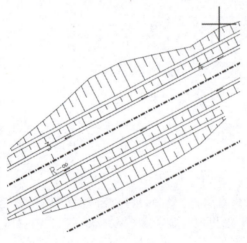

图5.2-10 示坡线效果

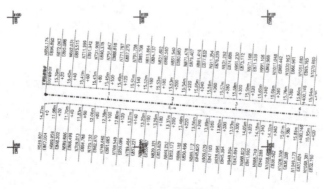

图5.2-11 用地线效果

5.2.4 标注工具集

标注工具集主要针对在项目标注过程中涉及的细节标注，可以通过工具集中各类的标注内容完善扩展标注的信息，如图5.2-12～图5.2-14所示。

图5.2-12　工具集

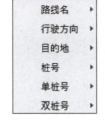

图5.2-13　标注内容

图5.2-14　标注类型

通过工具集中的标注内容按需标注，操作方法简单直观。路线的标注包括路线名（称）、行驶方向、目的地等文字性内容，也包括重点桩号的标注需求等；边线标注工具主要针对边线横向距离、过渡信息和鼻端的信息。操作流程基本为：选择工具→设置→选择对象→确认。几种标注类型的效果如图5.2-15～图5.2-18所示。

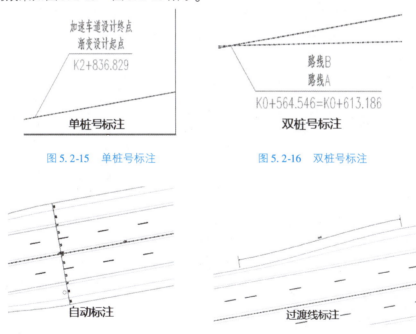

图5.2-15　单桩号标注　　　　　　图5.2-16　双桩号标注

图5.2-17　自动标注　　　　　　　图5.2-18　过渡线标注

5.3　图框定制

"图框定制"模块利用产品工作空间原理对图框进行编辑，并在一定原则基础上可满足用户不同风格的定制，快速打开图框目录（图5.3-1、图5.3-2），定位需要修改的图框名称。各类图纸的图框均由两部分组成，分别是 CC TK A3.dgnlib 文件和对应的 CC TK A3

图5.3-1　快速打开图框目录

XX. dgnlib 文件（图纸图框），A3 图框作为基础图框被广泛参考引用。

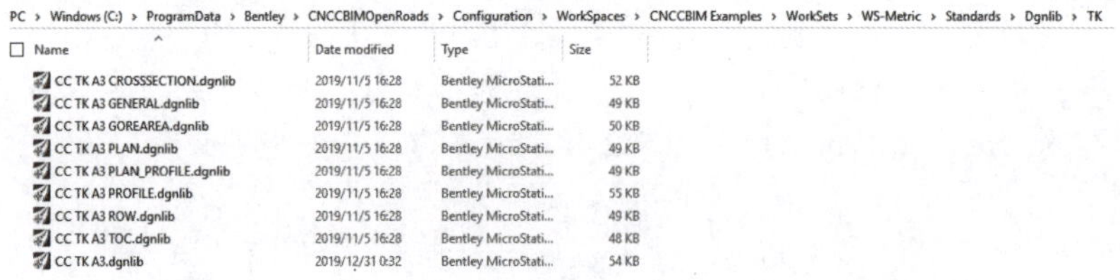

图 5.3-2　图框目录

建议在没有特殊需求情况下，不修改图框文件名称，如确实需要修改可以参考如下操作：
（1）定位工作空间配置文件如图 5.3-3 所示的"WS-Metric.cfg"文件。

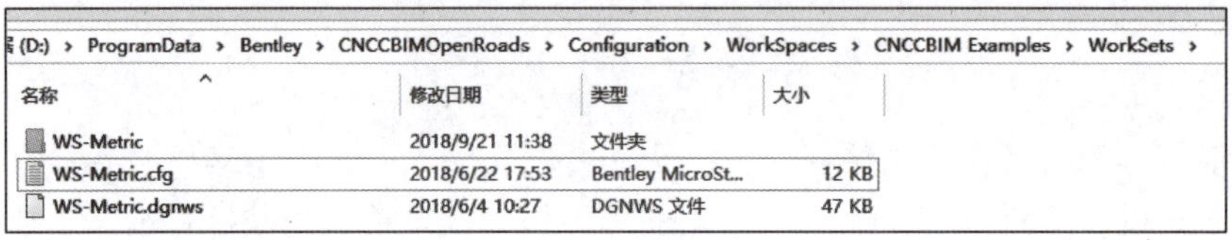

图 5.3-3　配置文件

（2）打开"WS-Metric.cfg"文件，并修改如图 5.3-4 所示右侧对应图框名称。

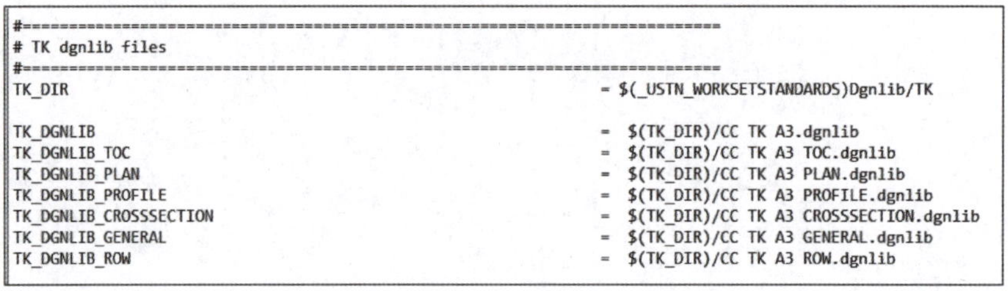

图 5.3-4　编辑配置

5.3.1　基础图框定义

（1）打开"CC TK A3.dgnlib"文件，同时打开"CC-TK-KEYWORD"图层。可针对基础图框中的图签进行风格定制，其中"[ ]"中的"keyword"不可修改，但可移动位置或删除，其余文字均可编辑修改并可移动位置，如图 5.3-5 所示。

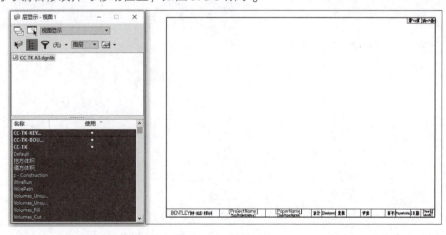

图 5.3-5　基础图框

（2）基础图框定制完成后，一定要关闭"CC-TK-KEYWORD"图层，同时注意图层名称不可更改。

5.3.2 平面图框定义

平面图框的定义，针对平面布局的设置同样可应用到其他类似图纸定制中，"总体图""用地图"图框的定义可参考平面图框定义方法，本文不再赘述。

（1）打开"CC TK A3.dgnlib"文件，若基础图框名称被修改过，需重新参考基础图框，参考后设置为不显示状态，如图5.3-6所示。

图5.3-6　平面图框参考

（2）打开所有图层，图中红色部分为绘图区域，可对其进行调整，但不可超越基础图框的内轮廓范围。"[ ]"中的"keyword"不可修改，但可移动位置或删除，如图5.3-7所示。中间蓝色线为创建图纸时平面路线绘制位置及方位，一般位于红色区域中部位置，可对其进行位置局部变动，但不可超出红色区域，且不可被删除。

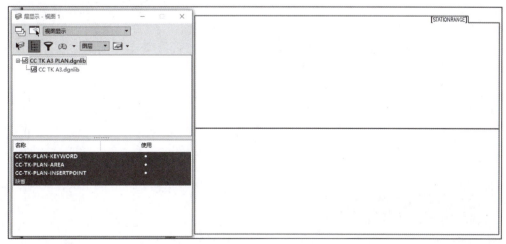

图5.3-7　平面图框定义

（3）所有平面图框定制完成后，一定要关闭所有图层，同时注意图层名称不可更改。

5.3.3 纵断面图框定义

（1）打开"CC TK A3 PROFILE.dgnlib"文件，若基础图框名称被修改过，需重新参考基础图框，参考后设置为不显示状态。

（2）打开所有图层，图中红色部分为绘图区域，可对其进行调整，但不可超越基础图框的内轮廓范围。"[ ]"中的"keyword"不可修改，但可移动位置或删除，如图 5.3-8 所示。蓝色线为创建图纸范围内纵断面线方位和图中表格定位，一般位于红色区域底部位置，可对其进行位置局部变动，但不可超出红色区域，且不可被删除。

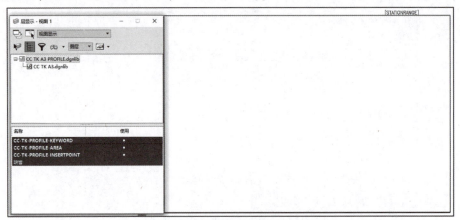

图 5.3-8　纵断面图框定义

（3）所有纵断面图框定制完成后，一定要关闭所有图层，同时注意图层名称不可更改。

5.3.4 横断面图框定义

（1）打开"CC TK A3 CROSSSECTION.dgnlib"文件，若基础图框名称被修改过，需重新参考基础图框，参考后设置为不显示状态。

（2）打开所有图层，图中红色部分为绘图区域，可对其进行调整，但不可超越基础图框的内轮廓范围，如图 5.3-9 所示。蓝色线为每个特征桩号横断面图定位的位置，一般定位在红色区域中部位置，可对其进行位置局部变动，但不可超出红色区域，且不可被删除。

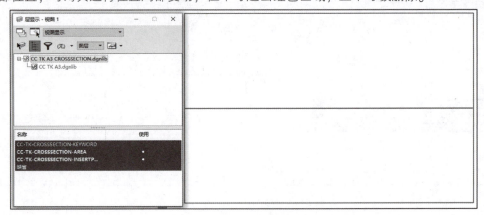

图 5.3-9　横断面图框定义

（3）所有横断面图框定制完成后，一定要关闭所有图层，同时注意图层名称不可更改。

5.3.5 平纵缩略图框定义

打开"CC TK A3 PLAN_PROFILE.dgnlib"文件，若基础图框名称被修改过，需重新参考基础图框，参考后设置为不显示状态。

打开所有图层，图中上部红色部分为平面绘图区域，下部红色部分为纵断面绘图区域，可对其进行调整，但不可超越基础图框的内轮廓范围。图中"［ ］"中的"keyword"不可修改，但可移动位置或删除，如图 5.3-10 所示。上部蓝色线为平面范围内平面路线绘制位置及方位，一般位于上部红色区域中部位置，可对其进行位置局部变动，但不可超出上部红色区域，且不可被删除。下部蓝色线为纵断面创建图纸范围内纵断面线方位和图中表格定位，一般位于红色区域底部位置，可对其进行位置局部变动，但不可超出红色区域，且不可被删除。

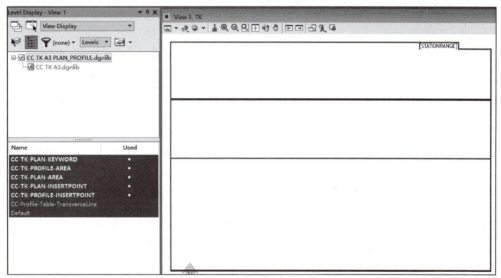

图 5.3-10　平纵缩略图图框定义

所有平纵缩略图框定制完成后，一定要关闭所有图层，同时注意图层名称不可更改。

5.4　出图

系统出图的原理是通过对原始模型的参考切分，然后配合图框以及图纸布局，得到最终的图纸，图纸是通过参考设计模型得到的。所以对于模型的标注既可以在出图工作之前完成，又可以在出图工作完成之后进行，图纸与模型自动同步。为减少对原模型的影响，建议在出图步骤新建空白文件，参考对应的模型进行图纸

图 5.4-1　出图选项卡

输出，可以通过调整参考内容和对应模型的信息实现图纸的变更。各类出图的流程基本是类似的，主要内容包括设置、出图。在后续各章节中不再赘述，只针对各图纸生成过程中的注意事项进行说明。出图选项卡如图 5.4-1 所示。

5.4.1 出图设置

出图设置（图 5.4-2）针对系统生成图纸时标题栏内容进行定义，不同项目、不同标段、不同设计者可在出图设置中进行定义，同时可选择不同的输出表格模板，以实现出图过程中的自动填充。

5.4.2 平面图输出

平面图输出过程中需要注意选择输出对象的起、终点桩号（出图范围），控制出图（图纸）比例即可，如图 5.4-3 所示。

图 5.4-2　出图设置

图 5.4-3　平面图输出设置

（1）激活命令，选择输出对象，如图 5.4-4 所示。
（2）确定出图桩号范围，如图 5.4-5 所示。

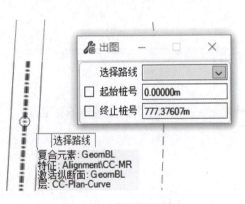

图 5.4-4　选择输出对象

图 5.4-5　确定出图桩号范围

（3）确认范围，完成出图，如图 5.4-6 ~ 图 5.4-9 所示。

图 5.4-6　确认范围

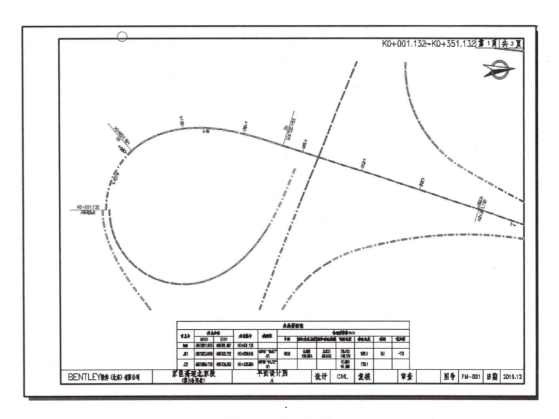

图 5.4-7　平面图成果

图 5.4-8　直线、曲线及转角表

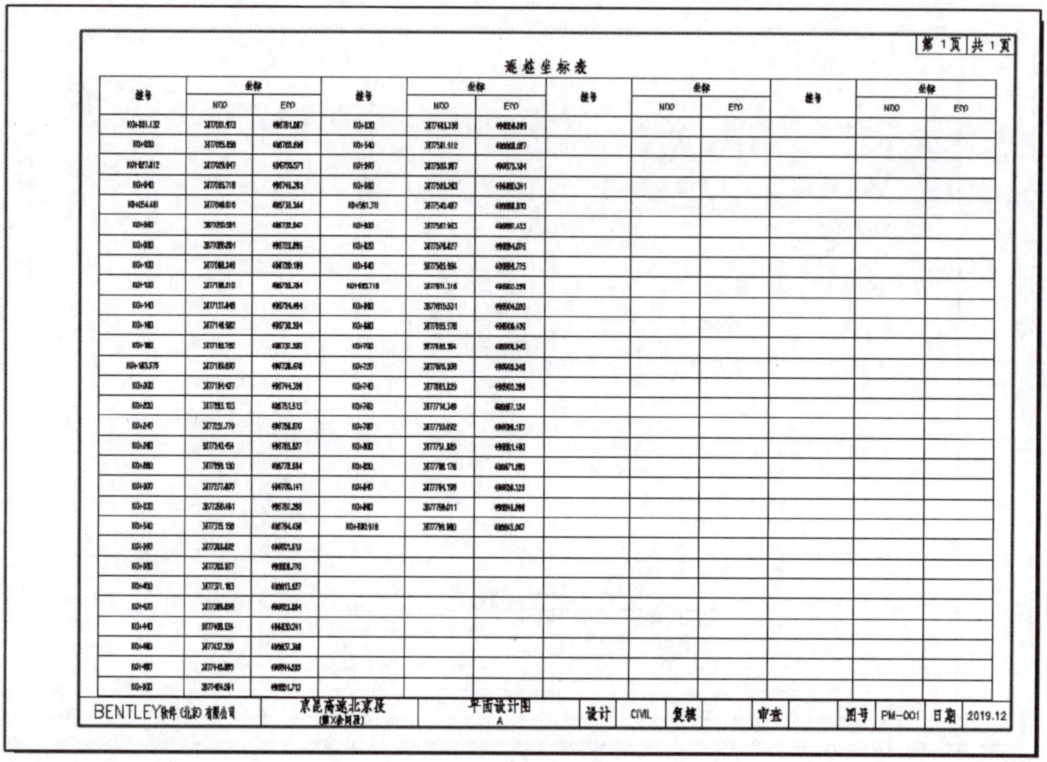

图 5.4-9 逐桩坐标表

5.4.3 纵断面图输出

纵断面图输出中的设置主要包括图纸比例、放大系数（平纵比例）、纵断面表格及纵断面构造物的标注输出，纵断面图输出需打开纵断面模型后，切换回平面模型中，进行路线的选择和出图，如图 5.4-10～图 5.4-12 所示。

图 5.4-10 纵断面出图设置

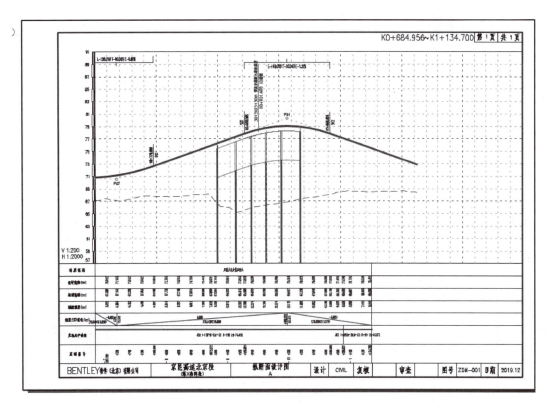

图 5.4-11 纵断面图成果

图 5.4-12 纵坡、竖曲线表

5.4.4 横断面图输出

横断面图输出需要参考路线、廊道、地形，如果范围内存在构造物，也需参考构造物模型，生成横断面图时需要打开三维模型，显示相应三维信息，横断面图设置和输出，如图 5.4-13、图 5.4-14 所示。

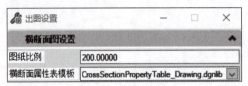

图 5.4-13　横断面图设置

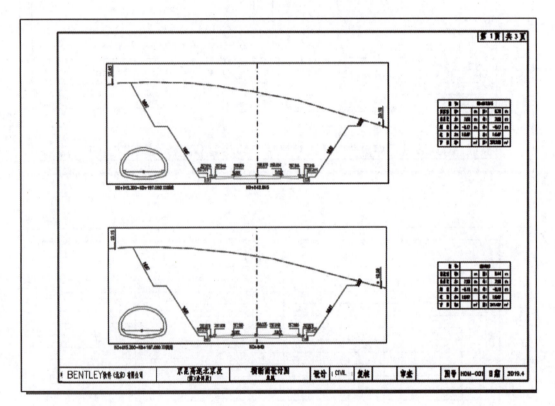

图 5.4-14　横断面图成果

5.4.5 总体图输出

利用标注功能中创建的示坡线的文件执行总体图输出，完成设置后，选择平面线以及起、终点范围（桩号从小到大），确认后完成总体图输出，如图 5.4-15、图 5.4-16 所示。

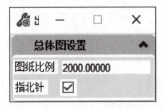

图 5.4-15　总体图设置

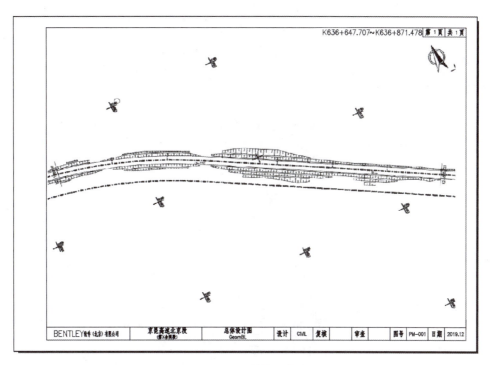

图 5.4-16　总体图成果

5.4.6　用地图输出

利用标注中创建的"用地图设置"执行"用地图"输出，设置完成，选择出图范围后即可得到"用地图"，如图 5.4-17、图 5.4-18 所示。

图 5.4-17　用地图设置

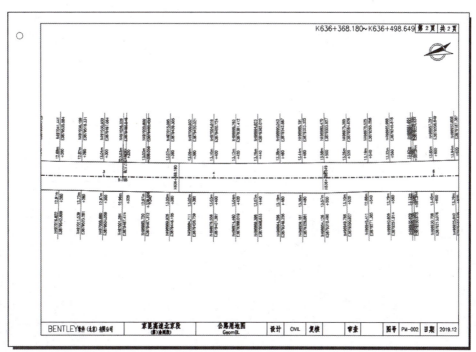

图 5.4-18　用地图成果

5.4.7 平纵缩图输出

平纵缩图可以将平面图与纵断面图同时布置在一张图纸中，需要注意出图前要打开纵断面视图，还要设置"平""纵"的比例关系，如图 5.4-19、图 5.4-20 所示。

图 5.4-19 平纵缩图设置

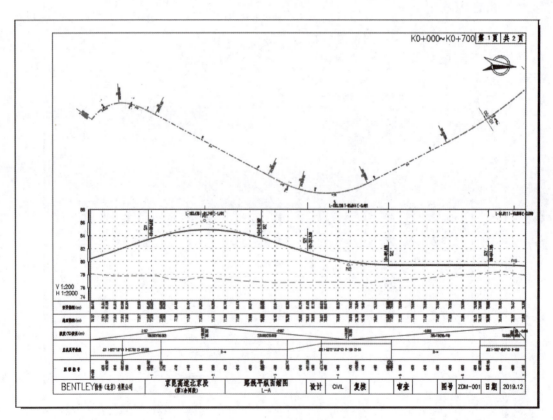

图 5.4-20 平纵缩图成果

5.4.8　连接部图输出

连接部图输出在完成设置后，按系统提示选择连接部范围即可自动完成图纸的布局，需要注意的是要利用标注工具集中的工具对相关信息进行标注（可在生成图纸后标注，图纸会自动更新），如图 5.4-21、图 5.4-22 所示。

图 5.4-21　连接部图设置

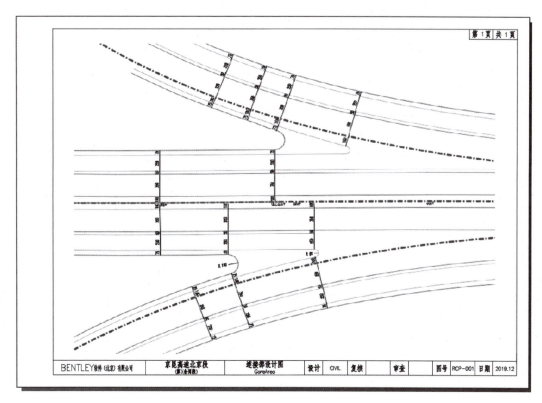

图 5.4-22　连接部图成果

5.5　报表

出报表前请确认是否参考了地形模型文件，以便后期生成相关数据的时候从地形中读取相关信息，报表工具如图 5.5-1 所示。

图 5.5-1　报表工具

5.5.1　导出设置

通过导出设置导出格式，可选择相应模板以不同的表格形式导出，输出格式可选择 .xlsx 和 .txt 文件，如图 5.5-2、图 5.5-3 所示。

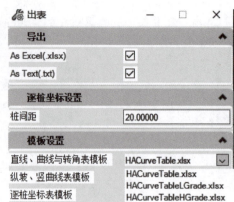

图 5.5-2 导出设置　　　　　　　图 5.5-3 模板选择

5.5.2 直线、曲线及转角表

直线、曲线及转角表的输出方法为：启动命令→选择出表对象→确定表格输出桩号范围（桩号从小到大）→确认，设置生成表格，输出的直线、曲线及转角表如图 5.5-4 所示。

图 5.5-4 输出的直线、曲线及转角表

5.5.3 逐桩坐标表

逐桩坐标表的输出方法为：启动命令→选择平面线→选择起、终点桩号（从小到大）→确认，完成报表，如图 5.5-5 所示。

逐桩坐标表

桩号	坐标 N(X)	坐标 E(Y)	桩号	坐标 N(X)	坐标 E(Y)	桩号	坐标 N(X)	坐标 E(Y)	桩号	坐标 N(X)	坐标 E(Y)
K0+000	921.2028	654.1038	K0+480	883.8704	1132.6452	K0+940	960.5881	1582.1222	K1+400	1167.7024	1992.7830
K0+020	919.6198	674.0411	K0+500	882.9352	1152.6232	K0+955.837	966.8535	1596.6667	K1+420	1176.8433	2010.5718
K0+040	918.0368	693.9783	K0+520	882.3266	1172.6137	K0+960	968.5386	1600.4737	K1+440	1185.9842	2028.3607
K0+060	916.4839	713.9156	K0+521.934	882.2875	1174.5477	K0+980	976.8370	1618.6705	K1+460	1195.1251	2046.1496
K0+080	914.8709	733.8528	K0+540	882.1033	1192.6121	K1+000	985.4250	1636.7326	K1+480	1204.2660	2063.9384
K0+100	913.2879	753.7901	K0+560	882.2799	1212.6110	K1+020	994.2406	1654.6848	K1+500	1213.4069	2081.7273
K0+120	911.7049	773.7274	K0+580	882.8565	1232.6023	K1+040	1003.2229	1672.5542	K1+520	1222.5478	2099.5162
K0+140	910.1219	793.6646	K0+600	883.8328	1252.9781	K1+060	1012.3119	1690.3697	K1+524.722	1224.7059	2103.7159
K0+160	908.5390	813.6019	K0+620	885.2084	1272.3304	K1+075.837	1019.5450	1704.4581	K1+540	1231.6827	2117.3081
K0+180	906.9560	833.5391	K0+640	886.9827	1292.4513	K1+080	1021.4479	1706.1611	K1+560	1240.7556	2135.1318
K0+200	905.3730	853.4764	K0+660	889.1550	1312.3326	K1+100	1030.5888	1725.9500	K1+580	1249.6852	2153.0275
K0+220	903.7900	873.4136	K0+680	891.7245	1332.1665	K1+120	1039.7297	1743.7388	K1+600	1258.3893	2171.0339
K0+240	902.2071	893.3509	K0+700	894.6902	1351.9451	K1+140	1048.8706	1761.5277	K1+620	1266.7840	2189.1863
K0+260	900.6241	913.2882	K0+720	898.0508	1371.6604	K1+160	1058.0115	1779.3166	K1+634.722	1272.7157	2202.6602
K0+280	899.0411	933.2254	K0+738.886	901.5855	1390.2119	K1+180	1067.1524	1797.1054	K1+640	1274.7839	2207.5164
K0+300	897.4581	953.1627	K0+740	901.8050	1391.3045	K1+200	1076.2933	1814.8943	K1+660	1282.3287	2226.0381
K0+320	895.8751	973.0999	K0+760	905.9513	1410.8697	K1+220	1085.4342	1832.6832	K1+680	1289.4081	2244.7427
K0+340	894.2922	993.0372	K0+780	910.4881	1430.3480	K1+240	1094.5751	1850.4720	K1+700	1296.0177	2263.6184
K0+360	892.7092	1012.9744	K0+800	915.4135	1449.7317	K1+260	1103.7160	1868.2609	K1+720	1302.1534	2282.6534
K0+380	891.1262	1032.9117	K0+820	920.7255	1469.0130	K1+280	1112.8569	1886.0498	K1+740	1307.8114	2301.8359
K0+400	889.5432	1052.8489	K0+840	926.4221	1488.1842	K1+300	1121.9978	1903.8386	K1+760	1312.9881	2321.1538
K0+401.934	889.3901	1054.7773	K0+860	932.5010	1507.2376	K1+320	1131.1387	1921.6275	K1+780	1317.6803	2340.5950
K0+420	887.9684	1072.7868	K0+880	938.9596	1526.1657	K1+340	1140.2797	1939.4164	K1+800	1321.8850	2360.1475
K0+440	886.4536	1092.7294	K0+900	945.7956	1544.9608	K1+360	1149.4206	1957.2052	K1+820	1325.5997	2379.7990
K0+460	885.0654	1112.6811	K0+920	953.0060	1563.6155	K1+380	1158.561465	1974.994107	K1+840	1328.8219	2399.5372

图 5.5-5　逐桩坐标表

5.5.4　断链表

断链表的输出方法为：启动命令→选择平面线→选择起、终点桩号（从小到大）→确认，完成报表，如图 5.5-6 所示。

断　链　表

主线　（项目名称）　第1页　共1页

总里程（公里号）	测量桩号	断链桩号	断链 增长(米)	断链 减短(米)	断链累积 长链(米)	断链累积 短链(米)	换算连续里程	备注
K0+000							K0+000	起点
	K0+500	BK0+480	20		20	0	K0+500	
	BK1+100	CK1+200		100	20	100	K1+120	
	CK1+800	DK1+250	550		570	100	K1+720	
DK1+852.553							K2+322.553	终点

图 5.5-6　断链表

5.5.5 纵坡、竖曲线表

纵坡、竖曲线表的输出方法为：启动命令→选择平面线→选择起、终点桩号（从小到大）→确认，完成报表，如图 5.5-7 所示。

纵坡、竖曲线表

L-A　　　　第1页/共1页

序号	桩号	竖曲线							纵坡（%）		变坡点间距	直坡段长	备注
		标高（m）	凸曲线半径R（m）	凹曲线半径R（m）	切线长T（m）	外距E（m）	起点桩号	终点桩号	+	-	（m）	（m）	
1	K0+000	80.410											
									3.16		186.582	94.930	
2	K0+186.582	84.899	183.399		91.745	1.401	K0+094.882	K0+278.282					
										-2.96	230.000	73.289	
3	K0+416.582	79.981		130.087	65.072	0.481	K0+351.539	K0+481.626					
										0.00	265.418	159.570	
4	K0+682	79.431	81.610		40.805	0.069	K0+641.195	K0+722.805					
										-0.68	172.920	91.740	
5	K0+854.920	78.650		80.754	40.378	0.226	K0+814.543	K0+895.297					
									2.55		179.445	129.113	
6	K1+034.365	82.900											

编制：　　　　复核：

图 5.5-7　纵坡、竖曲线表

5.5.6 用地表

用地表的输出方法为：启动命令→选择平面线→选择起、终点桩号（从小到大）→确认，完成报表，如图 5.5-8 所示。

用 地 表

右线　　　　第1页/共7页

桩号	中桩坐标		左侧用地界至	左侧边桩坐标		右侧用地界至	右侧边桩坐标		用地面积	本页累计	土地类别	所属县乡	备注
	X(N)	Y(E)	中桩距离(m)	X(N)	Y(E)	中桩距离(m)	X(N)	Y(E)	(m2)	面积(m2)			
1	2	3	4	5	6	7	8	9	10	11	12	13	14
K0+120	871.830	770.561	15.49	887.270	771.787	12.80	859.069	769.548	561.00	3315.07			
K0+140	870.247	790.499	15.51	885.708	791.726	13.07	857.221	789.464	568.66	3883.73			
K0+160	868.664	810.436	15.52	884.137	811.664	13.22	855.487	809.390	573.17	4456.90			
K0+180	867.081	830.373	15.53	882.560	831.602	13.29	853.829	829.321	575.61	5032.51			
K0+200	865.498	850.310	15.53	880.983	851.540	13.37	852.172	849.252	577.23	5609.74			
K0+220	863.916	870.248	15.54	879.407	871.478	13.46	850.496	869.182	579.04	6188.78			
K0+240	862.333	890.185	15.55	877.832	891.416	13.56	848.820	889.112	581.06	6769.84			
K0+260	860.750	910.122	15.56	876.259	911.354	13.69	847.103	909.039	583.51	7353.35			
K0+280	859.167	930.059	15.57	874.686	931.292	13.82	845.394	928.966	586.32	7939.67			
K0+300	857.584	949.997	15.58	873.112	951.230	13.93	843.694	948.894	588.95	8528.62			
K0+320	856.001	969.934	15.59	871.539	971.168	14.05	841.990	968.822	591.53	9120.15			
K0+340	854.418	989.871	15.60	869.966	991.106	14.18	840.286	988.749	594.15	9714.30			
K0+360	852.835	1009.808	15.66	868.442	1011.048	14.32	838.562	1008.675	597.47	10311.76			
K0+380	851.252	1029.746	15.76	866.961	1030.993	15.01	836.288	1028.558	607.43	10919.19			
K0+400.746	849.610	1050.427	15.84	865.395	1051.680	15.84	833.824	1049.173	647.69	11566.88			
K0+420	848.095	1069.621	15.94	863.990	1070.860	15.95	832.190	1068.381	611.96	12178.84			
累计用地面积									12178.84				

编制：　　　　复核：

图 5.5-8　用地表

5.5.7 路基超高加宽表

路基超高加宽表的输出方法为：启动命令→选择平面线→选择起、终点桩号（从小到大）→确认，完成报表，如图 5.5-9 所示。

桩号	路基左侧					路基右侧					备注
	路基宽(m)	路面宽(m)	加宽值(m)	超高横坡(%)	土路肩横坡(%)	路基宽(m)	路面宽(m)	加宽值(m)	超高横坡(%)	土路肩横坡(%)	
K0+000	7.50	6.75	0.75	-2.00	-3.99	7.50	6.75	0.75	-2.00	-4.01	
K0+020	7.50	6.75	0.75	-2.00	-4.00	7.50	6.75	0.75	-2.00	-4.00	
K0+040	7.50	6.75	0.75	-2.00	-4.00	7.50	6.75	0.75	-2.00	-4.00	
K0+060	7.50	6.75	0.75	-2.00	-4.00	7.50	6.75	0.75	-2.00	-4.00	
K0+080	7.50	6.75	0.75	-2.00	-4.00	7.50	6.75	0.75	-2.00	-4.00	
K0+100	7.50	6.75	0.75	-2.00	-4.00	7.50	6.75	0.75	-2.00	-4.00	
K0+120	7.50	6.75	0.75	-2.00	-4.00	7.50	6.75	0.75	-2.00	-4.00	
K0+140	7.50	6.75	0.75	-2.00	-4.00	7.50	6.75	0.75	-2.00	-4.00	
K0+160	7.50	6.75	0.75	-2.00	-4.00	7.50	6.75	0.75	-2.00	-4.00	
K0+180	7.50	6.75	0.75	-2.00	-4.00	7.50	6.75	0.75	-2.00	-4.00	
K0+200	7.50	6.75	0.75	-2.00	-4.00	7.50	6.75	0.75	-2.00	-4.00	
K0+220	7.50	6.75	0.75	-2.00	-4.00	7.50	6.75	0.75	-2.00	-4.00	
K0+240	7.50	6.75	0.75	-2.00	-4.00	7.50	6.75	0.75	-2.00	-4.00	
K0+260	7.50	6.75	0.75	-2.00	-4.00	7.50	6.75	0.75	-2.00	-4.00	
K0+280	7.50	6.75	0.75	-2.00	-4.00	7.50	6.75	0.75	-2.00	-4.00	
K0+300	7.50	6.75	0.75	-2.00	-4.00	7.50	6.75	0.75	-2.00	-4.00	
K0+320	7.50	6.75	0.75	-2.00	-4.00	7.50	6.75	0.75	-2.00	-4.00	
K0+340	7.50	6.75	0.75	-2.00	-4.00	7.50	6.75	0.75	-2.00	-4.00	
K0+360	7.50	6.75	0.75	-2.00	-4.00	7.50	6.75	0.75	-2.00	-4.00	
K0+380	7.50	6.75	0.75	-2.00	-4.00	7.50	6.75	0.75	-2.00	-3.99	
K0+400.746	7.50	6.75	0.75	-2.00	-4.00	7.50	6.75	0.75	-2.00	-4.00	
K0+420	7.50	6.75	0.75	-2.00	-4.00	7.50	6.75	0.75	-2.00	-4.00	
K0+440	7.50	6.75	0.75	-2.00	-4.00	7.50	6.75	0.75	-2.00	-4.00	

图 5.5-9　路基超高加宽表

5.5.8 路基设计表

路基设计表的输出方法为：启动命令→输入标准横断面参数→选择平面线→选择起、终点桩号（从小到大）→确认，完成报表，如图 5.5-10、图 5.5-11 所示。

图 5.5-10　路基设计表设置

路基设计表

主线									路基宽度 (m)							以下各点与设计高之差							坡口、坡脚至中桩距离(m)		备注
桩号	平曲线		竖曲线		地面高程(m)	设计高程(m)	填挖高度(m)		左侧		中分带		右侧			左侧			右侧						
	左偏	右偏	凹型	凸型			填	挖	W1	W2	W0	W2	W1	W3		A1	A2	A3	A3	A2	A1	左	右	
K1+080					273.13	261.18	0.00	11.95	0.75	3.00	3.75	0.00	3.75	3.00	0.75	-0.17	-0.13	-0.07	-0.07	-0.13	-0.17	19.68	15.28	
K1+096.800			K1+096.800		273.81	261.58	0.00	12.23	0.75	3.00	3.75	0.00	3.75	3.00	0.75	-0.16	-0.13	-0.07	-0.07	-0.13	-0.16	19.25	17.43	
K1+100					273.38	261.66	0.00	11.73	0.75	3.00	3.75	0.00	3.75	3.00	0.75	-0.17	-0.13	-0.07	-0.07	-0.13	-0.17	18.80	18.06	
K1+100.301			L=100.03 T=50.008		273.34	261.67	0.00	11.58	0.75	3.00	3.75	0.00	3.75	3.00	0.75	-0.17	-0.14	-0.08	-0.08	-0.14	-0.17	18.76	18.12	
K1+120					266.96	262.19	0.00	4.77	0.75	3.00	3.75	0.00	3.75	3.00	0.75	-0.17	-0.13	-0.07	-0.07	-0.13	-0.17	12.72	17.65	
K1+140					265.84	262.79	0.00	3.06	0.75	3.00	3.75	0.00	3.75	3.00	0.75	-0.16	-0.13	-0.07	-0.07	-0.13	-0.16	9.90	14.44	
K1+160					269.66	263.43	0.00	6.23	0.75	3.00	3.75	0.00	3.75	3.00	0.75	-0.17	-0.13	-0.07	-0.07	-0.13	-0.17	10.63	19.63	
K1+162.242					269.70	263.51	6.20		0.75	3.00	3.75	0.00	3.75	3.00	0.75	-0.16	-0.13	-0.07	-0.08	-0.14	-0.17	10.61	19.68	
K1+180					264.49	264.09	0.00	0.41	0.75	3.00	3.75	0.00	3.75	3.00	0.75	-0.16	-0.13	-0.07	-0.07	-0.13	-0.16	9.39	13.89	
K1+200					258.00	264.74	6.74	0.00	0.75	3.00	3.75	0.00	3.75	3.00	0.75	-0.17	-0.14	-0.08	-0.08	-0.14	-0.17	11.89	11.29	
K1+220					259.24	265.40	6.16	0.00	0.75	3.00	3.75	0.00	3.75	3.00	0.75	-0.17	-0.14	-0.08	-0.08	-0.14	-0.17	10.76	12.09	
K1+232.242					262.64	265.80	3.15	0.00	0.75	3.00	3.75	0.00	3.75	3.00	0.75	-0.17	-0.14	-0.08	-0.08	-0.14	-0.17	8.47	10.24	
K1+240					266.03	266.05	0.02	0.00	0.75	3.00	3.75	0.00	3.75	3.00	0.75	-0.16	-0.13	-0.07	-0.07	-0.13	-0.16	10.60	8.15	
K1+260					270.60	266.71	0.00	3.90	0.75	3.00	3.75	0.00	3.75	3.00	0.75	-0.17	-0.13	-0.07	-0.07	-0.13	-0.17	11.60	12.30	
K1+280					269.90	267.36	0.00	2.54	0.75	3.00	3.75	0.00	3.75	3.00	0.75	-0.17	-0.14	-0.08	-0.08	-0.14	-0.17	10.29	12.34	
K1+300					267.77	268.01	0.24	0.00	0.75	3.00	3.75	0.00	3.75	3.00	0.75	-0.17	-0.13	-0.07	-0.07	-0.13	-0.17	7.78	9.65	
K1+320					266.63	268.61	1.98	0.00	0.75	3.00	3.75	0.00	3.75	3.00	0.75	-0.17	-0.13	-0.07	-0.07	-0.13	-0.17	8.13	9.03	
K1+340					267.21	269.14	1.93	0.00	0.75	3.00	3.75	0.00	3.75	3.00	0.75	-0.17	-0.13	-0.07	-0.07	-0.13	-0.17	7.90	9.57	
K1+343.499			L=100.03 T=50.027		267.36	269.23	1.86	0.00	0.75	3.00	3.75	0.00	3.75	3.00	0.75	-0.17	-0.13	-0.07	-0.07	-0.13	-0.17	7.85	9.54	
K1+360					268.18	269.60	1.42	0.00	0.75	3.00	3.75	0.00	3.75	3.00	0.75	-0.17	-0.13	-0.07	-0.07	-0.13	-0.17	9.53	9.30	
K1+380					270.18	269.99	0.00	0.19	0.75	3.00	3.75	0.00	3.75	3.00	0.75	-0.17	-0.13	-0.07	-0.07	-0.13	-0.17	12.04	8.49	
K1+400					273.15	270.31	0.00	2.83	0.75	3.00	3.75	0.00	3.75	3.00	0.75	-0.17	-0.13	-0.07	-0.07	-0.13	-0.17	17.80	7.50	
K1+420					272.10	270.62	0.00	1.47	0.75	3.00	3.75	0.00	3.75	3.00	0.75	-0.17	-0.13	-0.07	-0.07	-0.13	-0.17	12.60	7.76	
K1+440					268.36	270.93	2.57	0.00	0.75	3.00	3.75	0.00	3.75	3.00	0.75	-0.16	-0.13	-0.07	-0.07	-0.13	-0.16	9.35	10.03	
K1+460					275.17	271.24	0.00	3.93	0.75	3.00	3.75	0.00	3.75	3.00	0.75	-0.17	-0.13	-0.07	-0.07	-0.13	-0.17	12.05	11.89	
K1+480					284.00	271.55	0.00	12.45	0.75	3.00	3.75	0.00	3.75	3.00	0.75	-0.16	-0.13	-0.07	-0.07	-0.13	-0.16	19.72	17.51	
K1+500					285.03	271.85	0.00	13.17	0.75	3.00	3.75	0.00	3.75	3.00	0.75	-0.17	-0.13	-0.07	-0.07	-0.13	-0.17	24.08	17.19	
K1+520					282.02	272.16	0.00	9.86	0.75	3.00	3.75	0.00	3.75	3.00	0.75	-0.16	-0.13	-0.07	-0.07	-0.13	-0.16	20.53	13.12	

编制： 复核：

图 5.5-11 路基设计表

5.5.9 土方表

土方表的输出方法为：启动命令→选择平面线→选择起、终点桩号（从小到大）→输入各桩号区间段土方数据→确认，完成报表，如图 5.5-12、图 5.5-13 所示。

5.5.10 路线报表

路线报表的输出方法为：启动命令→设置路线报表标注参数→选择平面线（可多选，然后单击鼠标右键结束选择）→单击鼠标左键确认报表放置位置，完成报表在模型中的放置，如图 5.5-14、图 5.5-15 所示。

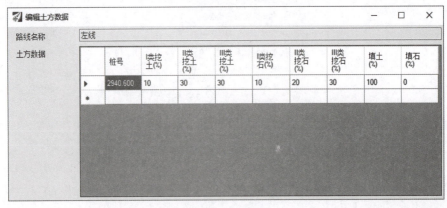

图 5.5-12 土方表设置

路基土石方数量计算表

石线　　　　第6页/共6页

桩号	横断面面积(m²) 挖方	横断面面积(m²) 填方	距离(m)	挖方分类及数量(m³) 总数量	土 I %	土 I 数量	土 II %	土 II 数量	土 III %	土 III 数量	石 IV %	石 IV 数量	石 V %	石 V 数量	石 VI %	石 VI 数量	填方数量(m³) 总数量	填方数量(m³) 土	填方数量(m³) 石	利用方数量及调配(m³) 本桩利用 土	本桩利用 石	填缺 土	填缺 石	挖余 土	挖余 石	远运利用调配数量	借方数量(m3)及运距(Km) 土	借方数量 石	弃方数量(m3)及运距(Km) 土	弃方数量 石	备注
1	2	3	4	5	6	7	8	9	10	11	12	13	14	15	16	17	18	19	20	21	22	23	24	25	26	27	28	29	30	31	32
K2+420	557.83	585.09	20.00	8632.52	10	863.3	30	2589.76	30	2589.76	10	863.25	20	1726.50	30	2589.76	8621.91	5173.14	3448.76												
K2+440	616.48	655.10	20.00	11743.06	10	1174.3	30	3522.92	30	3522.92	10	1174.31	20	2348.61	30	3522.92	12401.87	7441.12	4960.75												
K2+460	655.24	639.83	20.00	12717.16	10	1271.7	30	3815.15	30	3815.15	10	1271.72	20	2543.43	30	3815.15	12949.23	7769.54	5179.69												
K2+480	714.88	687.93	20.00	13701.19	10	1370.1	30	4110.36	30	4110.36	10	1370.12	20	2740.24	30	4110.36	13277.61	7966.57	5311.05												
K2+500	763.96	749.28	20.00	14788.42	10	1478.8	30	4436.53	30	4436.53	10	1478.84	20	2957.68	30	4436.53	14372.18	8623.31	5748.87												
K2+520	777.75	679.12	20.00	15417.19	10	1541.7	30	4625.16	30	4625.16	10	1541.72	20	3083.44	30	4625.16	14284.01	8570.40	5713.60												
K2+540	676.37	625.29	20.00	14541.28	10	1454.1	30	4362.38	30	4362.38	10	1454.13	20	2908.26	30	4362.38	13044.09	7826.45	5217.64												
K2+560	455.45	412.93	20.00	11318.25	10	1131.8	30	3395.48	30	3395.48	10	1131.83	20	2263.65	30	3395.48	10382.23	6229.34	4152.89												
K2+580	293.96	256.28	20.00	7494.08	10	749.4	30	2248.22	30	2248.22	10	749.41	20	1498.82	30	2248.22	6692.11	4015.27	2676.84												
K2+600	0.00	276.48	20.00	2939.56	10	294.0	30	881.87	30	881.87	10	293.96	20	587.91	30	881.87	5327.65	3196.59	2131.06												
K2+620	404.69	333.94	20.00	4046.89	10	404.7	30	1214.07	30	1214.07	10	404.69	20	809.38	30	1214.07	6104.18	3662.51	2441.67												
K2+640	579.98	571.55	20.00	9846.73	10	984.7	30	2954.02	30	2954.02	10	984.67	20	1969.35	30	2954.02	9054.80	5432.88	3621.92												
K2+660	522.20	576.64	20.00	11021.81	10	1102.2	30	3306.54	30	3306.54	10	1102.18	20	2204.36	30	3306.54	11481.88	6889.13	4592.75												
K2+680	454.59	455.32	20.00	9767.89	10	976.8	30	2930.37	30	2930.37	10	976.79	20	1953.58	30	2930.37	10319.60	6191.76	4127.84												
K2+700	443.62	318.59	20.00	8982.16	10	898.2	30	2694.65	30	2694.65	10	898.22	20	1796.43	30	2694.65	7739.07	4643.44	3095.63												
K2+720	0.00	689.91	20.00	4436.25	10	443.6	30	1330.87	30	1330.87	10	443.62	20	887.25	30	1330.87	10084.99	6051.00	4034.00												
K2+740	0.00	495.01	20.00	0.00	10	0.0	30	0.00	30	0.00	10	0.00	20	0.00	30	0.00	11849.17	7109.50	4739.67												
K2+760	0.00	736.76	20.00	0.00	10	0.0	30	0.00	30	0.00	10	0.00	20	0.00	30	0.00	12317.65	7390.59	4927.06												
K2+780	253.28	188.76	20.00	2532.76	10	253.3	30	759.83	30	759.83	10	253.28	20	506.55	30	759.83	9255.16	5553.10	3702.06												
K2+800	0.00	74.38	20.00	2532.76	10	253.3	30	759.83	30	759.83	10	253.28	20	506.55	30	759.83	2631.38	1578.83	1052.55												
K2+820	0.00	0.00	20.00	0.00	10	0.0	30	0.00	30	0.00	10	0.00	20	0.00	30	0.00	743.79	446.28	297.52												
K2+840	0.00	0.00	20.00	0.00	10	0.0	30	0.00	30	0.00	10	0.00	20	0.00	30	0.00	0.00	0.00	0.00												
K2+860	0.00	98.69	20.00	0.00	10	0.0	30	0.00	30	0.00	10	0.00	20	0.00	30	0.00	986.90	592.14	394.76												
K2+880	0.00	0.00	20.00	0.00	10	0.0	30	0.00	30	0.00	10	0.00	20	0.00	30	0.00	986.90	592.14	394.76												
K2+900	0.00	0.00	20.00	0.00	10	0.0	30	0.00	30	0.00	10	0.00	20	0.00	30	0.00	0.00	0.00	0.00												
K2+920	0.00	0.00	20.00	0.00	10	0.0	30	0.00	30	0.00	10	0.00	20	0.00	30	0.00	0.00	0.00	0.00												
小计				166459.97		16646.00		49937.99		49937.99		16646.00		33291.99		49937.99	204908.37	122945.02	81963.35												
累计				166459.97		16646.00		49937.99		49937.99		16646.00		33291.99		49937.99	204908.37	122945.02	81963.35												

编制：　　　　复核：

路基土石方数量计算表001 / 路基土石方数量计算表002 / 路基土石方数量计算表003 / 路基土石方数量计算表004 / 路基土石方数量计算表005 / 路基土石方数量计算表006

图 5.5-13　土方表

图 5.5-14　路线报表设置

E—E曲线要素表

交点号	交点坐标 N(X)	交点坐标 E(Y)	交点桩号	转角值	曲线要素值(m) 半径	缓和曲线长度	缓和曲线参数	切线长度	曲线长度	外距	校正值	主点桩号 直缓(ZH)	缓圆(HY)	曲中(QZ)	圆缓(YH)	缓直(HZ)
起点	3012027.145	506693.782	K0+000													
JD1	3012070.372	506557.626	K0+123.043	85°10'43.16" (Y)	100.0	100.000 61.867	100.000 80.000	142.854 125.716	228.6	41.6	40.0	K0+000	K0+100	K0+133.350	K0+166.700	K0+228.567
JD2	3012365.243	506624.577	K0+405.024	6°44'24.62" (Z)	3000.0			176.661	352.9	5.2	0.4		K0+228.567	K0+405.024	K0+581.482	
JD3	3012587.843	506648.177	K0+628.652	3°32'1.27" (Y)	1500.0	0.000 45.067	0.000 260.000	47.186 67.890	115.0	12.2	0.0		K0+581.482	K0+616.471	K0+651.460	K0+696.527
终点	3012654.785	506659.483	K0+696.527													

图 5.5-15　报表插入完成

5.5.11　路基宽度变化表

路基宽度变化表的输出方法为：启动命令→选择平面线→选择起、终点桩号（从小到大）→确认，完成报表，如图 5.5-16、图 5.5-17 所示。

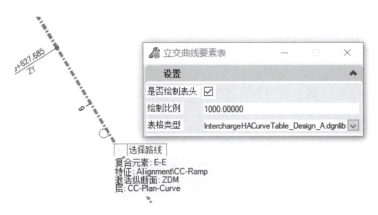

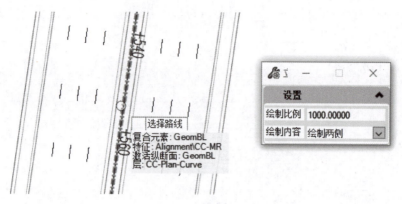

图 5.5-16 路基宽度变化表选择对象

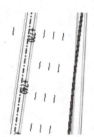

道路名称：GeomBL								
路侧	桩号	宽度(m)				渐变		备注
		中央分隔带	行车道	硬路肩	土路肩	方式	比例	
左幅	K637+701.569		17.3					
左幅	K637+765.219		23.0				直现	1/11.1	

图 5.5-17 路基宽度变化表插入结果

5.6 图纸索引与管理

出图完成后，程序自动生成图纸索引，并按照类别管理图纸，图纸索引与图纸关联，方便查看及批量打印图纸。图纸索引在资源管理器下，如图 5.6-1 所示。

图 5.6-1 图纸索引

点击左侧按钮，选择要打印的文件，确认即可，如图 5.6-2、图 5.6-3 所示。

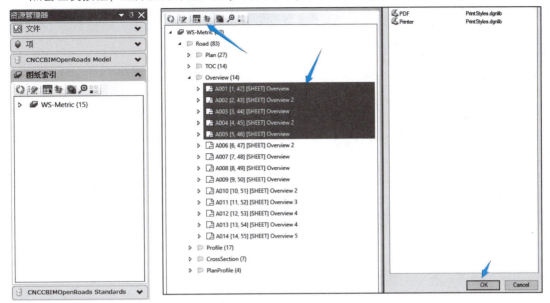

图 5.6-2　图纸管理　　　　　　　　　图 5.6-3　打印管理

也可输出为 PDF 格式文件选择 PDF 文件保存的位置，确认即可，如图 5.6-4 所示。

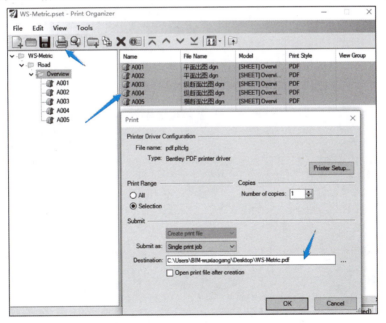

图 5.6-4　输出为 PDF 格式文件

第6章 地下公共设施

6.1 地下公共设施简介

在道路设计的过程中,通常需要进行道路或场地的排水以及管线综合设计,为了完善解决方案以及管井的设计需求,CNCCBIM OpenRoads 也继承了相应的功能模块。当我们展开 CNCCBIM OpenRoads 的工作流,会发现有一个"地下公共设施"的工作流,这就是在本节将要介绍的内容。

"地下公共设施",曾经是 Bentley 平台的一款独立软件——"Subsurface Utilities Engineering",是专门面向土木工程项目中的管线综合设计与建模的解决方案。后来因为工作流程的特点,基于 OpenRoads 技术被集成到 V8i 版本"Power inroads"中。在升级到 CONNECT 版本后,便成为 CNCCBIM OpenRoads 的一个工作流,并在保持原有的建模模块基础之上,又增加了水力分析(Hydraulic Analysis)的功能,同时也增加了与 Bentley 其他水力软件的交互功能,例如 StormCAD、CivilStorm、SewerCAD、SewerGEMS 等,使其设计功能更加完善和强大。由于篇幅限制,水力分析的内容过于庞杂,因此在本节,将着重介绍建模部分。

在地下公共设施中,用户可以通过交互式的界面创建多种专业的节点井,如图 6.1-1 所示,也可以创建各种截面、材质类型的管线,并且创建的形式丰富多样,还可以包含特有的管井属性信息。创建的管井成果还可以应用专门的功能进行工程量统计,并输出报表,也可以对模型

图 6.1-1 检查井构件库

成果进行碰撞检查并输出碰撞报告。正如上文中提到，基于 OpenRoads 技术，使用地下公共设施进行管线综合设计建模时，管线与节点井能够相互关联，创建参数可以基于道路中心线、道路构筑物、地形、高程值等元素进行设定，并实时联动。

模型创建的工作流程以及理念方面，也是保留了 OpenRoads 技术的精髓，可通过土木精确绘图的辅助，利用里程、高程、大地坐标系等作为参考基础，创建精准定位和准确方位角的管井模型。设计方式同样也是通过"二维/三维（2D/3D）"多视图联动的方式，能够自动将平面符号与三维实体进行关联，如图 6.1-2 所示。为了面向不同行业的用户，也开放了管井库的自定义方式，可以轻松创建管井的平面与三维标准库，并自动调用模板信息，且能够实现井底与管线端部的联动。

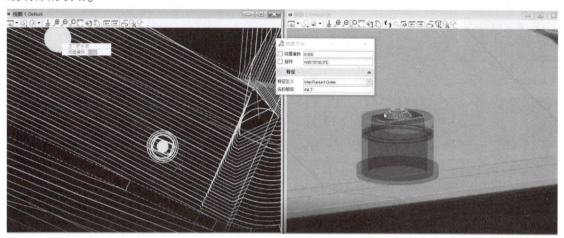

图 6.1-2　地下公共设施操作界面

6.2　在新建文件中激活并创建地下公共设施模型

在当前的版本中，"地下公共设施"的基础功能已经完全集成到了"CNCCBIM OpenRoads"中，不用再像以前的 V8i 版本需要根据激活码单独激活一次，但是在开始进行管线综合设计建模工作之前，还是会对当前打开的 DGN 文件创建一个"地下公共设施模型"，如图 6.2-1 所示，意思就是给当前文件一个启动命令，启动后便能够创建并读取相应的管井数据和信息，而这个激活操作，也是伴随着在新建文件中第一次点击地下公共设施特有的功能按钮后出现的提示。值得注意的是，此操作无法撤销，每次打开激活过的地下公共设施的文件都会加载和读取信息。因此，为了避免在其他专业的设计文件中对于地下公共设施相关信息的调取计算，占用不必要的时间，请尽量不要在不相关的文件中激活。

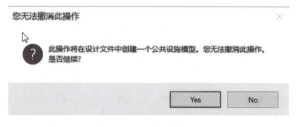

图 6.2-1　激活提示

6.2.1 选择工作空间

在开始使用地下公共设施之前，首先也要保证工作环境中的相应管井资源能够被及时读取调用，我们需要在新建文件时选择正确的带有对应的特征定义、图层、标注样式等素材的库文件的工作空间，OpenRoads 用户可以选择自带的工作空间"Training and Examples"或者"CNC-CBIM Example"，如图 6.2-2 所示，软件会自动调取相应的库文件"SU_Features_Annotations_Elem Temp Metric.dgnlib"。

图 6.2-2　选择工作空间

6.2.2 新建文件时种子文件的选择

当选择了正确的工作空间后，点击新建文件会跳出新建对话框，在"选择种子文件"中，选择"CC Seed2D-Metric Design.dgn"，如图 6.2-3 所示。在此处需要注意的是，新建的管井设计文件，需要选择"2D"的，因为在设计与建模过程中，所作的操作基本都是基于二维视图进行，而程序会自动创建和关联三维的视图空间和模型。

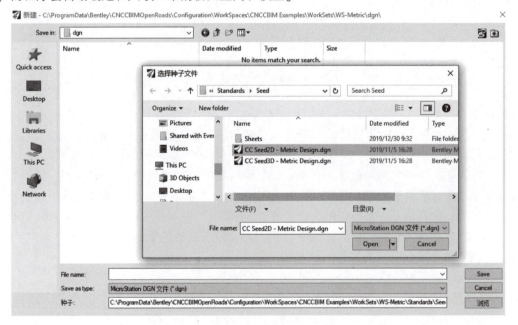

图 6.2-3　新建文件与选择种子文件

6.2.3 选择工作流及界面

新建文件打开后，在左上角"工作流"下拉菜单中，找到"地下公共设施"（图 6.2-4），并切换至此工作流，会看到与地下公共设施相关的功能界面，如图 6.2-5 所示。

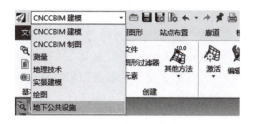

图 6.2-4 选择工作流

图 6.2-5 地下公共设施功能界面

6.2.4 激活并创建地下公共设施模型

打开"布局"标签,单击放置节点或其他放置功能来启动激活和加载的程序,正如上文中所示的对话框,确定后启动,然后程序会对管井数据进行加载,如图 6.2-6~图 6.2-8 所示。此时,我们就完成了新建管井设计文件的工作。

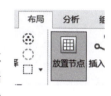

图 6.2-6 选择功能

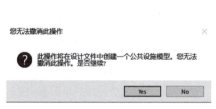

图 6.2-7 提醒

图 6.2-8 加载地下公共设施模型

6.3 放置节点

在完成了新建与激活等操作,就可以在当前文件建立地下公共设施模型了,我们将要进行的第一个内容就是放置节点。在"地下公共设施"工作流下,打开"布局",找到"放置节点",如图 6.3-1 所示。

图 6.3-1 放置节点

点击"放置节点"后，弹出的对话框，同时光标旁边也会出现快捷提示，如图6.3-2所示。

此时，根据快捷提示的内容，接下来需要做两种操作，一种操作是选择参考元素，例如一个表面（参考表面，可以是地面或路面等）、一个等高线、一个网格面等，这一种需要点击鼠标左键选取，如图6.3-3所示。这一种方式，放置的节点顶部高程是根据计算表面在放置位置的坐标而计算出来的，会随着被选择的参考表面进行实时联动。

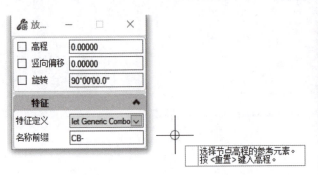

图6.3-2　放置节点对话框　　　　　　　图6.3-3　选择参考表面

而另一种操作，则是点击"重置"，通过输入绝对高程的方式来进行布置，如图6.3-4所示。这种方式的顶部高程，是自由的，不会受任何构件的约束。

6.3.1　通过参考表面放置节点

当我们选择了通过参考表面的方式来放置节点，鼠标在平面的视图中会出现节点的二维平面符号，插入点与鼠标指针重合，并在旁边实时显示当前位置的高程，同时也会提示需要输入的第一个参数——"竖向偏移"值，如图6.3-5所示。输入偏移值后，可以激活"土木精确绘图"并选择"X、Y"的形式，通过坐标来定位并放置节点。

定位到输入的位置后，点击鼠标左键，我们会看到鼠标旁的快捷提示变成了"角度"，此时可以输入需要的角度来将节点进行最后的定位，当然这个角度也可以在图6.3-5中所示的对话框中进行输入。在最终确定放

图6.3-4　选择输入高程方式

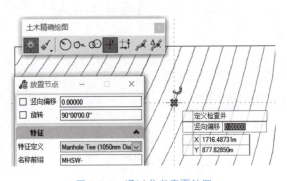

图6.3-5　通过参考表面放置

置节点前需要在"特征定义"这一栏中选择节点的特征以实现不同结构的自动放置。

这里需要我们注意的是，系统会默认连续放置同一种类型的节点，放置完第一个后，系统会自动选择相同的特征定义的节点，因此如果后面需要放置不同类型的节点，可以通过点击鼠标右键进行重置，并重复进行上面的操作。在放置同一种类型的节点时，第二个节点在选择角度这一步，会出现"左""右"键的提示，"左"键选择你要放置的角度，而"右"键则是与上一个井的角度相同。最后，节点放置是默认为铅垂方向的，不会因为我们选择的参考表面的法

向而进行旋转。

6.3.2 通过绝对高程放置节点

与"通过参考平面放置"的方法只有一点不同，即当选择了这一种方式，"绝对高程"参数需要在一开始就进行输入，后面的操作方法就都一样了。

6.3.3 节点的查看与调整

在我们放置好节点后，同样在三维视图也会自动创建一个三维模型，如图6.3-6所示，这个模型来自节点库，通过选择的特征定义进行自动调取。

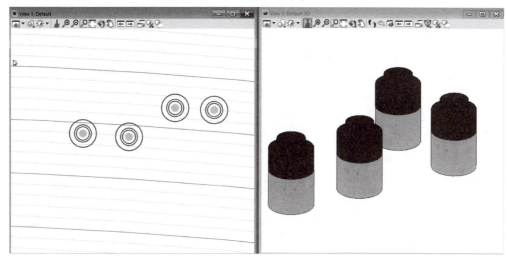

图 6.3-6　二维（2D）/三维（3D）视图

当选择节点的二维图符，会在平面视图看到可以调整的图柄，可以通过点击不同的图柄来对节点的位置、角度进行调整。当打开属性对话框后，需要注意，通过参考表面放置的节点，顶部标高是无法修改的，而通过绝对高程放置的节点是可以修改的，因此在使用过程中，请根据实际情况选择合适的放置方式，查看与调整具体参数如图6.3-7所示。

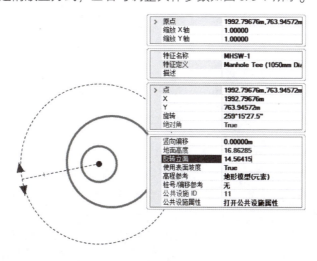

图 6.3-7　查看与调整具体参数

6.4 放置管段

当我们放置好节点后,就可以通过建立管线连接相应的节点(井)。找到"布局"选项卡中的"放置管段"按钮,如图6.4-1所示。

在弹出的对话框中(图6.4-2),有"拉力"和"管段长度"两个参数,通常用来定义曲线型管线的分段拟合原则,在本节不做讨论,因此都使用默认值。"坡度"是管线的坡度值,通常设计雨水和污水管这种重力式管线时会用到,这个值将会被程序用来计算管线起、止的接入高程值,两个接入点的高差就是通过距离与坡度的乘积来进行计算的,因此,节点的底部高程将会被计算结果所影响而进行自动调整。而更重要的是,我们需要首先对管线的特征定义进行选择,要对应到节点专业来选择管线的特征定义,例如我们放置的节点是"Storm Water(雨水)"井,那么在选择特征定义的时候也应该选择"Storm Water"目录下的对应的管线,并在"描述"中选择管线的直径(圆型截面)或长宽尺寸(矩形截面)。

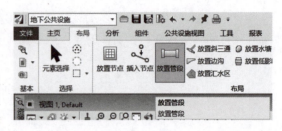

图6.4-1　放置管段

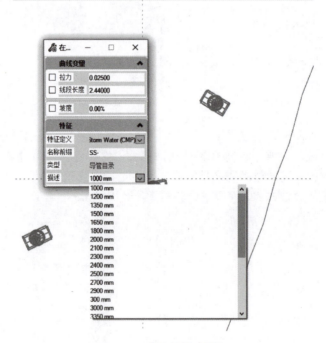

图6.4-2　放置管线对话框

选择完毕后,当用鼠标根据快捷提示放在第一个起始井的平面图符上时,会看到在圆周或者矩形的边线上出现"黄色的十字",当点击鼠标左键确认后,便会以此为起点拉出管线的预览图形,同时管线中心线也会显示管线的坡度和长度,快捷提示也变为了"选择下一个节点"的提示,如图6.4-3所示。需要注意的是,黄色的十字是管线的接入点,在点击确认前一定要注意这个点是否捕捉在合适的位置,而且在这一步操作时,当在选择第二个节点前可分别通过按住〈Alt〉和〈Ctrl〉键来创建弧形管线和弯折管线。

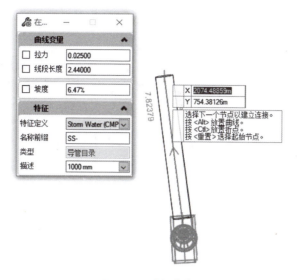

图 6.4-3 选择节点

选择完第二个节点,会在三维视图中看到管线也已经自动创建,在二维视图选中管线的中心线,同样会看到调整的图柄,而当鼠标停留在中心线时,也同样会看到出现的快捷菜单,在快捷菜单中会看到纵断面的图标,点击它并进行和前面路线部分相同的打开纵断面的操作,会发现管线也有自己的纵断面,并能够像路线的纵断面一样的设计和调整,如图 6.4-4、图 6.4-5 所示。

图 6.4-4 打开纵断面

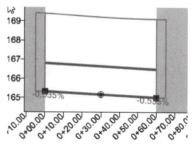

图 6.4-5 管线纵断面

若我们想对管线的起点和终点高程进行调整,第一种方法就是利用上面的纵断面设计的方式,用路线纵断面中的绘制工具设计管线的纵断面控制进、出口高程。而第二种方法,就是通过属性来对管线进、出口高程进行调整,当选中二维视图中的管线中心线后,打开属性框(图 6.4-6),可以看到管线的两个属性标题"上游管内底"和"下游内底",我们可以通过修改属性栏中的数值对管线进行调整,同时在调整后,会看到对应的节点的井底也会随着管线高度的变化而进行拉伸。当然,我们也可以在属性栏中看到选中管线所关联的起、止节点名以及直径尺寸等内容。

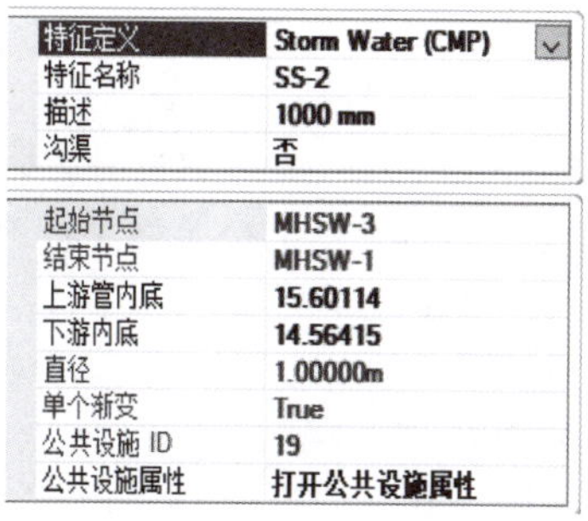

图 6.4-6 管线属性框

6.5 其他布置功能

在"布局"分区内，还有一些其他的布置功能，如图 6.5-1 所示，分别为"插入节点""放置管段""放置边沟""放置汇水区""放置水塘""放置低影响开发区"，由于类似布置操作在前面详细介绍过，所以在本节将它们放在一起进行介绍，如图 6.5-1 所示。

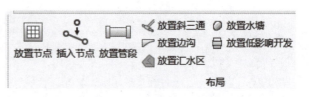

图 6.5-1　其他布置功能

6.5.1 插入节点

"插入节点"功能，是为了达到我们需要在已经布置好的管线上插入新的节点的目的。当我们选中插入节点时，对话框以及快捷提示中的操作都与前面介绍的"放置节点"类似，第一步都是单击鼠标左键选择参考元素，单击鼠标右键选择键入的节点顶部高程。不同的是，高程进行选择完毕后，需要选择那个要插入新节点的管线，并需要选择是否对管线进行切分，如果确认，那么被选中的管线在插入新节点后会在插入位置将原管线分割为两个管线，反之则是不进

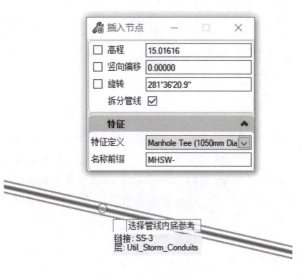

图 6.5-2　插入节点

行分割。接下来会在二维视图中看到新节点的预览，并随着鼠标的移动而移动，路径同样是被约束到管线中心线上的，而且也会看到新节点的高程变化。最后一次单击鼠标确认之前，也就是竖向偏移或者输入高程值之前，可以通过对话框中的"特征定义"以及"旋转"栏的调整完成对新节点的一些控制，如图 6.5-2 所示。

6.5.2 放置斜三通

在选择"放置斜三通"后，我们会在弹出对话框中对节点和管线的特征定义进行选择，而且如果没有进行过"专业"选择，或者节点与管线的特征定义的"专业"不匹配，系统会提示让我们首先将节点和管线进行匹配，当完成匹配后，才会出现"左键"选择参考元素或"右键"键入高程的提示。

选择高程形式后，我们要选择将要接入新管线的主干线，在二维视图选择主干线的中心线，此时会看到一个插入图符的预览，随着鼠标的移动，在主干线的插入点处也会接出一根新的管线，而且管线的端部就是我们前面选择特征定义的那个节点。同样在对话框中的竖向偏移或输入高程、旋转角度都可以对新节点进行调整，而"倾斜于干线"这一参数，是用来调整支线与主干线的交角。在放置出新的支线以及节点后，我们在三维视图中也会看到在支线接入位置会生成一个"三通"，这个三通默认是无特征定义的，我们可以在后期给它指定一个特征。

对于新插入的节点和支线，我们也可以如前文所述那样，选中对应的元素后打开属性对话

框,对各种参数进行调整与修改,如图 6.5-3 所示。

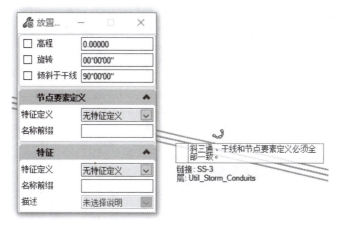

图 6.5-3 插入三通

6.5.3 放置边沟、放置汇水区、放置水塘及放置低影响开发区

这几个功能属于水力分析部分的功能,其布置的结果是用于水力分析时通过图形元素进行分析的。

"放置水沟"功能用于定义排水管网的两种水力特性:①节点间的水流路径;②节点间的沟槽形状。使用此命令定义的水沟的水力特性与物理模型之间没有关系,水力特性和物理特性是独立进行处理的。

"放置汇水区""放置水塘"及"放置低影响开发区"这三个功能,从操作方式来看均属于放置一个用于进行水力相关计算的"形状"。这个形状我们可以通过布置顶点、选择形状,以及水流填充等多种方式进行定义。

6.5.4 通过图形过滤器提取并创建

通过"图形过滤器"提取并创建工具,用于将在 AutoCAD 或者 MicroStation 中创建的绘图元素转换为我们需要的地下公共设施模型。这些绘图元素可能来自测绘数据、平面布置图、GIS 图形数据、OpenRoads 绘制的线型或者其他图元,但是无论是来自哪一种,图元都需要首先转化为 DGN 格式的图形元素。

这个工具主要定位是批量化创建地下公共设施模型,因此通常用来将现有排水系统或管线综合系统的传统二维成果进行建模。那么创建模型的思路就是通过预先配置好的过滤器中的规则,来对原有图元中的不同元素对应到相应的节点或管线。

首先,我们先要对图形过滤器的规则进行定义,如图 6.5-4 所示,规则类似于在前

图 6.5-4 地下公共设施过滤器

面地形部分讲到的过滤器。当我们创建新的过滤器或过滤器组时,需要事先确认好需要转化的原成果中的图元应如何对应到管线或节点上,并在过滤器的相关参数中进行设定。

我们会注意到,在这个过滤器中,更新了"类型""竖向偏移""高程源"以及管井"特征定义"等参数,也就是说如果希望将原有图元中的某些线型转换为管线,那么我们需要通过图层、线型、线宽、颜色、元素类型等规则来将有效图元过滤出,并让他们在"类型"上对应到"管线",并选择合适的特征定义。而过滤为节点时,控制参数也变得更多,"高程来源"需要选择参考元素的方式,同时还要考虑井底高程的确认方式,可以查找点位或者查找管线端部,并设定查找半径,最终设定井身尺寸。

当我们开始进行提取并创建时,点击"从图形提取"按钮后,在弹出的对话框中,可以看到创建的方法中,分为"选择"和"公共设施过滤器"。"选择"是通过我们自己选择的元素进行创建,"公共设施过滤器"是通过我们前面所述的过滤器进行创建。在对话框中可以选择是否使用三维元素的高程信息,也可以选择是否沿管线路径创建一条可自定义截面的沟渠,并对竖向偏移进行设定,同时读取在 OpenRoads 中创建的设计阶段。通过"选择(图形)"的方式创建,我们需要为选择的元素选择目标特征定义,如图 6.5-5 所示;而通过"过滤器"的方式,特征定义这一栏是"关闭"的,也就是说会自动根据我们在过滤器中的设定去创建对应形式的特征定义,我们在创建之前需要对过滤的元素进行预览。

图 6.5-5　从图形提取

6.6　纵断面模型及剖面图

我们在前面放置管线内容中介绍过纵断面的浏览,那个纵断面模型使用的是和路线纵断面同样的技术和模型空间,而在地下公共设施中,也有专门针对管线纵断面相关的查询功能。接下来我们来了解如何查看地下公共设施的纵断剖面图。

在查看纵断剖面图之前,要保证"资源管理器"中的地下公共设施 Model 是打开的状态,若没有打开,需要通过"文件→设置→用户→资源管理器设置"来找到,如图 6.6-1 所示。在弹出的对话框中找到"'地下公共设施'模型"一栏中,将"可见"设置为"是",如图 6.6-2 所示,那么回到浏览器中就会看到"地下公共设施"模型这一栏,如图 6.6-3 所示。

图 6.6-1　用户设置

图 6.6-2　资源管理器控制　　　　图 6.6-3　"地下公共设施"浏览器

展开地下公共设施 Model，再次展开当前 DGN 文件，就会看到"节点""管线"和"区域"三个标题以及最下方的"纵断剖面图"。若展开对应的节点和管线目录，会看到我们已经放置过的管线和节点，并可以在浏览器中对管井进行批量设置，例如查看属性、修改属性、删除等。

来到"纵断剖面图"这个功能，当单击鼠标右键时，会出现菜单，在菜单上方会有关于剖面图走向的设置选项，这个选项就对应着上方界面中的剖面图走向的几个选项，这几个选项是在进行水力分析时，通过不同的方式和路径，结合相关联的管线和节点创建一个相连的纵断面，如图 6.6-4~图 6.6-7 所示。

图 6.6-4　通过节点　　图 6.6-5　从上游节点　　图 6.6-6　通过相连　　图 6.6-7　将剖面走向
　　控制纵断剖面　　　　开始至出口节　　　　的管线创建剖　　　　关联到线性元素
　　走向（适用于　　　　点的剖面走向　　　　面走向（可用于
　　水力分析）　　　　　（仅用于水力分析）　　所有专业管线和节点）

当根据不同的方式按照提示操作创建好剖面走向后，可以展开浏览器中的"剖面图走向"，会看到运行后生成的剖面走向列表，再次展开会看到这个走向中相关联的管线名称。我们在对应的剖面走向标题单击鼠标右键，会在菜单中看到可以查看的纵断面剖面走向图，如图 6.6-8 所示，而且我们也可以在"右键菜单"中选择将走向反向运行或者在修改过后重新运行。

"打开纵断面模型"是直接打开类似路线纵断面的视图，可以像调整纵断面一样集中调整一个走向系列的管线起、终点高程。"打开分析剖面图"是打开供水力分析用的纵断面，可以查看相关的水力分析的管井属性，在这里不做过多介

图 6.6-8　查看纵断剖面图走向

绍。"打开工程剖面图"是打开工程纵断面界面，在这个界面中，可以通过菜单中的设置以及左侧的显示控制目录，来绘制纵断剖面走向图，并能够输出成 DXF 或 DGN 图形，如图 6.6-9～图 6.6-11 所示。

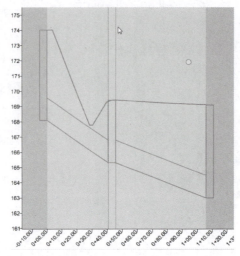

图 6.6-9　纵断面模型

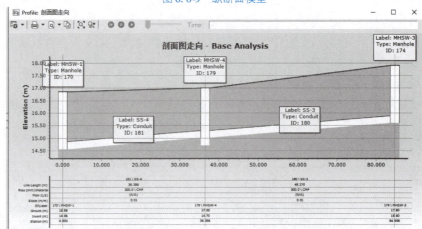

图 6.6-10　水力分析剖面图

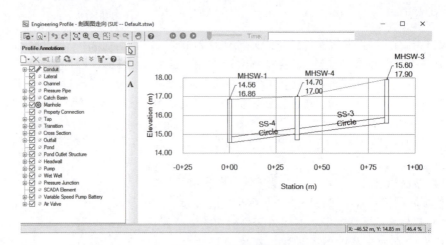

图 6.6-11　工程剖面图

6.7 脚本与计算

当我们将界面的标签切换到"分析"这一栏，会看到一些脚本和计算相关的工具，这些工具都是用于水力分析的功能，本节将对这些功能进行简单介绍。

6.7.1 脚本

脚本通常可以包含与水力分析相关的数据输入、计算参数、计算结果及与计算结果关联的注释。我们可以根据需要设置脚本，来计算、修改、检查与水力分析相关的各种情况。支持批量处理、运行多个脚本方案，并可以进行方案间的切换，来方便我们创建"比选"或"数据共享分析"等方案。

脚本通常分为两种类型：

（1）基础脚本：包含所有工作数据。启动新模型时，默认从基础脚本开始。当输入数据和计算模型时，使用的方案默认就是基础脚本。

（2）子脚本：继承自基础脚本或其他子脚本数据，子脚本允许自由更改系统中一个或多个元素的数据。

可以通过"脚本管理器"来创建新的脚本，例如某一脚本可以对于水力分析属性进行编排来应对类似于"一类暴雨"的事件，也可以通过"脚本比选"来对脚本进行对比，如图 6.7-1 所示。

图 6.7-1 创建脚本

6.7.2 计算工具

"分项选择"是创建脚本的基础，是一种分类数据集，把数据全部集成在一起时就组成了脚本，并可以记录并保存输入的数据。

"选项"是用来定义在进行分析计算时的模型属性信息参数，可以自定义创建模型计算时除默认属性外的计算属性。

"计算"是用来计算设定好的脚本，在计算之前，将触发一个自动验证程序，检查模型是否存在网络连接错误并执行其他验证。

"验证"是用来检查管网系统，并提示可能遇到的问题。

"计算摘要"会打开一个计算各项信息的报告。

"通知"可以打开用户通知管理器,用来查看出现的警告和错误。

计算中心可以让我们在计算之前,对于一些计算的控制选项进行预先调整。

6.8 雨水数据库

当切换到"组件"标签页,在这一系列功能中,会看到关于暴雨数据、目录以及横断面模板的创建、修改和线性模板。为了方便用于水力分析模块,"地下公共设施"将管线各专业中的"雨水"专业的建模设置单独放在了这个标签中。

使用"暴雨数据"工具,可以创建多种"暴雨事件",在不同事件中可以通过对降水的周期、时长、水量等数据进行设置,来创建设定的特殊雨水情况。

"目录"工具包含了与雨水专业相关的节点井、管线、水沟等构件的参数,例如管线的材料或直径,我们可以在各个目录中对库中已有的数据进行创建、编辑或修改,这些参数也将结合暴雨数据对水力分析的结果产生影响。

"原型"工具可以用来设定属性栏中对应属性项的默认值,以及默认值的单位、格式等。其实在地下公共设施中,模型的属性分为两种,分别为普通的属性和公共设施的属性。在普通的属性栏中,会看到在属性栏的最下方有打开"水力分析属性"框的选项,打开水力分析属性框也可以通过找到界面标签"公共设施视图"中的"公共设施属性"按钮来完成。在水力分析属性框中也分为了两栏,一栏是普通的地下公共设施属性,另一栏就是水力分析属性,我们可以发现这些属性比普通的属性要全面得多,包含了很多很细的内容,因为这两种属性中的各项参数及数值,都将在对应的脚本、计算、分析等内容中作为数据源被读取和调用,如图 6.8-1 所示。

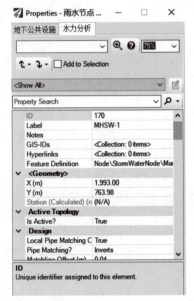

图 6.8-1　水力分析属性框

6.9 管井数量统计

在创建完节点与管线模型后,若想进行综合管网的工程数量统计,可继续使用地下公共设施的统计功能"数据表"管理器。我们可以在界面标签"分析"中的"分析视图"或在标签"公共设施视图"中的"结果视图"里找到。当打开数量表,数量表界面如图 6.9-1 所示,在弹出的对话框中会看到一个树状列表,此列表在默认情况下分为了三类数量表,分别是"Tables-Hydraulic Model(水力模型数量表)""Tables-Shared(共享数量表)"和"Tables-Predefined(预定义数量表)"。

如图 6.9-1 所示的目录的展开情况,通常会发现在前两类数量表是空的,而预定义数量表一栏是可展开状态。若已经放置有管井成果模型,则相关专业标题前会以"表格"

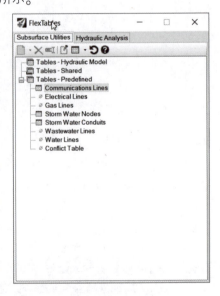

图 6.9-1　数量表界面

形状的图标表示，而没有放置过模型的相关专业标题前是"关闭"的图标。在数量表管理器中可以创建、管理和删除自定义的数量表，所以当选中前两类时，工具栏中的新建按钮是"可用"状态，而在预定义中是"禁用"状态，也就是说若需要创建新的数量表形式，则需要在前两类数量表中新建，而编辑工具可以用于所有的数量表。

在"Tables-Hydraulic Model（水力模型数量表）"单击鼠标右键，或者选择此标题时，可以在此目录下新建文件夹和数量表，点击新建数量表后，会弹出对话框来让我们对于表格的"列"和"表头"进行设定。首先在"Table Type（表格类型）"一栏选择此表适用的专业以及节点或管线，然后将左侧的可用统计内容（列）通过中间的"Add（添加）"或"Remove（移除）"按钮筛选至右侧选择列中进行单个或批量的定义，并且可以使用下方的箭头对列的排序进行定义，例如根据实际的统计需求添加管线的名称、长度、起（终）点高程等信息，如图 6.9-2 所示。

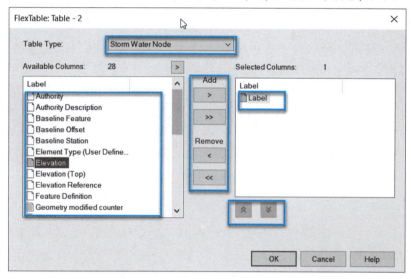

图 6.9-2　定义数量表列

在新建的表格点击"OK"或者双击已建的表格后，会弹出数量表。在这个表中会看到表格的表头就是之前定义的列，并将所有符合定义要求的相关模型统计进来，可以单击鼠标右键，在弹出菜单中选择单位格式、统计、重命名、排序、筛选、固定列等操作，而在左侧的模型名称单击鼠标右键，也可以看到"Zoom to（定位至）"的选项来帮助我们快速在视图中找到对应的模型。我们还可以点击菜单栏中的"导出"按钮，将表格导出为"SHP""TXT"或"CSV"格式的表格，例如通过"Excel"打开 CSV 格式的表格后，对其进行进一步的统计与计算工作。

6.10　批注

当我们想对管线进行批量标注时，可以使用"地下公共设施"中的标注工具，打开界面标签"工具"中找到"标注"工具，如图 6.10-1 所示。

图 6.10-1　标注工具

单击"标注"后，光标旁会出现快捷提示"选择在其中创建标注的视图"，我们需要用鼠标左键单击需要创建标注的二维视图，然后就会看到视图中所有的管线和节点都进行了标注，我们可以通过在界面标签"绘图"中的"绘图比例"栏中的"注释比例锁"处进行调整缩放比例。

当然，这些标注的内容是支持我们进行自定义的，打开界面标签"公共设施视图"中"绘图视图"栏中的"组件元素符号"，会弹出标注符号的设置目录，如图 6.10-2 所示。将顶部标签切换到"水力分析"，会看到可以通过选择一个标注方案作为默认标注，并在相应的管线、节点、水沟等主目录下勾选需要标注的内容。

若想自定义或新建标注内容，可以选中对应主目录（如管线），并点击左上角新建按钮，这时会有两个选项，分别是"New Annotation"（新标注）和"New Color Coding"（新颜色代码）两种，如图 6.10-3 所示。

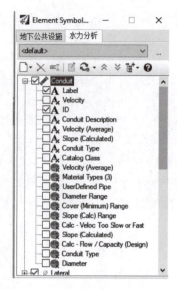

图 6.10-2 元素符号的设置目录

如选择"New Annotation"（新标注），会看到一个新建标注设置的对话框，如图 6.10-4 所示，主要参数的含义如下：

Field Name——标注内容，可通过右侧"箭头"在列表中选择要标注的内容，若选择"Free From Annotation"，需要在下方定义数据来源或参考数据。

Prefix——标注前缀。

Suffix——标注后缀。

Initial Offset——初始标注偏移，可通过对"X、Y"的偏移值的设定，来调整标注的位置。

Height Multiplier——高度倍数。

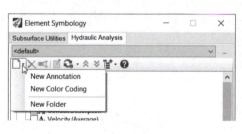

图 6.10-3 新建标注

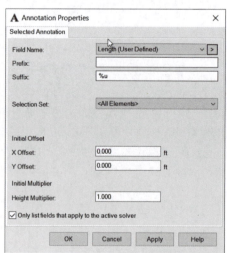

图 6.10-4 新建标注设置

确认后，会在列表中看到新建的标注，双击或者用鼠标右键点击对应标注选择编辑，会弹出批量管理标注对话框，在这个对话框中我们可以看到在此标注组中的所有标注，也就是说如果我们想对同一个元素进行多种标注的话，需要多次创建不同内容的标注，并对各个参数进行不同的设置。

当我们新建时选择"New Color Coding（新建颜色代码）"，会出现另一种设置对话框，这种形式通常用来通过标注检测水力分析模型中的特殊内容，可以更加直观地看到超出范围的数值。

首先，同样也需要选择"标注内容"，但是需要对于计算范围进行选择，以及最大、最小值。在界面的右侧是对颜色的定义，我们可以在"Options（选项）"中选择警示特殊情况的方式，可以为"颜色""尺寸""颜色与尺寸"三种。在下方的表格中，可以新建不同的范围值，并选择不同范围数值对应的标注颜色，这样可以帮助我们更加快速直观地看到特殊情况所属的范围，如图 6.10-5 所示。

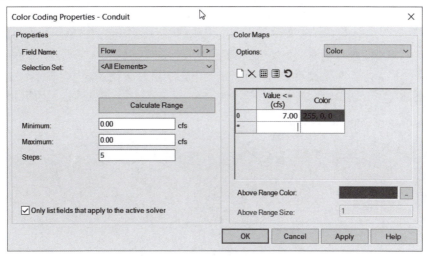

图 6.10-5　颜色代码标注

然后，我们可以通过批量选择元素类型"Text"删掉原有标注，重新标注新建的标注内容。

第 7 章 应用案例

7.1 项目背景

美国北卡罗来纳州纳什县有一处菱形互通立交，连接着第 95 号州际公路与 97 号州内高速公路。该路段是纳什地区一处重要路段，连接着落基山、威尔逊两座城市，项目位置如图 7.1-1 所示。为提高此区域交通通行能力，拟扩建"NC-97"高速公路，增加匝道及匝道桥，重新配置该互通立交的交通流向。

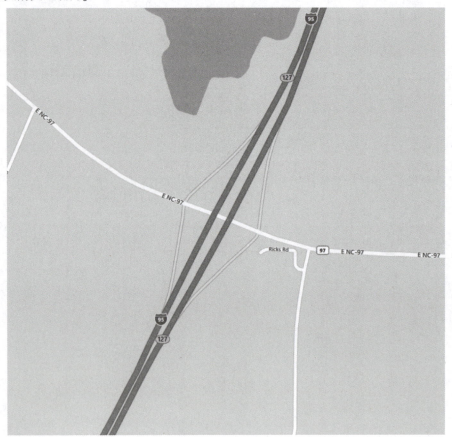

图 7.1-1 项目位置

7.2 资料准备

1. 实景模型

利用无人机航拍技术采集项目所在地现状照片。

2. 地勘资料

（略）

3. 规范资料

（略）

7.3 项目模型文件

一个完整的项目，涉及多专业之间的协作。为了更好地管理各专业的数据模型，保证模型之间的相对独立性，应建立合理的项目模型文件集。

按照专业划分建立项目模型文件库，对不同专业的模型应独立存储，数据结构目录（项目目录）可参考图 7.3-1。

名称	修改日期	类型
3mx Scene	2019/8/6 11:15	文件夹
bridges	2019/7/2 16:15	文件夹
Corridors	2019/7/5 10:51	文件夹
document&pictures	2019/8/5 16:25	文件夹
Drainage	2019/8/6 11:15	文件夹
Electrical	2019/4/10 10:49	文件夹
figure	2019/7/16 14:00	文件夹
Geometry	2019/8/6 10:02	文件夹
interchange	2019/8/6 11:07	文件夹
LumenRT	2019/5/30 17:38	文件夹
plan	2019/8/6 14:22	文件夹
Signaling	2019/4/10 10:49	文件夹
Terrain	2019/7/5 10:51	文件夹
traffic	2019/5/20 17:31	文件夹

图 7.3-1　项目目录

对于每个专业下的分项工程（例如不同的道路），也应独立创建模型文件，方便变更管理。

最后，将所有模型文件利用参考的方式总装到主文件进行后期的应用，文件目录如图 7.3-2 所示。

名称	修改日期	类型	大小
3DFinal.dgn	2019/7/6 22:14	Bentley MicroSt...	76 KB
baseroad.dgn	2019/5/23 11:03	Bentley MicroSt...	3,494 KB
CC TK A3.dgnlib	2019/4/1 10:11	Bentley MicroSt...	54 KB
Final(总装文件).dgn	2019/6/25 18:10	Bentley MicroSt...	3,328 KB
Grass.dgn	2019/4/24 17:14	Bentley MicroSt...	422 KB
GrassGoreGrading.dgn	2019/5/22 10:58	Bentley MicroSt...	1,410 KB
R97 tree.dgn	2019/7/5 10:33	Bentley MicroSt...	11,855 KB
RampA.dgn	2019/5/23 15:46	Bentley MicroSt...	1,123 KB
RampA1.dgn	2019/5/22 11:04	Bentley MicroSt...	739 KB
RampB.dgn	2019/5/23 15:47	Bentley MicroSt...	1,249 KB
RampB1.dgn	2019/5/22 15:04	Bentley MicroSt...	1,613 KB
RampB2.dgn	2019/5/22 13:37	Bentley MicroSt...	614 KB
RampC.dgn	2019/5/28 19:02	Bentley MicroSt...	2,185 KB
RampC1.dgn	2019/5/23 15:41	Bentley MicroSt...	912 KB
RampC10.dgn	2019/4/23 14:54	Bentley MicroSt...	486 KB
RampD.dgn	2019/5/23 15:45	Bentley MicroSt...	859 KB
Route97.dgn	2019/5/31 13:48	Bentley MicroSt...	1,581 KB
RT97_Ext_Corridor.dgn	2019/5/22 14:11	Bentley MicroSt...	1,668 KB

图 7.3-2　文件目录

7.4 方案设计

在方案设计阶段，为了快速、便捷地进行方案的设计、优化和比选，使用 OpenRoads Conceptstation 是不错的选择。

利用地理坐标服务快速定位项目所在位置，选择项目范围后可在线下载地形、连接卫星云图并生成现状道路、项目现状模型，当然我们也可以把本地数据导入系统里。

新建项目（模型文件）如图 7.4-1 所示。

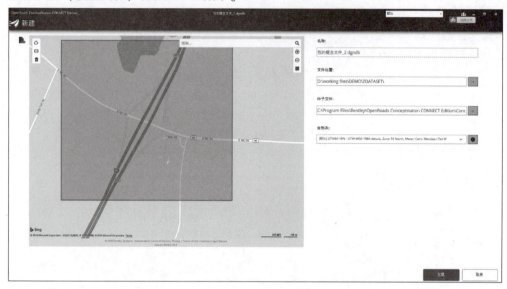

图 7.4-1　新建项目

下载完成后，来到了设计界面，利用工具条中的全景视图工具使模型居中显示，如图 7.4-2 所示。

图 7.4-2　项目资料

还可将实景模型链接进来，通过鼠标旋转视图，观察真实的现状地面，为路线设计提供依据，如图 7.4-3 所示。

图 7.4-3　结合实景

利用道路、桥梁工具，通过选择丰富的模板构件库快速创建方案设计，并通过快速工程量统计及概算结果进行方案比选，选出最优方案，如图 7.4-4～图 7.4-8 所示。

图 7.4-4　道路设置

图 7.4-5　结构设置

图 7.4-6　桥梁选型

图 7.4-7　路面模板

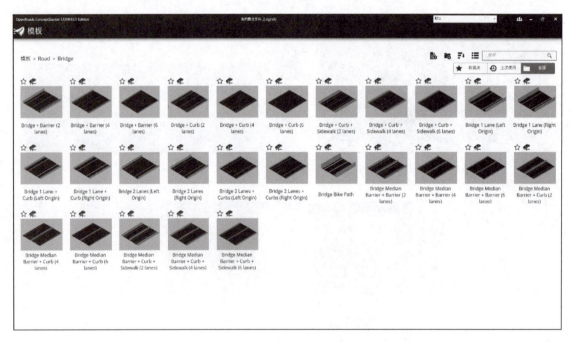

图 7.4-8　桥梁模板

还可以利用净空校验工具来满足多层立交净空需求，如图 7.4-9～图 7.4-12 所示。

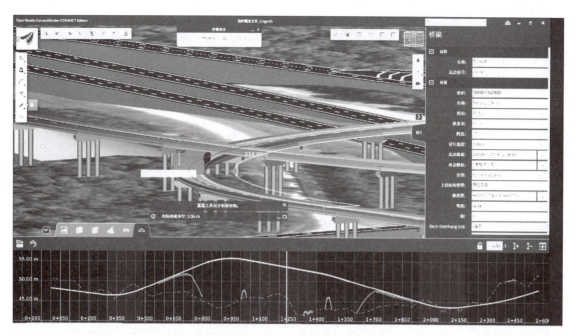

图 7.4-9　净空校验工具

图 7.4-10　项目模型

图 7.4-11　工程量统计

类别	代码	项	数量	单位	比率	成本
土方	CO-001	路面挖掘	390021.9	m³	29.43	$11,478,345
	CO-002	填充－通用材料	967967.88	m³	39.24	$37,983,060
人行道	CO-015	碎石－所有组合层	8685.77	m²	42.51	$369,232
	CO-005	混凝土防碰撞护栏	2965.38	m	104.99	$311,335
	CO-027	沥青－所有组合层	53760.96	m²	247.25	$13,292,396
结构	CO-009	梁－混凝土	2659.2	m²	846.41	$2,250,769
	CO-010	桥墩帽	1231.22	m³	1237.07	$1,523,103
	CO-012	桥梁桩	1076.97	m³	1237.07	$1,332,287
	CO-013	基座	1285.23	m³	1237.07	$1,589,917
	CO-014	支座	330	ea	1150.00	$379,500
	CO-034	桥面板	14529.66	m²	2152.78	$31,279,169
	CO-035	桥墩铺面－沥青	667.1	m²	247.25	$164,942
排水				%	8.11	$5,144,527
电气				%	1	$634,344
杂项				%	20.5	$13,004,045
流量控制				%	3.42	$2,169,455
环境				%	6.57	$4,167,638
签名和标记				%	2.15	$1,363,839

图 7.4-12 工程量清单

最后，将方案设计模型导出为 .alg 或 .dgn 等文件，可在后续深化设计阶段参考使用数据结果，如图 7.4-13、图 7.4-14 所示。

图 7.4-13 项目数据导出

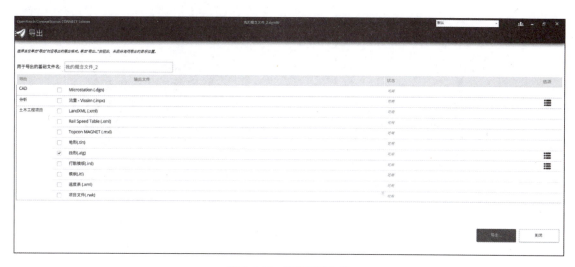

图 7.4-14　选择导出内容

7.5　深化设计

确定正式方案之后，利用 CNCCBIM OpenRoads 进行项目深化设计。

7.5.1　原始地形

项目伊始，我们需要一个完整的数据环境，为设计提供参考和依据，即创建地形模型。

选择正确的工作空间，即"CNCCBIM Examples"，设置工作集为"WS-Metric"，新建一个 DGN 文件，选择三维（3D）种子文件（模板文件），如图 7.5-1 所示。

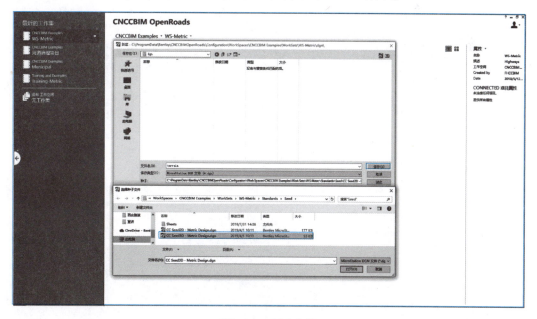

图 7.5-1　新建文件

创建地形模型的方法有很多，按地勘资料的来源格式选择适合的方法创建地形模型，由于地勘资料文件数据为 .txt 格式，则选择"从 ASCII 文件创建地形模型"的方法。

将工作流切换至"CNCCBIM 建模",选择"地形"选项卡;选择"其他方法"→"从 ASCII 文件创建地形模型",如图 7.5-2 所示。

图 7.5-2　地形模型创建方式

导入地形模型数据源,如图 7.5-3 所示。

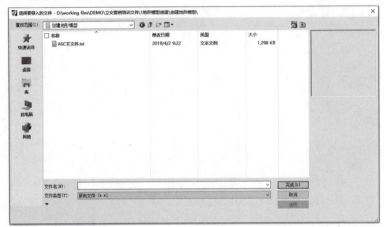

图 7.5-3　导入地形模型数据源

在设置对话框中设置地形模型的特征定义及边界方法,如图 7.5-4 所示。

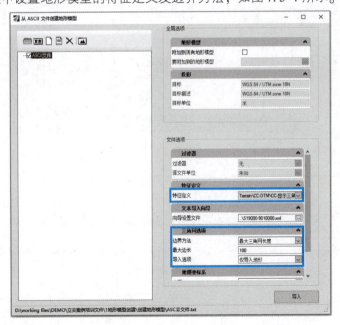

图 7.5-4　设置地形模型导入参数

配置向导文件（新建导入向导），这一步的目的是将源文件中的数据进行筛选分类，让程序能够识别不同类型的数据，如图 7.5-5 所示。

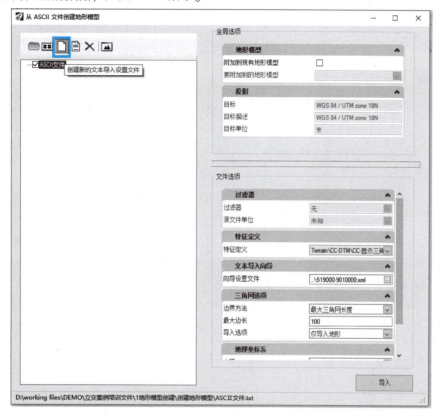

图 7.5-5　新建导入向导

设置读取数据的位置，过滤"表头"信息，设置小数点分隔符，定义数据属性如图 7.5-6 所示。

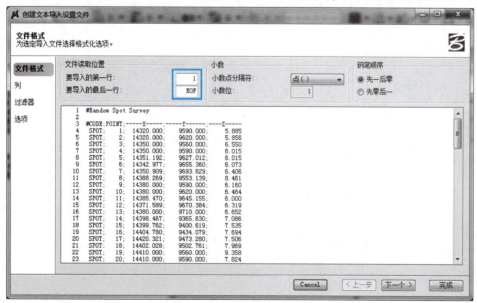

图 7.5-6　定义数据属性

点击下一步，设置源文件列的读取规则，定义数据类型如图 7.5-7 所示。

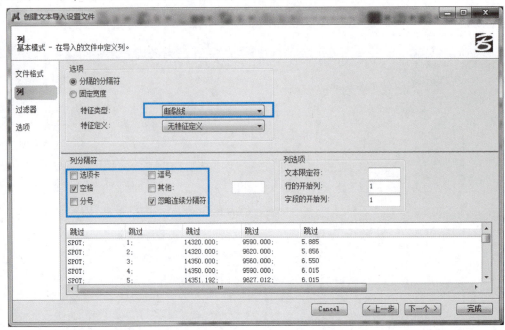

图 7.5-7　定义数据类型

设置每一列数据代表的含义，例如"北距""东距""高程"等，指定有效数据如图 7.5-8 所示。

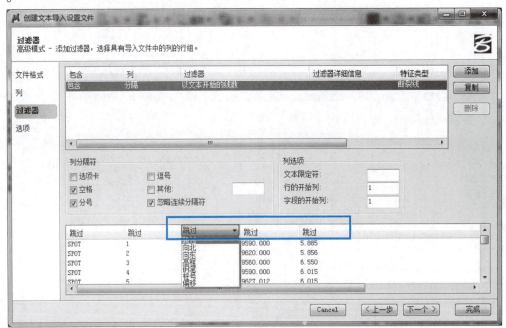

图 7.5-8　指定有效数据

如果需要设置地理坐标系，可点击"…"，在地理坐标系库中选择正确的坐标系，如图 7.5-9 所示。

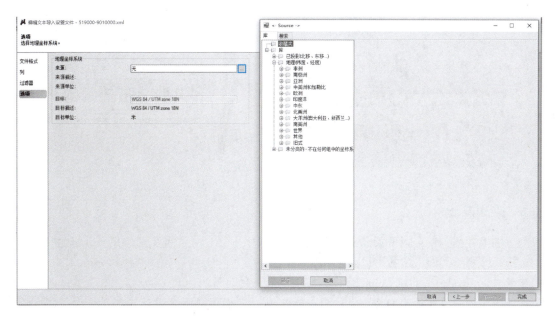

图 7.5-9 设置坐标系

设置完向导文件后，可将这些设置保存到一个.xml文件中，方便下次使用。点击"完成"，选择"导入"，成功创建出地形模型，如图 7.5-10 所示。

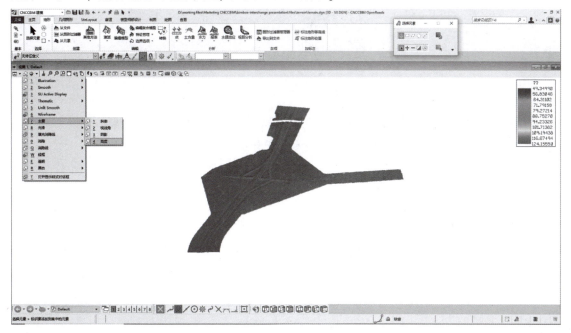

图 7.5-10 地形导入完成

按住〈shift〉键及鼠标滚轮，旋转视口以观察地模；可在显示样式列表中自由选择地模的显示样式。

通过观察地形模型，检查是否存在异常凸起或凹陷的点、三角网，利用编辑工具修改，如图 7.5-11、图 7.5-12 所示。

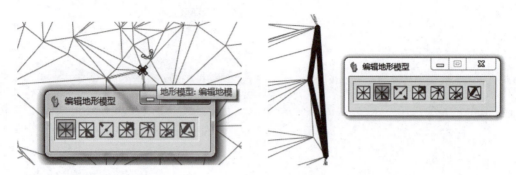

图 7.5-11　选择对象　　　　　　　　　　　图 7.5-12　编辑地形

7.5.2　路线设计

有了地模数据,就可以开始进行路线设计。在同一个工作空间及工作集下,新建 DGN 文件,选择二维种子文件,命名为"geometry.dgn"。

参考 OpenRoads ConceptStation 路线数据及结合在线地图。

在方案设计中,我们将 OpenRoads ConceptStation 中的路线概念设计导出了一个".alg"格式的数据文件,在 CNCCBIM OpenRoads 中可参考并沿用这个数据。

在"CNCCBIM 建模"工作流中"几何图形"选项卡中选择"导入几何",选择之前导出的".alg"文件,如图 7.5-13 所示。

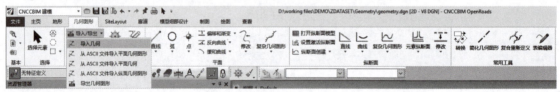

图 7.5-13　导入成果

选择需要导入的路线,并勾选"创建土木规则",如图 7.5-14、图 7.5-15 所示。

图 7.5-14　选择导入内容

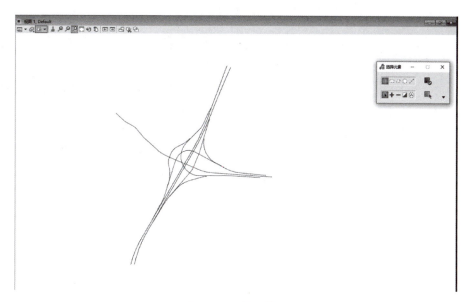

图 7.5-15 导入结果

因在 OpenRoads ConceptStation 中创建的路线信息既可以在深化过程中进行编辑,也可以把它当作参考,结合实景在线地图进行详细的路线设计。

利用参考工具将地形模型文件参考进来,如图 7.5-16、图 7.5-17 所示。

在"视图"窗口中打开"视图属性",在"背景图"中选择背景图的显示类型,就可以加载出在线地图,用作路线设计的参考依据,如图 7.5-18、图 7.5-19 所示。

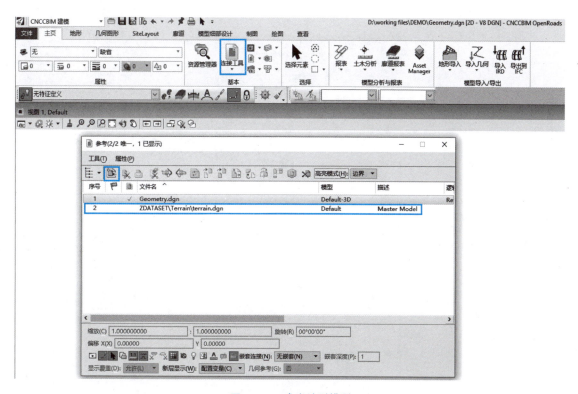

图 7.5-16 参考地形模型

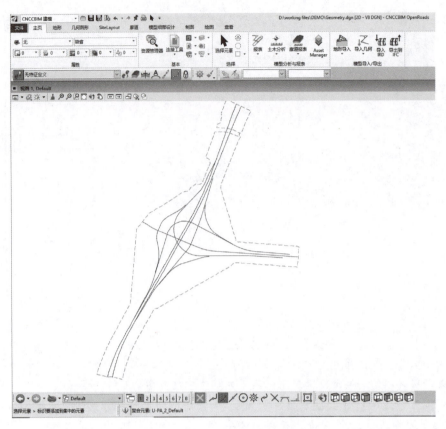

图 7.5-17 参考地形模型与导入成果对比

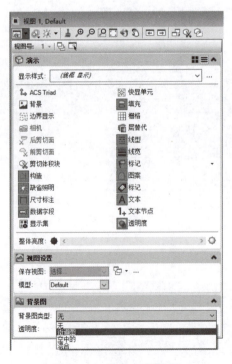

图 7.5-18 设置"背景图"

图 7.5-19 综合显示

1. 设计准备

(1) 设定习惯界面。在"几何图形"选项卡的"标准"下拉菜单中将"设计标准工具栏""特征定义工具栏"调出,并放置在面板中,如图 7.5-20、图 7.5-21 所示。

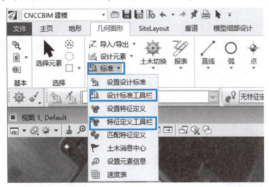

图 7.5-20 设定工作界面

图 7.5-21 常用工具显示

(2) 设置设计标准。CNCCBIM OpenRoads 中涵盖了多种道路设计规范,在设计路线之前,先根据设计需求配置好设计标准,可以在路线设计中利用规范检验设计是否满足相应规范要求。

选择"JTG D20-2017-China"路线设计规范,并点亮应用标准图标,激活设计规范,如图 7.5-22 所示。

（3）设置特征定义。特征定义在 CNCCBIM OpenRoads 设计建模中至关重要，它包含了建模过程中点、线的图层、材质、类别、显示样式等属性，所以在设计路线之前需要给路线设置特征定义。

选择"CC-MR"相关的路线特征，并点击激活按钮，如图7.5-23 所示。

图 7.5-22 激活设计规范

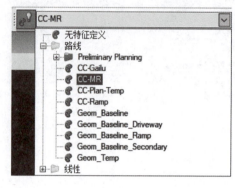

图 7.5-23 选择激活路线特征

（4）打开精确绘图开关。"土木精确绘图"工具是 CNCCBIM OpenRoads 对于线型绘制设计的定位工具集。在绘制路线之前应先打开精确绘图开关，保证绘图的准确性。

平面设计及纵断面设计的精确定位方式也有所不同，在进行绘制的时候可以根据需求选择合适的定位方式，如图7.5-24、图7.5-25 所示。

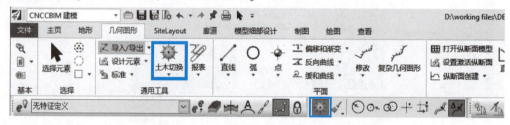

图 7.5-24 精确绘图——平面设计

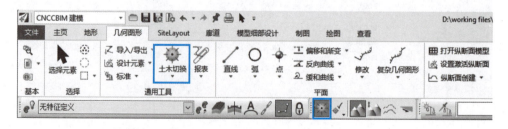

图 7.5-25 精确绘图——纵断面设计

2. 平面线设计

（1）主线设计。利用交点法创建（主线）路线，如图7.5-26 所示。

图 7.5-26　交点法创建路线

1）在"几何图形"选项卡的"复杂几何图形"下拉菜单中选择"交点法创建路线"。

2）根据在线地图及概念设计的路线绘制主线"Ncr-97",并根据规范监测器的提示,进行参数化修改,以满足规范要求,主线效果如图 7.5-27 所示。

图 7.5-27　主线效果

3）在"制图"选项卡中对主线"Ncr-97"进行标注,如图 7.5-28 所示。

图 7.5-28　标注主线线形

4)对于"N95 州际公路",由于路线是在 OpenRoads ConceptStation 中通过地理信息服务直接下载得到的,且此项目不涉及"N95"的改造,故可直接利用导入的线型创建路线。

利用"设置特征定义"命令,直接给"N95"赋予"CC-MR"的路线特征,如图 7.5-29 ~ 图 7.5-31 所示。

图 7.5-29　直接设置已有线路

图 7.5-30　设定特征

图 7.5-31　主线综合显示效果

(2)匝道设计。利用单元法进行参数化匝道线型设计,最后复合各元素,形成完整路线。

CNCCBIM OpenRoads 是一款强大的参数化设计软件,利用元素、线型之间的参数约束可以实现整个设计方案的自动关联,即做了某处修改后可实现整个方案的自动变更。下面我们通过几个例子来学习具体方法。

1)"Ramp C"参数化设计。首先,对于"Ncr-97",计划从整体式双车道改为分离式四车道,并设计两座匝道桥在四车道位置处汇流。对于"Ramp C"匝道桥,起始段从"N95"分流,终点在"Ncr-97"四车道位置汇流,故需将"Ramp C"的线型元素与两条主线关联起来。

a. 起点分流处。利用偏移工具将主线局部偏移一段距离,作为分流区域,如图 7.5-32 所示。

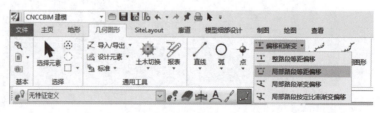

图 7.5-32　选择偏移工具

按提示设置好偏移距离，起终点位置，选择特征定义为"CC-Ramp"，得到与主线相关联的直线元素，利用已知线得到匝道线如图 7.5-33 所示。

图 7.5-33　利用已知线得到匝道线

b. 终点汇流处。终点位置也通过这种方式进行偏移，偏移成果如图 7.5-34 所示。

图 7.5-34　偏移成果

c. 其他直线段元素。根据 OpenRoads ConceptStation 导入路线的直线段的位置进行直线元素绘制，如图 7.5-35、图 7.5-36 所示。

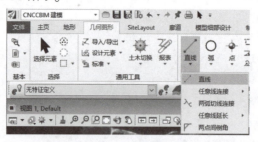

图 7.5-35　连接直线工具

图 7.5-36　连接后效果

d. 插入缓和曲线及圆弧。利用"插入缓-圆-缓曲线"命令，选择需要连接的两元素，并根据提示输入设计参数，插入"缓-圆-缓曲线"，如图 7.5-37～图 7.5-39 所示。

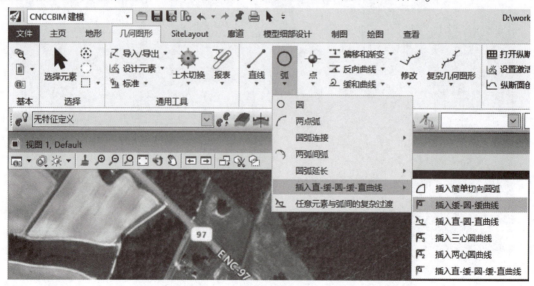

图 7.5-37　插入曲线

图 7.5-38　输入设计参数

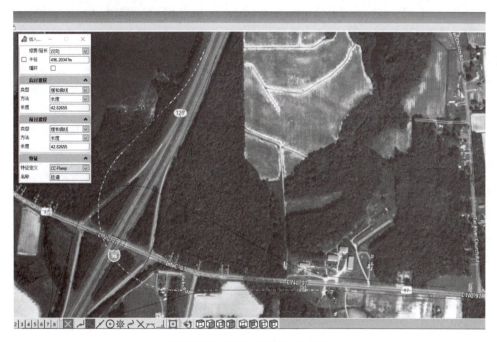

图 7.5-39　得到"中线"各元素

e. 路线复合。利用"按元素复合"的命令将各单元串联起来，操作的时候需注意路线的起始方向，如图 7.5-40、图 7.5-41 所示。

图 7.5-40　合成路线

图 7.5-41　完成整线设计

2)"Ramp A"参数化设计。

a. 起始段路线偏移。利用"局部路段渐变偏移"命令进行偏移,如图 7.5-42、图 7.5-43 所示。

b. 直线段设计。定义直线如图 7.5-44 所示。

c. 插入缓和曲线及圆弧,如图 7.5-45 所示。

图 7.5-42　选择偏移命令

图 7.5-43　设定偏移参数

图 7.5-44　定义直线

图 7.5-45 插入缓和曲线及圆弧

d. 终点路段缓和延长。由于终点位置需要考虑到与原有交叉口连接，故需采用曲线延长的方式绘制路线元素。

采用"圆+缓和曲线延长"命令，选择前一段直线元素，设置起始点、半径值及弧长，绘制出一条"缓圆曲线"，如图 7.5-46、图 7.5-47 所示。

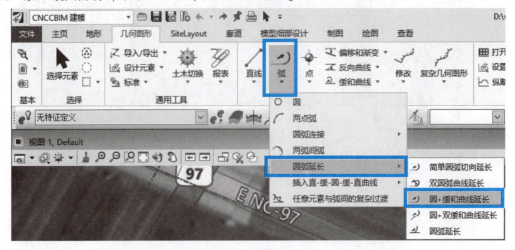

图 7.5-46 "圆+缓和曲线延长"命令

图 7.5-47 设定连接选项

e. 复合元素。利用复合工具将"Ramp A"匝道进行复合。

3)"Ramp A1"参数化设计。

由于"Ramp A1"是连接"Ramp A"与"Ramp C"的分流匝道,故需与两条匝道都产生关联,匝道位置如图 7.5-48 所示。

图 7.5-48 匝道位置

利用"插入直-缓-圆-缓-直曲线"工具，依次选择两条关联的匝道路线，设置前后直线、缓和曲线长度、圆弧半径等，如图7.5-49、图7.5-50所示。

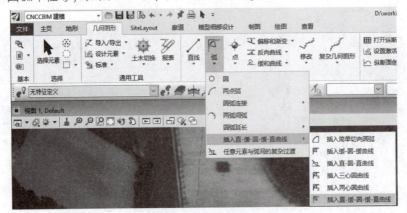

图7.5-49　选定功能

图7.5-50　设定参数

根据以上几种思路，可快速创建出各匝道的平面设计曲线，匝道创建完成如图7.5-51所示。

图7.5-51　匝道创建完成

3. 纵断面设计

开始纵断面设计之前，需要激活地形模型。纵断面设计的方法也有两种，交点法和元素法，下面通过几个案例来说明如何实际应用。

（1）主线纵断面设计。采用交点法绘制纵断面并通过"表格"批量修改纵断面参数。

1）打开精确绘图罗盘，选择根据桩号、高程值定位的方式，设定纵断面选项如图 7.5-52 所示。

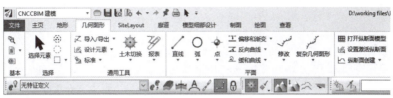

图 7.5-52　设定纵断面选项

2）打开"Ncr-97"主线的纵断面视图，如图 7.5-53 所示。

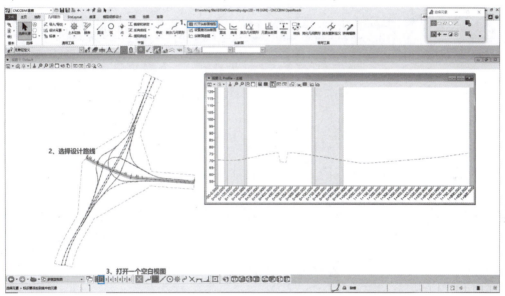

图 7.5-53　打开纵断面视图

3）利用"按 PI 的纵断面复合"工具在纵断面视图中绘制纵曲线，如图 7.5-54 所示。

图 7.5-54　选择创建功能

由于"Ncr-97"是一条已建道路，原始地形数据中包含了此路段的高程信息，故在绘制时应参照地面线高程，尽量拟合地面线，创建纵断面如图 7.5-55 所示。

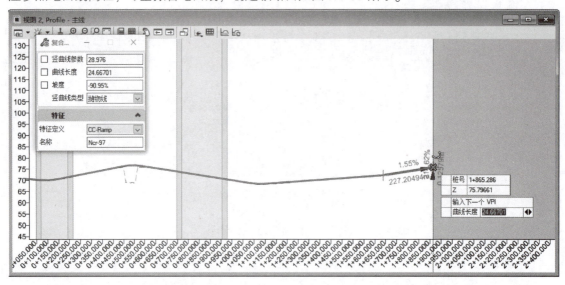

图 7.5-55 创建纵断面

4）利用"表编辑器"（纵断面表编辑器）批量修改纵曲线参数并应用，优化纵断面如图 7.5-56 所示。

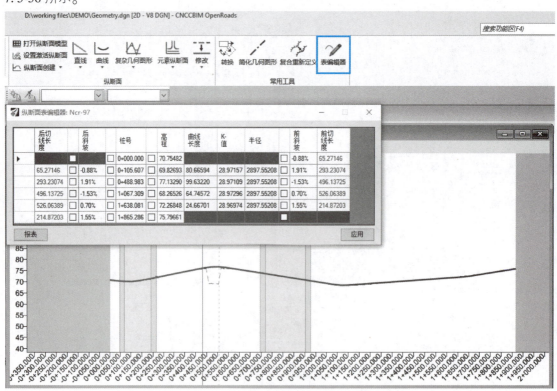

图 7.5-56 优化纵断面

5）激活纵断面曲线，在三维（3D）视口观察生成的三维路线，如图 7.5-57 所示。

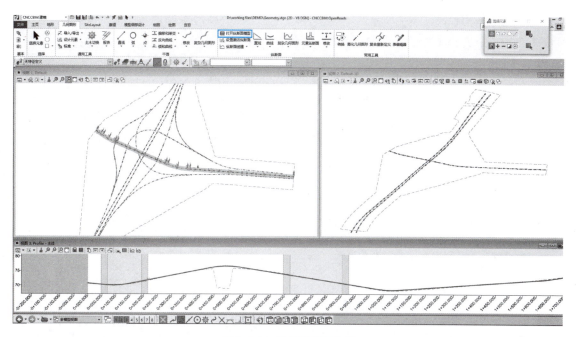

图 7.5-57 激活纵断面曲线

(2) 匝道纵断面设计。

1) "Ramp B" 匝道纵断面设计。

"Ramp B" 是一条与 "N95" 相连的一条匝道，从原有匝道的交叉口位置出发，最终汇流入 "N95"。

a. 打开 "Ramp B" 匝道的纵断面视图，如图 7.5-58 所示。

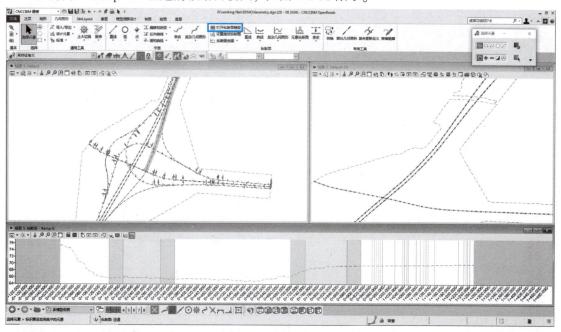

图 7.5-58 匝道纵断面视图

b. 由于终点路段与 "N95" 交汇，所以需参考 "N95" 的纵断曲线，保证两者能平稳衔接。

利用"局部纵断面投影至其它剖面"命令,将"N95"部分路段纵断面投影至"Ramp B"上,如图 7.5-59、图 7.5-60 所示。

c. 对于交叉口位置,也需考虑与"Ncr97"的交汇。利用"平面交叉点投影至其它剖面"命令,将两条路线交点高程投影到"Ramp B"纵断面上,如图 7.5-61 所示。

图 7.5-59　纵断面投影工具　　　图 7.5-60　纵断面投影预览　　　图 7.5-61　交叉点投影工具

d. 打开"Ramp B"纵断面视口,选择查询对象,观察地面纵断与投影元素如图 7.5-62、图 7.5-63 所示。

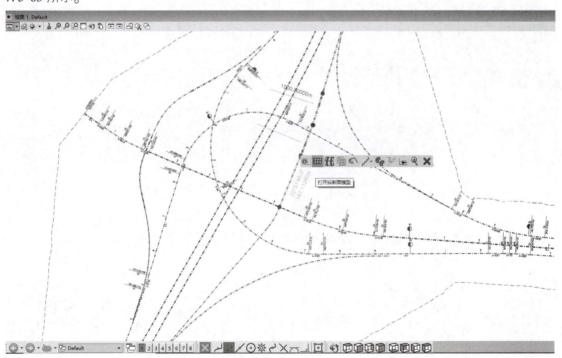

图 7.5-62　选择查询对象

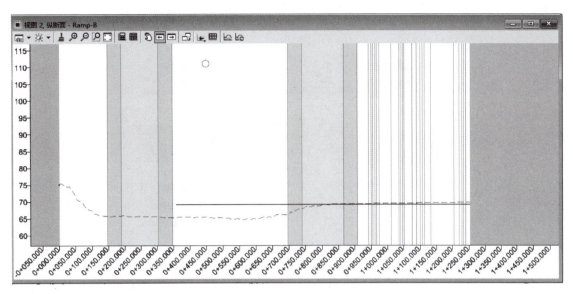

图 7.5-63　交叉点投影到纵断面

e. 利用"直线坡"命令在纵断面视口中绘制出满足要求的直线坡。注意在"拉坡"时应参考起点交叉位置与终点汇流位置的纵断数据，如图 7.5-64、图 7.5-65 所示。

图 7.5-64　"直线坡"命令

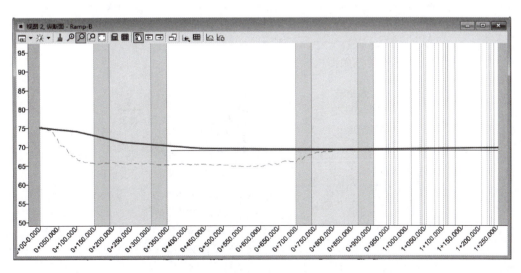

图 7.5-65　连接纵断面元素

f. 利用"插入圆形竖曲线"命令，在直线坡之间插入竖曲线，如图7.5-66、图7.5-67所示。

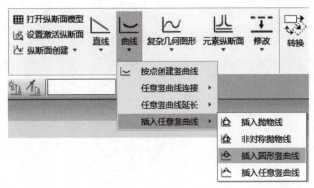

图7.5-66　插入竖曲线

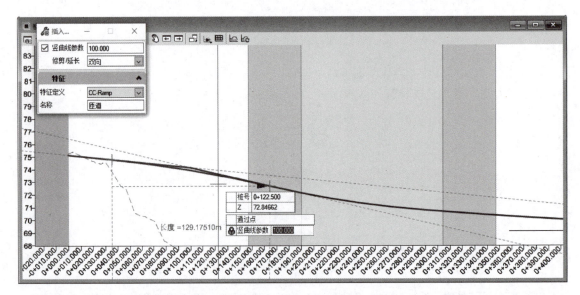

图7.5-67　定义竖曲线

g. 复合纵断面元素并激活，如图7.5-68、图7.5-69所示。

图7.5-68　复合纵断面

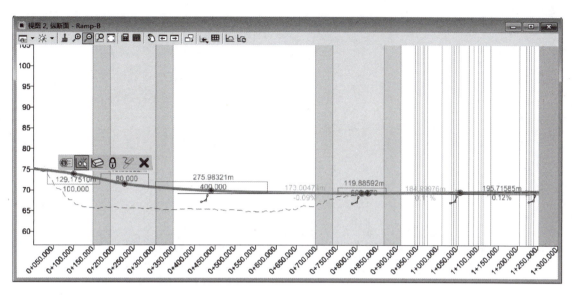

图 7.5-69 纵断面总览

2)"Ramp B1"匝道纵断面设计。

"Ramp B1"是将"I95"左线分流,与"Ramp B"合流并最终交汇至"N97",由于要横跨"I95"与"N97",故考虑设置一段匝道桥。

a. 打开纵断面视图。

b. 利用"平面交叉点投影到其它剖面"命令,将"I95"与"N97"交点投影过来。

c. 利用"局部纵断面投影至其它剖面"将起始段"I95"左线与汇流段"N97"的部分纵断面投影至"Ramp B1"。

d. 观察纵断面投影,确定桥位区间范围:"0+805.000~1+310.000",纵断面总览如图7.5-70 所示。

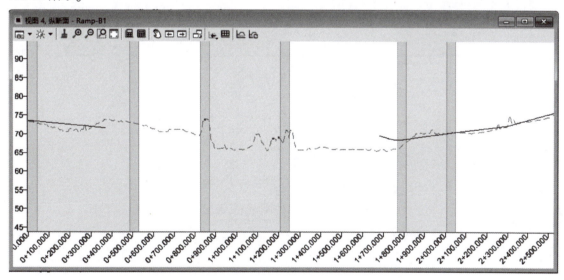

图 7.5-70 纵断面总览

e. 利用直线工具进行拉坡,注意桥位区域的纵断需满足净空要求,如图 7.5-71 所示。

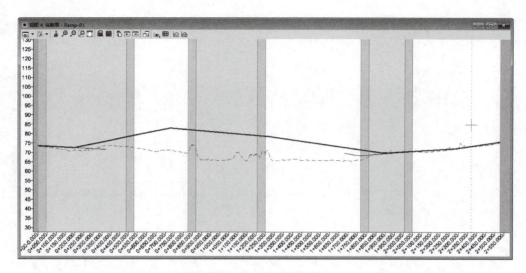

图 7.5-71 纵断面设计

f. 插入圆形竖曲线、复合纵断面曲线并激活，匝道纵断面，如图 7.5-72、图 7.5-73 所示。

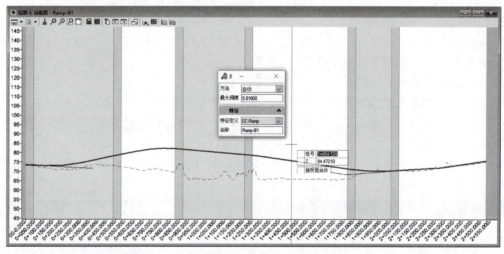

图 7.5-72 复合纵断面

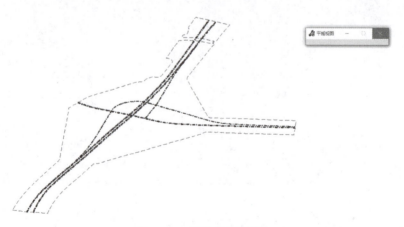

图 7.5-73 激活匝道纵断面

3)"Ramp B2"匝道纵断面设计。"Ramp B2"是将"I95"右线分流至"N97"的匝道,与"Ramp B"和"Ramp B1"相连,故其纵断面元素取决于这两条匝道的纵曲线要素。

a. 利用"局部纵断面投影至其它剖面"将"Ramp B"和"Ramp B1"投影至"Ramp B2"纵面视图中,如图 7.5-74、图 7.5-75 所示。

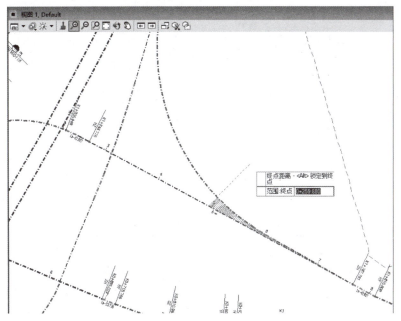

图 7.5-74　纵断面投影——"Ramp B"

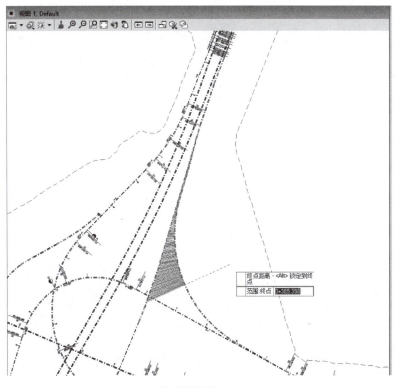

图 7.5-75　纵断面投影——"Ramp B1"

b. 打开纵断面视图，观察投影元素并初步确定纵断面单元的起、终桩号，以及坡度等，如图 7.5-76 所示。

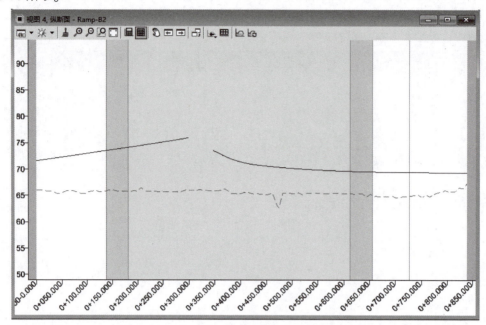

图 7.5-76　纵断面设计（一）

c. 利用直线、插入曲线工具绘制"Ramp B2"纵断面曲线，合并各单元并激活，如图 7.5-77 所示。

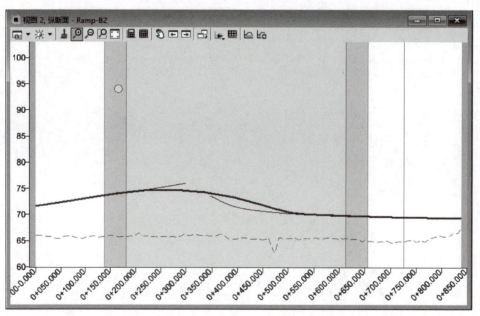

图 7.5-77　纵断面设计（二）

d. 在平面视口、三维视口、纵断面视口观察路线的设计效果，如图 7.5-78 所示。

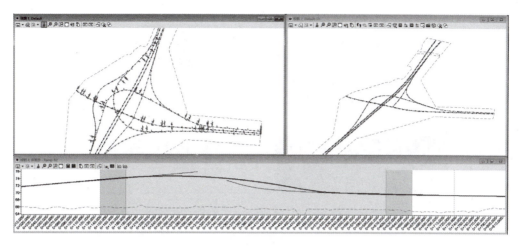

图 7.5-78 路线效果展示

根据这几种方法，可以依次对其余路线进行纵断设计。

7.5.3 廊道设计

路线设计完成后，可以进行廊道建模设计。对于不同道路，需创建不同的 DGN 文件，在同一个工作空间及工作集下，新建廊道 DGN 文件，选择二维种子，命名为对应道路的名称。

1. 道路宽度及车道布置设计

切换工作流为"CNCCBIM 制图"，利用边线设计工具对道路车道进行平面布置，如图 7.5-79、图 7.5-80 所示。

图 7.5-79 切换工作流

图 7.5-80 边线设计工具

利用"数据-创建-路基边线"工具，可以根据《公路路线设计规范》（JTG D20-2017）选择对应的道路类型、设计速度，并结合规范要求自定义车道标准横断面参数，定义起、终点桩号区间来绘制道路平面特征线，如图 7.5-81、图 7.5-82 所示。

图 7.5-81　选择对象

图 7.5-82　选择匝道设计参数

下面将结合案例阐述边线绘制工具的应用方法。

干线"Ncr-97"特征线设计

（1）新建"Ncr-97"廊道设计的 DGN 文件，选择二维种子文件，命名为"Ncr-97"。

（2）将路线文件"geometry.dgn"和地形文件"terrain.dgn"参考到当前文件。

（3）切换工作流至"CNCCBIM"制图，在"数据-创建-路基边线"中设置道路的功能、等级、设计速度、车道布置及宽度参数等，如图 7.5-83、图 7.5-84 所示。

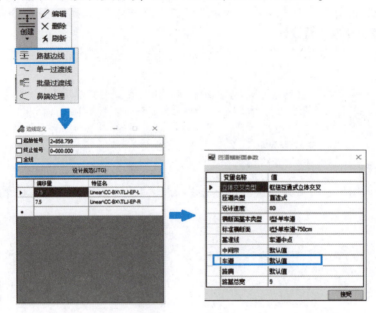
图 7.5-83　匝道边线设计流程

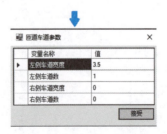
图 7.5-84　设置自定义值

(4)选取"Ncr-97"路线,设置桩号范围,绘制道路特征线,如图 7.5-85 所示。

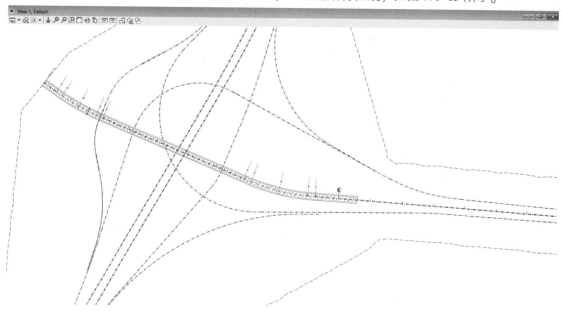

图 7.5-85　确定范围得到边线

(5)考虑到与两条匝道的汇流,确定汇流位置,并绘制匝道边线及分隔车道(控制线),如图 7.5-86 ~ 图 7.5-88 所示。

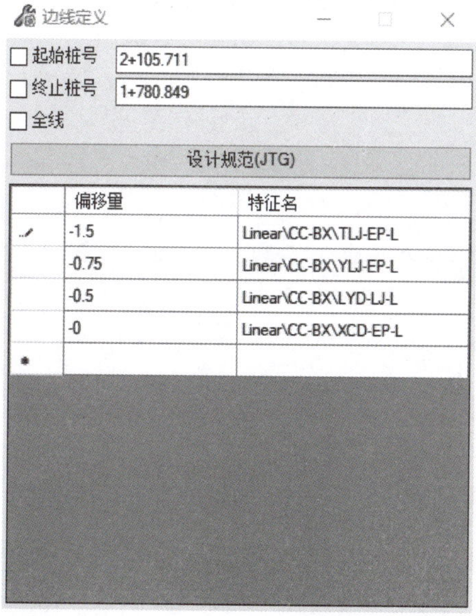

图 7.5-86　设定汇流位置 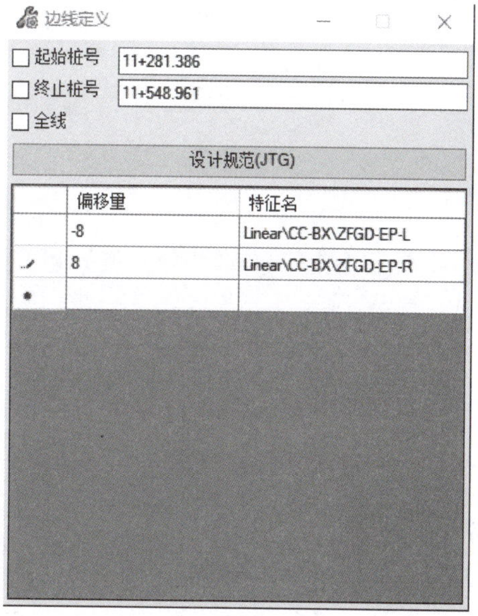　　　　　　　　图 7.5-87　定义边线

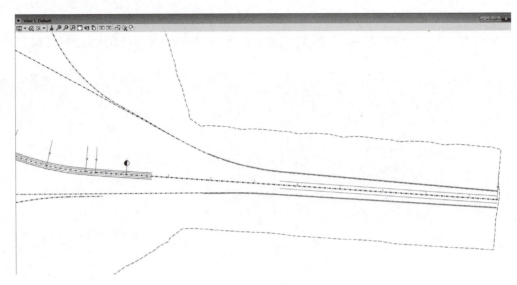

图 7.5-88 定义控制线

(6) 利用绘制特征线命令绘制汇流匝道边线,使用创建过渡线,设置合适的过渡形式,使主线从双车道向四车道缓和过渡,如图 7.5-89、图 7.5-90 所示。

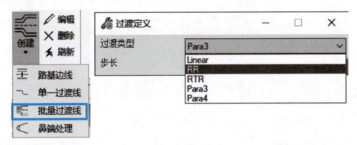

图 7.5-89 设置过渡形式

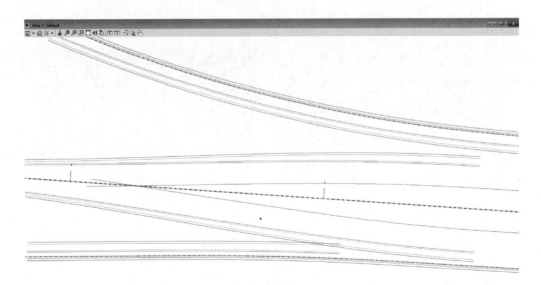

图 7.5-90 控制线设计

(7) 利用连接部工具绘制汇流鼻端特征线，如图7.5-91、图7.5-92所示。

图7.5-91　鼻端处理

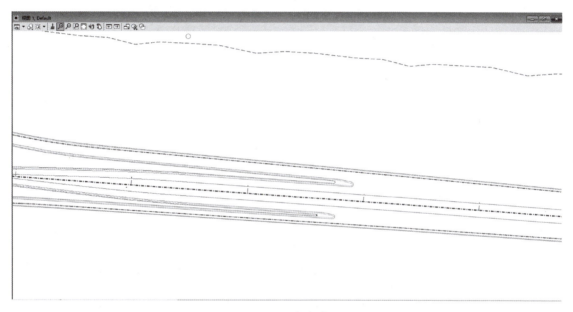

图7.5-92　鼻端效果

2. 匝道特征线设计

按照上述方法设计其余匝道边线及特征线。

3. 道路横断面模板设计

切换工作流为"CNCCBIM建模"，在廊道选项卡点击"模板"启动模板编辑器，根据设计需求创建横断面模板，如图7.5-93~图7.5-95所示。

图7.5-93　模板工具

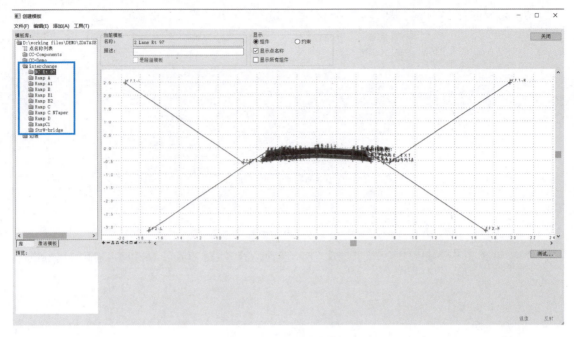

图 7.5-94 双幅整体模板

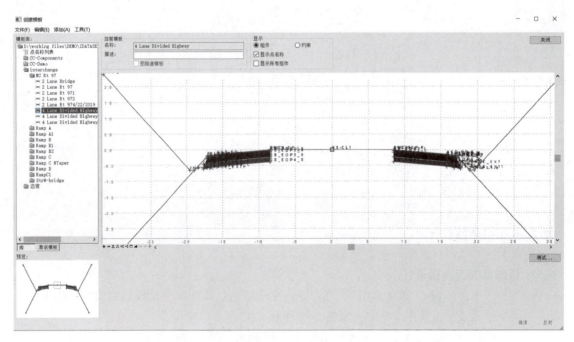

图 7.5-95 双幅分离式模板

注意需设置对应特征点属性中的平面特征约束,如图 7.5-96 所示。

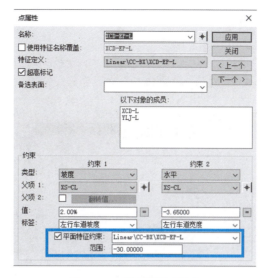

图 7.5-96　模板控制点特征

4. 道路廊道建模

在廊道选项卡点击"新建廊道",根据命令提示设置相关参数,创建各干线、匝道三维模型,如图 7.5-97 ~ 图 7.5-103 所示。

图 7.5-97　廊道创建

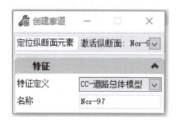

图 7.5-98　定义元素

图 7.5-99　创建三维路面模型

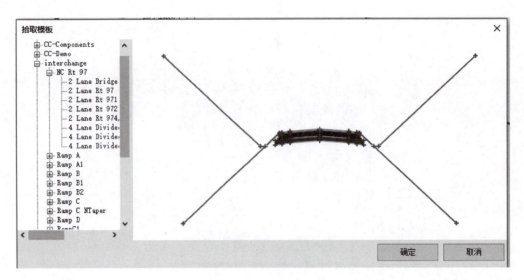

图 7.5-100　模板预览

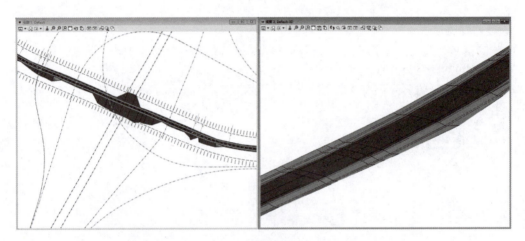

图 7.5-101　模型效果

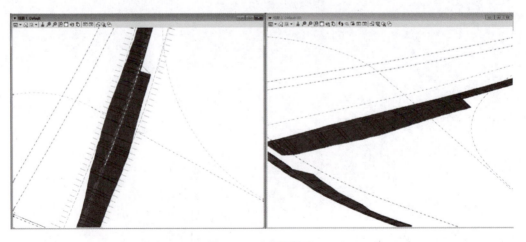

图 7.5-102　局部展示

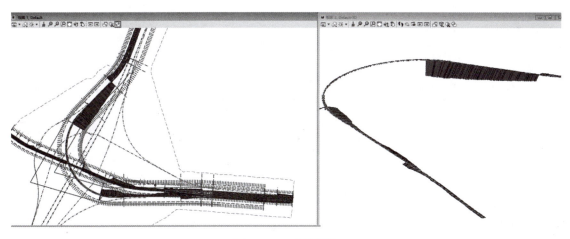

图 7.5-103 综合展示

5. 道路廊道编辑

（1）廊道参考——特征边线应用到廊道。在创建三维模型之前，我们通过特征边线工具绘制出了对应道路的特征线，尤其是对渐变曲线段、分流汇流段做了相应的平面设计。

廊道建模是将一个横断面通过三维放样形成三维实体的过程，整个模型具有一致性，所以对于特殊区段，我们应该做局部编辑，用以满足设计需求。

通过前文的学习我们了解了点控制和廊道参考，我们知道可以用具有特征定义的线性元素来控制横断面模板中点的位置变化，从而达到变宽、变坡等效果。所以，我们可以用这种方式使廊道模型与特征边线产生关联，从而实现模型的渐变、过渡。

每条特征边线都有其对应的特征定义，通过平面特征约束的方式，控制对应特征点跟着平面特征线变化，从而实现整条廊道（包括过渡段）的顺接过渡，如图 7.5-104 所示。

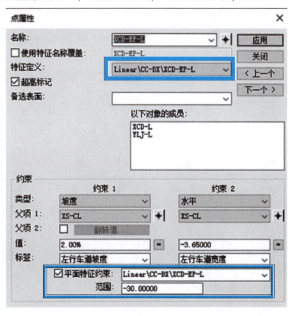

图 7.5-104 点属性特征定义

注意：横断面模板中对应的点的特征定义与平面特征约束线型的特征定义必须一致。

将所有点的属性及约束关系设置完成，生成廊道模型之后，即可进行廊道参考，如图7.5-105所示。

图 7.5-105　廊道参考

选择廊道、选择对应的特征边线，单击鼠标右键重置完成。变化区间模型如图 7.5-106 所示。

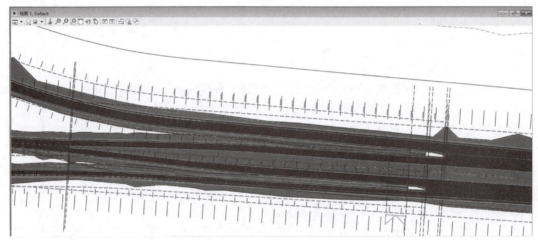

图 7.5-106　变化区间模型

（2）廊道多重目标——放坡层级的定义。在主线与匝道交汇段，经常会出现边坡重叠的情况，如图 7.5-107 所示。

图 7.5-107　廊道边坡重叠

这是由于主线及匝道的放坡目标均为激活地形模型而导致的，此时，需要给程序一个放坡次序的判定条件，即先放坡到固定对象（相交廊道），再放坡到激活地形模型。此时需要用到多重目标这个命令。"定义目标别名"如图 7.5-108 所示。

根据提示选择编辑的廊道对象，设置放坡的目标顺序并应用，如图 7.5-109、图 7.5-110 所示。

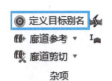

图 7.5-108　选择功能——定义目标别名

图 7.5-109　定义目标顺序

图 7.5-110　模型效果

（3）末端条件异常——边坡异常处理。

由于部分位置会遇到一些边坡不符合要求，如图 7.5-111 所示，我们需要进行局部编辑。

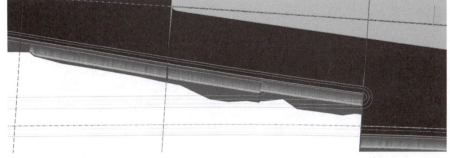

图 7.5-111　边坡处理

点击"编辑"下拉菜单,选择"创建末端条件异常"命令,根据命令提示设置需要编辑的桩号范围、修改的类型等,待系统响应完毕后查看廊道变化,如图7.5-112~图7.5-114所示。

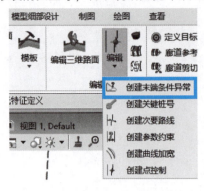

图 7.5-112　选择工具

图 7.5-113　设定类型

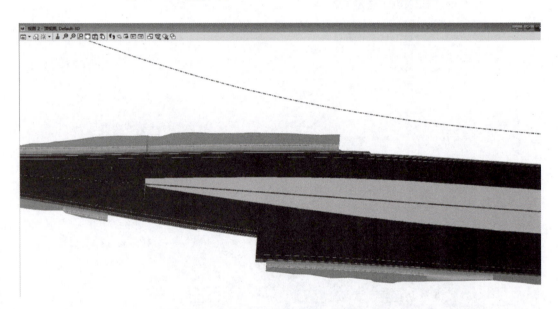

图 7.5-114　效果展示

7.5.4　细节设计

1. 挡土墙建模

对于一些细部结构,例如挡土墙,可以用"线模板"的方法创建模型。切换至"模型细部设计",线模板、面模板工具栏(细部工具)如图7.5-115所示。

图 7.5-115　细部工具

选择合适的模板，根据提示设置桩号范围、方向等，设置完成后查看挡土墙模型，如图7.5-116、图7.5-117所示。

图 7.5-116　线性模板应用

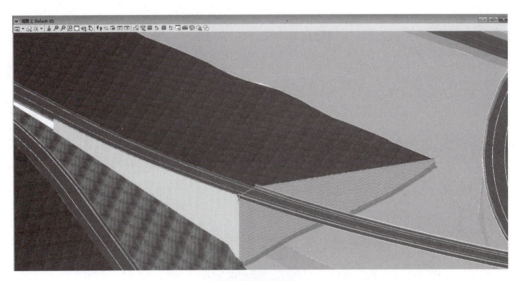

图 7.5-117　设置结果

2. 连接部建模

在应用连接部特征边线到廊道之后，还需对连接部进行细部建模，建模的方法是对元素、对象应用线性模板及表面模板，如图7.5-118所示。

（1）通过纵断面几何偏移，得到"小鼻端"三维曲线。选择路肩模板，应用线性模板，设置各项参数，确认后查看模型。

（2）通过平面、纵断面几何偏移，得到导流区边界轮廓。

（3）切换至"地形"，选择

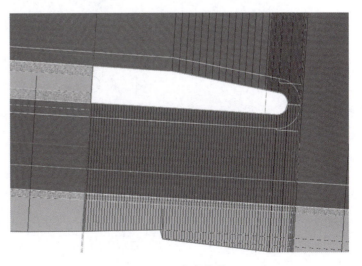

图 7.5-118　细部处理

"从元素（创建地形）"，如图7.5-119所示，选择边界轮廓，生成导流区表面模型。

图7.5-119　创建工具

（4）点击"应用表面模板"，选择合适的表面模板，设置对应参数，确认接受后观察模型，如图7.5-120、图7.5-121所示。

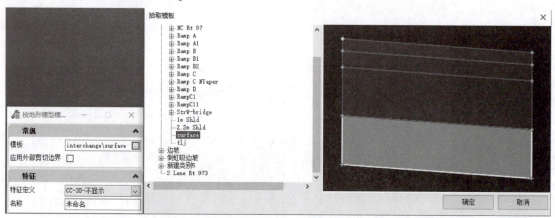

图7.5-120　模板选择

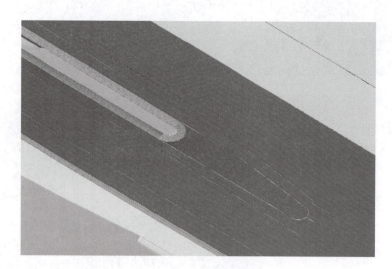

图7.5-121　模型效果

7.5.5　超高应用

创建完主体模型之后，需要计算并应用超高。新建二维文件"Superelevation"，创建并计算"超高"。在廊道选项卡中找到"超高"工具条（图7.5-122），依次按顺序进行超高区间、超高车道的创建,计算、编辑"超高",最终将"超高"结果应用到廊道并查看结果。

图 7.5-122 超高工具条

(1)创建超高区间。选择"创建超高区间"命令,根据选择特征定义、超高规范文件、设计速度、旋转方式等,进行超高区间的创建,如图 7.5-123、图 7.5-124 所示。

(2)创建超高车道。创建超高车道有两种方法:手动创建超高车道,根据廊道横断面模板创建超高车道。由于已经创建了廊道模型,可直接利用对应的横断面模板创建超高车道(注意:横断面模板中对应的点需要进行超高变化点的标记)。创建超高车道步骤及效果如图 7.5-125 ~ 图 7.5-127 所示。

图 7.5-123 超高区间   图 7.5-124 创建超高设置   图 7.5-125 创建超高车道(步骤一)   图 7.5-126 创建超高车道(步骤二)

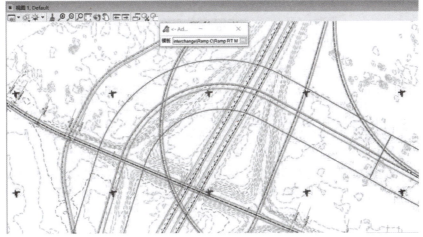

图 7.5-127 创建超高车道效果

(3)计算超高。点击"计算超高",根据提示选择需要计算的超高区间,选择超高规范文件(图 7.5-128),设置设计速度、旋转方式等,计算超高,并在超高编辑器中观察、修改计算结果,如图 7.5-129 所示。

图 7.5-128 选择超高规范文件

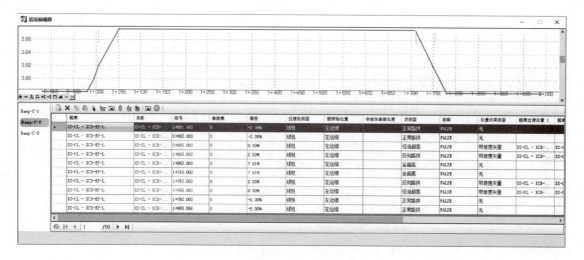

图 7.5-129　编辑超高模型

（4）将超高结果指定给廊道。计算完超高后，可将计算结果应用到指定廊道中，如图 7.5-130 所示。

图 7.5-130　应用超高

选择超高区间，选择对应廊道，应用计算结果，打开横断面视图可查看超高变化，如图 7.5-131、图 7.5-132 所示。

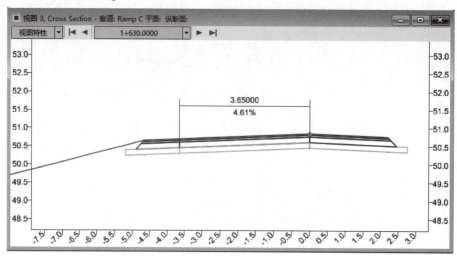

图 7.5-131　超高查询（一）

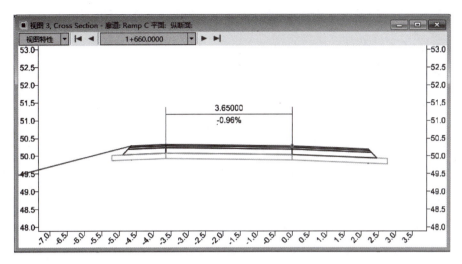

图 7.5-132　超高查询（二）

7.6　设计模型应用

得到最终设计模型之后，可以基于准确的设计结果进行出图、出表等应用。新建二维文件用于标注、出图及出表，切换工作流至"CNCCBIM 制图"。"标注"及"出图"工具栏如图 7.6-1 所示。

图 7.6-1　标注及出图工具

7.6.1　标注

1. 编辑桩号数据

需要编辑桩号数据时，可导入外部桩号信息，也可以利用程序通过间距离散生成桩号数据，如图 7.6-2、图 7.6-3 所示。

2. 标注路线、边线

利用标注工具组对路线进行桩号、行驶方向、名称等信息的标注。利用边线标注工具对路基特征边线进行标注，如图 7.6-4、图 7.6-5 所示。

图 7.6-2　桩号数据

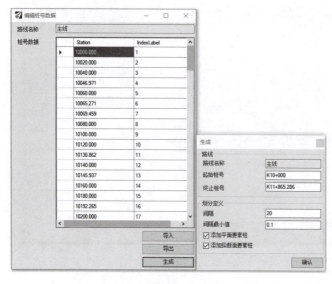

图 7.6-3 创建桩号数据　　　　图 7.6-4 路线标注工具

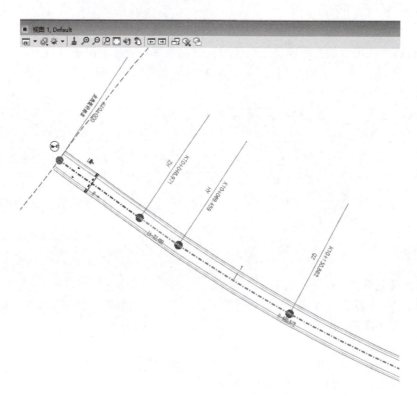

图 7.6-5 标注路线

7.6.2 出图

标注完成后，可进行出图相关操作。对于不同的成果图，建议新建对应的 DGN 文件作为存储对象，例如，出平面图需新建二维文件"Ncr-97 平面图"。

1. 出图设置

出图之前需进行出图设置，设置项目名称、标段，以出图和模板设置等，如图 7.6-6 所示。

图 7.6-6 出图设置

2. 一键出图

根据出图需求分别对设计结果进行平面图、纵断面图、横断面图等工程图纸的输出。注意出图前对相关图纸的比例、模板等进行设置，如图 7.6-7 ~ 图 7.6-13 所示。

图 7.6-7 图纸类型

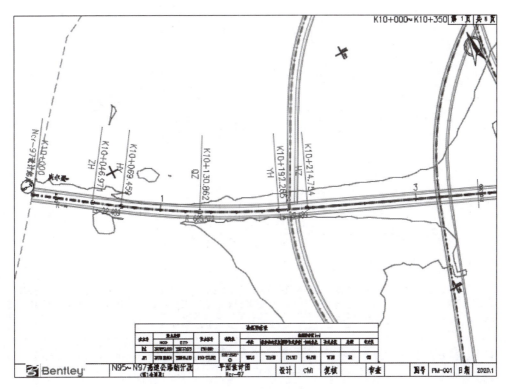

图 7.6-8 平面图

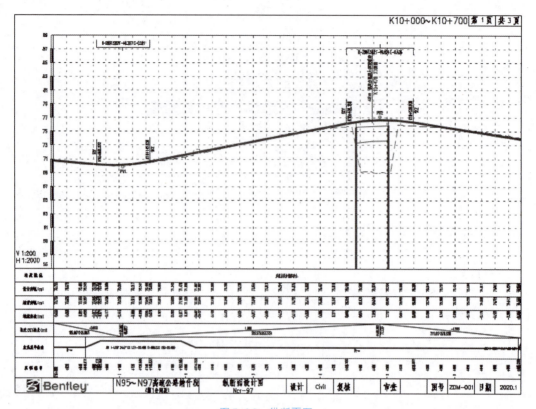

图 7.6-9　纵断面图

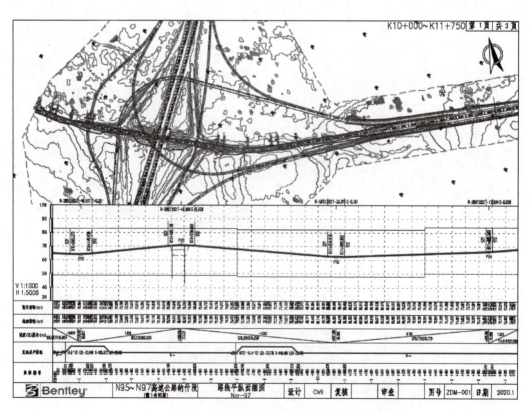

图 7.6-10　平纵缩图

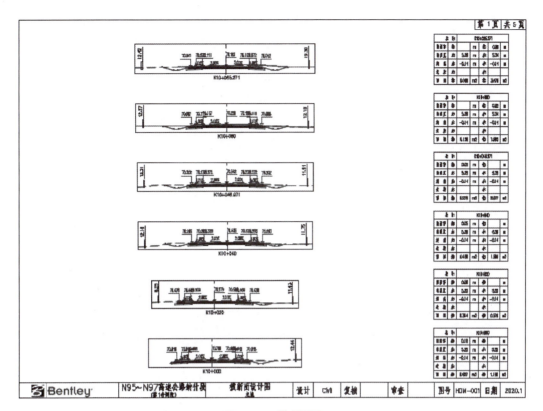

图 7.6-11　横断面图

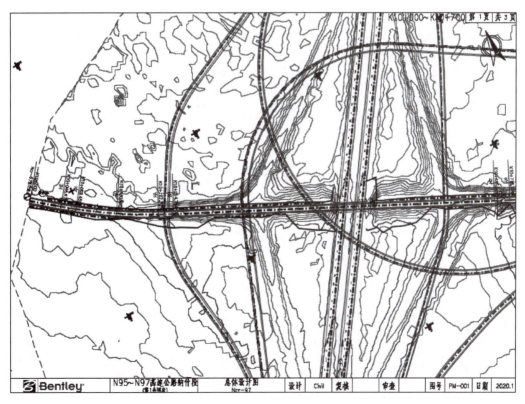

图 7.6-12　总体图

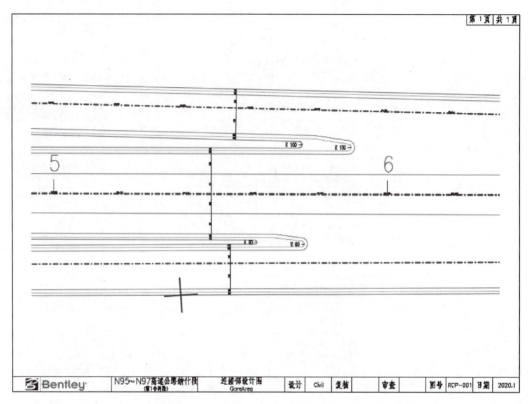

图 7.6-13 连接部图

出图完成后，程序自动生成图纸索引，如图 7.6-14 所示。可在资源管理器中按照类别管理图纸、图纸索引与图纸关联，方便查看及批量打印图纸，如图 7.6-15、图 7.6-16 所示。

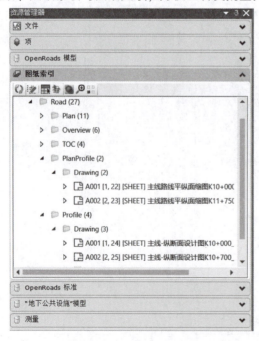

图 7.6-14 图纸索引

图 7.6-15 打印样式

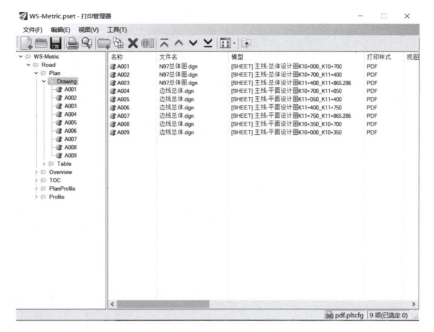

图 7.6-16　打印内容

具体出图成果见第 8 章项目附录。

7.6.3　报表

生成报表的方法非常简便快捷，切换至"报表"工具栏，如图 7.6-17 所示。

1. 出表设置

导出报表之前，可对表格的导出格式、表格模板等进行设置，如图 7.6-18 所示。

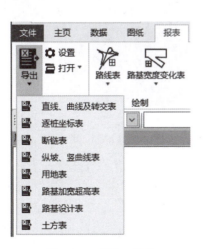

图 7.6-17　报表工具栏

图 7.6-18　报表设置

2. 导出报表

根据具体的需求选择对应导出报表的命令，根据提示设置对应参数，保存表格到相应路径后可查看报表内容，如图 7.6-19 ~ 图 7.6-21 所示。

直线、曲线及转角表

Ncr-97　　　　第1页/共1页

交点号	交点坐标 N(X)	交点坐标 E(Y)	交点桩号	转角值 °	曲线要素值(m) 半径	缓和曲线长度	缓和曲线参数	切线长度	曲线长度	外距	校正值	曲线主点桩号 第一缓和曲线起点	第一缓和曲线终点或圆曲线起点	圆曲线中点	第二缓和曲线起点或圆曲线终点	第二缓和曲线终点	直线长度及方向 直线段长(m)	交点间距(m)	计算方位角	备注
1	2	3	4	5	6	7	8	9	10	11	12	13	14	15	16	17	18	19	20	21
起点	3970213.03	230737.075	K10+000														46.97067	131.13837	124° 28′ 21.56″	
JD1	3970138.804	230845.185	K10+130.862	12° 8′ 33.96″ (Z)	685.5724	22.48859	124.1675	84.1677	167.7828	3.89805	0.5526	K10+046.971	K10+069.459	K10+130.862	K10+192.265	K10+214.754	480.275	681.28873	112° 19′ 47.60″	
JD2	3969879.956	231475.385	K10+810.969	18° 21′ 41.38″ (Z)	649.4962	23.73772	124.1675	116.846	231.8808	8.46467	1.8113	K10+695.029	K10+718.766	K10+810.969	K10+903.172	K10+926.909	938.377	1055.223	93° 58′ 6.23″	
终点	3969806.928	232528.078	K11+865.286																	

图 7.6-19　直曲表

逐　桩　坐　标　表

Ncr-97　　　　第4页/共4页

桩号	坐标 N(X)	坐标 E(Y)	桩号	坐标 N(X)	坐标 E(Y)	桩号	坐标 N(X)	坐标 E(Y)	桩号	坐标 N(X)	坐标 E(Y)
K11+455	3969835.3224	232118.7755	K11+580	3969826.6716	232243.4758	K11+705	3969818.0208	232368.1761	K11+830	3969809.3700	232492.8764
K11+460	3969834.9763	232123.7635	K11+585	3969826.3256	232248.4638	K11+710	3969817.6748	232373.1641	K11+835	3969809.0240	232497.8644
K11+465	3969834.6303	232128.7515	K11+590	3969825.9795	232253.4518	K11+715	3969817.3287	232378.1521	K11+840	3969808.6780	232502.8524
K11+470	3969834.2843	232133.7395	K11+595	3969825.6335	232258.4398	K11+720	3969816.9827	232383.1401	K11+845	3969808.3319	232507.8404
K11+475	3969833.9382	232138.7275	K11+600	3969825.2875	232263.4278	K11+725	3969816.6367	232388.1281	K11+850	3969807.9859	232512.8284
K11+480	3969833.5922	232143.7155	K11+605	3969824.9414	232268.4158	K11+730	3969816.2906	232393.1161	K11+855	3969807.6399	232517.8164
K11+485	3969833.2462	232148.7035	K11+610	3969824.5954	232273.4038	K11+735	3969815.9446	232398.1041	K11+860	3969807.2938	232522.8044
K11+490	3969832.9001	232153.6916	K11+615	3969824.2494	232278.3919	K11+740	3969815.5986	232403.0921	K11+865	3969806.9478	232527.7924
K11+495	3969832.5541	232158.6796	K11+620	3969823.9033	232283.3799	K11+745	3969815.2526	232408.0802	K11+865.286	3969806.9280	232528.0780
K11+500	3969832.2081	232163.6676	K11+625	3969823.5573	232288.3679	K11+750	3969814.9065	232413.0682			
K11+505	3969831.8620	232168.6556	K11+630	3969823.2113	232293.3559	K11+755	3969814.5605	232418.0562			
K11+510	3969831.5160	232173.6436	K11+635	3969822.8652	232298.3439	K11+760	3969814.2145	232423.0442			
K11+515	3969831.1700	232178.6316	K11+640	3969822.5192	232303.3319	K11+765	3969813.8684	232428.0322			
K11+520	3969830.8240	232183.6196	K11+645	3969822.1732	232308.3199	K11+770	3969813.5224	232433.0202			
K11+525	3969830.4779	232188.6076	K11+650	3969821.8271	232313.3079	K11+775	3969813.1764	232438.0082			
K11+530	3969830.1319	232193.5956	K11+655	3969821.4811	232318.2959	K11+780	3969812.8303	232442.9962			
K11+535	3969829.7859	232198.5837	K11+660	3969821.1351	232323.2840	K11+785	3969812.4843	232447.9843			
K11+540	3969829.4398	232203.5717	K11+665	3969820.7891	232328.2720	K11+790	3969812.1383	232452.9723			
K11+545	3969829.0938	232208.5597	K11+670	3969820.4430	232333.2600	K11+795	3969811.7922	232457.9603			
K11+550	3969828.7478	232213.5477	K11+675	3969820.0970	232338.2480	K11+800	3969811.4462	232462.9483			
K11+555	3969828.4017	232218.5357	K11+680	3969819.7510	232343.2360	K11+805	3969811.1002	232467.9363			

图 7.6-20　逐桩坐标表

纵坡、竖曲线表

Ncr-97　　　　第1页/共1页

序号	桩号	竖曲线 标高(m)	凸曲线半径R(m)	凹曲线半径R(m)	切线长T(m)	外距E(m)	起点桩号	终点桩号	纵坡(%) +	纵坡(%) -	变坡点间距(m)	直坡段长(m)	备注
1	K10+000	70.755								-0.88	105.607	65.274	
2	K10+105.607	70.108		-2897.552	40.337	0.281	K10+065.272	K10+145.938	1.91		383.375	293.284	
3	K10+488.983	76.705	2897.552		49.824	0.428	K10+439.168	K10+538.800		-1.53	578.326	496.196	
4	K11+067.309	68.446		-2897.552	32.375	0.181	K11+034.938	K11+099.683	0.70		570.772	526.077	
5	K11+638.081	72.295		-2897.552	12.334	0.026	K11+625.747	K11+650.414	1.55		227.205	214.898	
6	K11+865.286	75.797											

图 7.6-21　竖曲线表

第 8 章 项目附录

8.1 横断面模板点编辑规则

以下点均为在横断面模板定制时要求采用的点名称,表 8.1-1 仅介绍了三级边坡所有横断面左侧点的命名规则,横断面右侧及多级边坡以此类推。

表 8.1-1 三级边坡横断面所有左侧点命名规则

序号	点名称	含义	Override 名称
1	XS-CL	横断面中心点	无
2	XCD-SP-L	行车道左侧起点	无
3	XCD-EP-L	行车道左侧终点	无
4	YLJ-EP-L	硬路肩左侧终点	无
5	TLJ-EP-L	土路肩左侧终点	无
6	BG-GD-L	边沟沟底左侧中点	无
7	BG-EP-L	边沟左侧终点	无
8	WF1-L	一级挖方边坡左侧终点	无
9	WF-PT-1-L	一级挖方平台左侧终点	无
10	WF2-L	二级挖方边坡左侧终点	无
11	WF-PT-2-L	二级挖方平台左侧终点	无
12	WF3-L	三级挖方边坡左侧终点	无
13	TF1-L	一级填方边坡左侧终点	无
14	TF-PT-1-L	一级填方平台左侧终点	无
15	TF2-L	二级填方边坡左侧终点	无
16	TF-PT-2-L	二级填方平台左侧终点	无
17	TF3-L	三级填方边坡左侧终点	无
18	PSG-GD-L	一级排水沟沟底左侧中心点	PSG-GD-L
19	PSG-EP-L	一级排水沟左侧终点	PSG-EP-L
20	PSG-WF-L	一级排水沟挖方边坡左侧终点	PSG-WF-L
21	PSG-TF-L	一级排水沟填方边坡左侧终点	PSG-TF-L
22	PSG-GD-L1	二级排水沟沟底左侧中心点	PSG-GD-L
23	PSG-EP-L1	二级排水沟左侧终点	PSG-EP-L
24	PSG-WF1-L	二级排水沟挖方边坡左侧终点	PSG-WF-L
25	PSG-TF1-L	二级排水沟填方边坡左侧终点	PSG-TF-L
26	PSG-GD-L2	三级排水沟沟底左侧中心点	PSG-GD-L

(续)

序号	点名称	含义	Override 名称
27	PSG-EP-L2	三级排水沟左侧终点	PSG-EP-L
28	PSG-WF2-L	三级排水沟挖方边坡左侧终点	PSG-WF-L
29	PSG-TF2-L	三级排水沟填方边坡左侧终点	PSG-TF-L
30	BG-SP-L	边沟左侧起点	无
31	HPD-EP-L	护坡道左侧终点	无
32	HPD-SP-L	护坡道左侧起点	无
33	JSG-EP-L	截水沟左侧终点	无
34	JSG-GD-L	截水沟沟底左侧中点	无
35	JSG-SP-L	截水沟左侧起点	无
36	LHD-EP-L	绿化带左侧终点	无
37	LHD-SP-L	绿化带左侧起点	无
38	LJBY-L	路基边缘左侧	无
39	LYD-L	路缘带左侧	无
40	LYD-ZFGD-L	中央分隔带路缘带左侧	无
41	PSG-SP-L	一级排水沟左侧起点	PSG-SP-L
42	RENXD-EP-L	人行道左侧终点	无
43	RENXD-SP-L	人行道左侧起点	无
44	TF-PT-3-L	三级填方平台左侧终点	无
45	TF-PT-4-L	四级填方平台左侧终点	无
46	TF-PT-5-L	五级填方平台左侧终点	无
47	TF-PT-6-L	六级填方平台左侧终点	无
48	TF-PT-7-L	七级填方平台左侧终点	无
49	TF4-L	四级填方边坡左侧终点	无
50	TF5-L	五级填方边坡左侧终点	无
51	TF6-L	六级填方边坡左侧终点	无
52	TF7-L	七级填方边坡左侧终点	无
53	TF8-L	八级填方边坡左侧终点	无
54	TLJ-SP-L	土路肩左侧起点	无
55	WF-PT-3-L	三级挖方平台左侧终点	无
56	WF-PT-4-L	四级挖方平台左侧终点	无
57	WF-PT-5-L	五级挖方平台左侧终点	无
58	WF-PT-6-L	六级挖方平台左侧终点	无
59	WF-PT-7-L	七级挖方平台左侧终点	无
60	WF-PT-8-L	八级挖方平台左侧终点	无
61	WF-PT-9-L	九级挖方平台左侧终点	无
62	WF4-L	四级挖方边坡左侧终点	无
63	WF5-L	五级挖方边坡左侧终点	无

(续)

序号	点名称	含义	Override 名称
64	WF6-L	六级挖方边坡左侧终点	无
65	WF7-L	七级挖方边坡左侧终点	无
66	WF8-L	八级挖方边坡左侧终点	无
67	WF9-L	九级挖方边坡左侧终点	无
68	WF10-L	十级挖方边坡左侧终点	无
69	CD-NEI-1-L	内侧行车道1左侧终点	无
70	CD-NEI-2-L	内侧行车道2左侧终点	无
71	CD-NEI-3-L	内侧行车道3左侧终点	无
72	CD-NEI-4-L	内侧行车道4左侧终点	无
73	YDX-L	用地线左侧	无
74	YLJ-SP-L	硬路肩左侧起点	无
75	ZFGD-EP-L	中央分隔带左侧终点	无
76	ZIXINGDAO-EP-L	自行车道左侧终点	无
77	ZIXINGDAO-SP-L	自行车道左侧起点	无
78	PSG-SP-L1	二级排水沟左侧起点	PSG-SP-L
79	PSG-SP-L2	三级排水沟左侧起点	PSG-SP-L
80	PSG-SP-L3	四级排水沟左侧起点	PSG-SP-L
81	PSG-GD-L3	四级排水沟沟底左侧中心点	PSG-GD-L
82	PSG-EP-L3	四级排水沟左侧终点	PSG-EP-L
83	PSG-WF3-L	四级排水沟挖方边坡左侧终点	PSG-WF-L
84	PSG-TF3-L	四级排水沟填方边坡左侧终点	PSG-TF-L
85	PSG-SP-L4	五级排水沟左侧起点	PSG-SP-L
86	PSG-GD-L4	五级排水沟沟底左侧中心点	PSG-GD-L
87	PSG-EP-L4	五级排水沟左侧终点	PSG-EP-L
88	PSG-WF4-L	五级排水沟挖方边坡左侧终点	PSG-WF-L
89	PSG-TF4-L	五级排水沟填方边坡左侧终点	PSG-TF-L
90	PSG-SP-L5	六级排水沟左侧起点	PSG-SP-L
91	PSG-GD-L5	六级排水沟沟底左侧中心点	PSG-GD-L
92	PSG-EP-L5	六级排水沟左侧终点	PSG-EP-L
93	PSG-WF5-L	六级排水沟挖方边坡左侧终点	PSG-WF-L
94	PSG-TF5-L	六级排水沟填方边坡左侧终点	PSG-TF-L
95	PSG-SP-L6	七级排水沟左侧起点	PSG-SP-L
96	PSG-GD-L6	七级排水沟沟底左侧中心点	PSG-GD-L
97	PSG-EP-L6	七级排水沟左侧终点	PSG-EP-L
98	PSG-WF6-L	七级排水沟挖方边坡左侧终点	PSG-WF-L
99	PSG-TF6-L	七级排水沟填方边坡左侧终点	PSG-TF-L

(续)

序号	点名称	含义	Override 名称
100	PSG-SP-L7	八级排水沟左侧起点	PSG-SP-L
101	PSG-GD-L7	八级排水沟沟底左侧中心点	PSG-GD-L
102	PSG-EP-L7	八级排水沟左侧终点	PSG-EP-L
103	PSG-WF7-L	八级排水沟挖方边坡左侧终点	PSG-WF-L
104	PSG-TF7-L	八级排水沟填方边坡左侧终点	PSG-TF-L
105	PSG-SP-L8	九级排水沟左侧起点	PSG-SP-L
106	PSG-GD-L8	九级排水沟沟底左侧中心点	PSG-GD-L
107	PSG-EP-L8	九级排水沟左侧终点	PSG-EP-L
108	PSG-WF8-L	九级排水沟挖方边坡左侧终点	PSG-WF-L
109	PSG-TF8-L	九级排水沟填方边坡左侧终点	PSG-TF-L

8.2 横断面模板组件编辑规则

以下组件均为在横断面模板定制时要求采用的构件名称，表 8.2-1 仅介绍了三级边坡所有横断面左侧构件的命名规则，横断面右侧及多级边坡以此类推。

表 8.2-1 三级边坡所有横断面左侧构件的命名规则

序号	构件名称	含义	Override 名称
1	XCD-L	行车道左侧	无
2	YLJ-L	硬路肩左侧	无
3	TLJ-L	土路肩左侧	无
4	边沟 L	边沟左侧	无
5	挖方边坡 L	挖方边坡左侧	无
6	填方边坡 L	一级填方边坡左侧	填方边坡 L
7	填方边坡 L2	二级填方边坡左侧	填方边坡 L
8	填方边坡 L3	三级填方边坡左侧	填方边坡 L
9	排水沟 L	一级排水沟左侧	无
10	排水沟 L2	二级排水沟左侧	无
11	排水沟 L3	三级排水沟左侧	无
12	挖方边坡 PSG-L	一级排水沟挖方边坡左侧	挖方边坡 PSG-L
13	填方边坡 PSG-L	一级排水沟填方边坡左侧	填方边坡 PSG-L
14	挖方边坡 PSG1-L	二级排水沟挖方边坡左侧	挖方边坡 PSG-L
15	填方边坡 PSG1-L	二级排水沟填方边坡左侧	填方边坡 PSG-L
16	挖方边坡 PSG2-L	三级排水沟挖方边坡左侧	挖方边坡 PSG-L
17	填方边坡 PSG2-L	三级排水沟填方边坡左侧	填方边坡 PSG-L

8.3 项目图纸

项目图纸如图 8.3-1 ~ 图 8.3-22 所示。

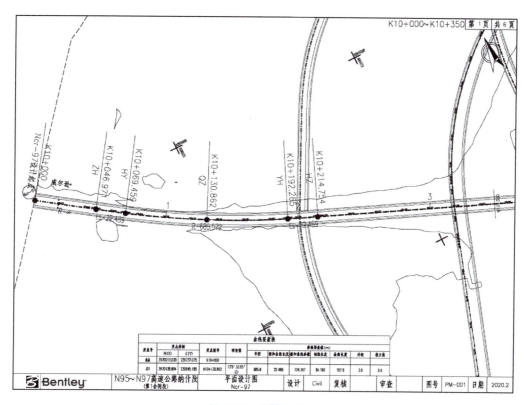

图 8.3-1　平面图（一）

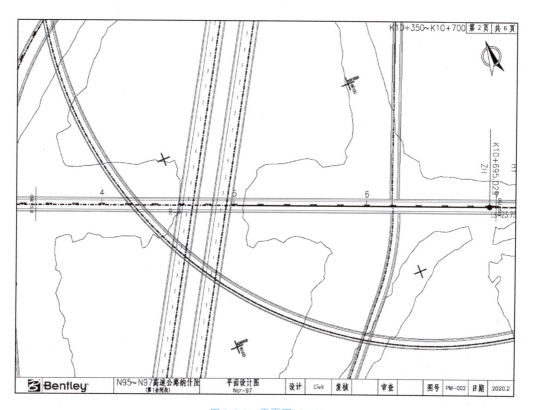

图 8.3-2　平面图（二）

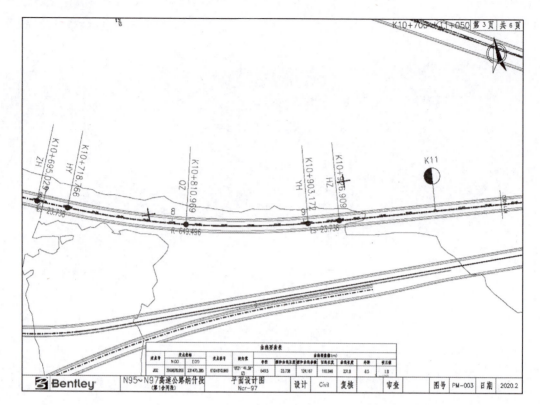

图 8.3-3 平面图（三）

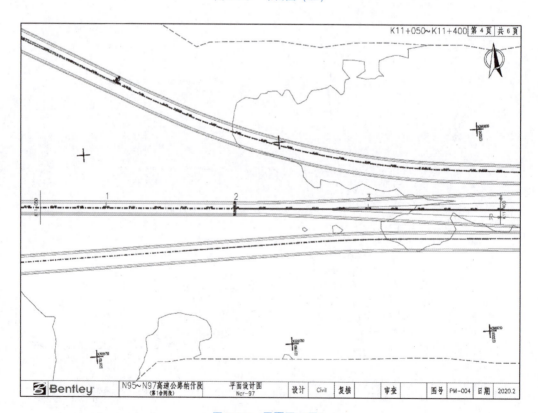

图 8.3-4 平面图（四）

第 1 页 共 1 页

直线、曲线及转角表

交点号	交点坐标		交点桩号	转角值	曲线要素值(m)							曲线主点桩号					直线长度及方向		
	N(X)	E(Y)			半径	缓和曲线长度	缓和曲线参数	切线长度	曲线长度	外距	校正值	第一缓和曲线起点	第一缓和曲线终点或圆曲线起点	圆曲线中点	第二缓和曲线起点或圆曲线终点	第二缓和曲线终点	直线段长(m)	交点间距(m)	计算方向角
1	2	3	4	5	6	7	8	9	10	11	12	13	14	15	16	17	18	19	20
起点	3970213.030	230737.075	K10+000														47.0	131.1	124°28'21.56"
J01	3970138.804	230845.185	K10+130.862	12°8'33.96" (Z)	685.5	22.489	124.167	84.168	157.8	3.9	0.6	K10+046.971	K10+069.459	K10+130.862	K10+192.265	K10+214.754	480.3	681.3	112°19'47.60"
J02	3969879.956	231475.385	K10+810.969	18°21'41.38" (Z)	649.5	23.738	124.167	116.846	231.9	8.5	1.8	K10+695.029	K10+718.766	K10+810.969	K10+903.172	K10+926.909	938.4	1065.2	93°58'6.23"
终点	3969806.928	232528.078	K11+865.286																

Bentley | N95~N97高速公路纳什段（第1合同段） | 平面设计图 Ncr-97 | 设计 Civil | 复核 | 审查 | 图号 PM-001 | 日期 2020.2

图 8.3-5　直曲表

第 1 页 共 1 页

逐桩坐标表

桩号	坐标		桩号	坐标		桩号	坐标		桩号	坐标	
	N(X)	E(Y)		N(X)	E(Y)		N(X)	E(Y)		N(X)	E(Y)
K10+000	3970213.030	230737.075	K10+480	3970006.048	231168.397	K10+960	3969869.579	231624.962	K11+540	3969829.440	232203.572
K10+020	3970201.710	230753.583	K10+500	3969998.449	231186.897	K10+980	3969868.195	231644.914	K11+560	3969828.056	232223.524
K10+040	3970190.369	230770.051	K10+520	3969990.850	231205.398	K11+000	3969866.811	231664.866	K11+580	3969826.672	232243.476
K10+046.971	3970186.444	230775.797	K10+540	3969983.252	231223.898	K11+020	3969865.427	231684.818	K11+600	3969825.287	232263.428
K10+060	3970179.089	230786.552	K10+560	3969975.653	231242.398	K11+040	3969864.043	231704.770	K11+620	3969823.903	232283.380
K10+069.459	3970173.817	230794.406	K10+580	3969968.054	231260.898	K11+060	3969862.659	231724.723	K11+640	3969822.519	232303.332
K10+080	3970168.062	230803.237	K10+600	3969960.455	231279.399	K11+080	3969861.275	231744.675	K11+660	3969821.135	232323.284
K10+100	3970157.518	230820.231	K10+620	3969952.857	231297.899	K11+100	3969859.891	231764.627	K11+680	3969819.751	232343.236
K10+120	3970147.475	230837.526	K10+640	3969945.258	231316.399	K11+120	3969858.506	231784.579	K11+700	3969818.367	232363.188
K10+130.862	3970142.233	230847.039	K10+660	3969937.659	231334.899	K11+140	3969857.122	231804.531	K11+720	3969816.983	232383.140
K10+140	3970137.940	230856.106	K10+680	3969930.060	231353.400	K11+160	3969855.738	231824.483	K11+740	3969815.599	232403.092
K10+160	3970128.972	230872.957	K10+695.029	3969924.350	231367.301	K11+180	3969854.354	231844.435	K11+760	3969814.214	232423.044
K10+180	3970120.429	230891.063	K10+700	3969922.463	231371.900	K11+200	3969852.970	231864.387	K11+780	3969812.830	232442.996
K10+192.265	3970115.483	230902.286	K10+718.766	3969915.466	231388.313	K11+220	3969851.586	231884.339	K11+800	3969811.446	232462.948
K10+200	3970112.463	230909.407	K10+720	3969915.019	231390.463	K11+240	3969850.202	231904.291	K11+820	3969810.062	232482.900
K10+214.754	3970106.825	230923.041	K10+740	3969908.083	231409.221	K11+260	3969848.818	231924.243	K11+840	3969808.678	232502.852
K10+220	3970104.832	230927.894	K10+760	3969901.728	231428.184	K11+280	3969847.433	231944.195	K11+860	3969807.294	232522.804
K10+240	3970097.233	230946.394	K10+780	3969895.960	231447.333	K11+300	3969846.049	231964.147	K11+865.286	3969806.928	232528.078
K10+260	3970089.635	230964.895	K10+800	3969890.784	231466.651	K11+320	3969844.665	231984.099			
K10+280	3970082.036	230983.395	K10+810.969	3969888.199	231477.311	K11+340	3969843.281	232004.051			
K10+300	3970074.437	231001.895	K10+820	3969886.205	231486.119	K11+360	3969841.897	232024.003			
K10+320	3970066.838	231020.395	K10+840	3969882.228	231505.718	K11+380	3969840.513	232043.955			
K10+340	3970059.239	231038.896	K10+860	3969878.857	231525.432	K11+400	3969839.129	232063.907			
K10+360	3970051.641	231057.396	K10+880	3969876.094	231545.239	K11+420	3969837.745	232083.859			
K10+380	3970044.042	231075.896	K10+900	3969873.941	231565.122	K11+440	3969836.360	232103.811			
K10+400	3970036.443	231094.396	K10+903.172	3969873.657	231568.281	K11+460	3969834.976	232123.763			
K10+420	3970028.844	231112.897	K10+920	3969872.351	231585.058	K11+480	3969833.592	232143.716			
K10+440	3970021.246	231131.397	K10+926.909	3969871.870	231591.951	K11+500	3969832.208	232163.668			
K10+460	3970013.847	231149.897	K10+940	3969870.964	231605.010	K11+520	3969830.824	232183.620			

Bentley | N95~N97高速公路纳什段（第1合同段） | 平面设计图 Ncr-97 | 设计 Civil | 复核 | 审查 | 图号 PM-001 | 日期 2020.2

图 8.3-6　逐桩坐标表

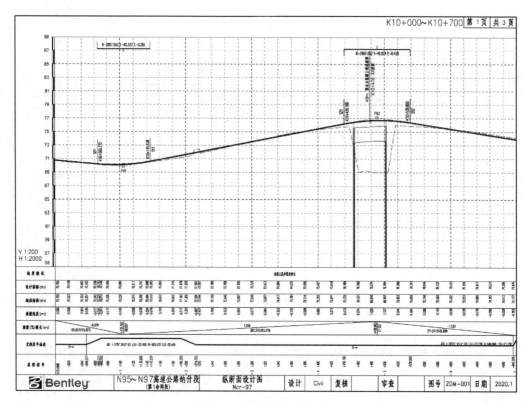

图 8.3-7 纵断面图（一）

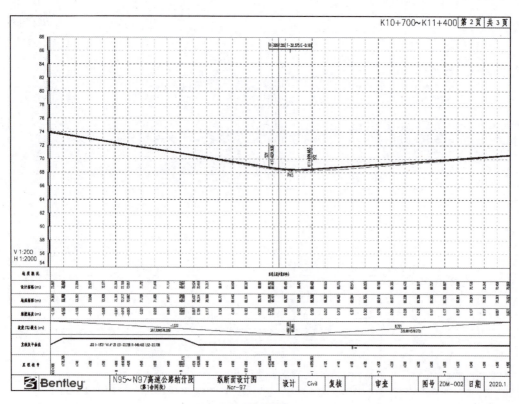

图 8.3-8 纵断面图（二）

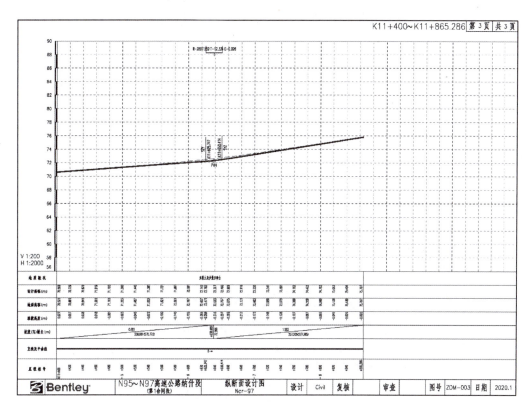

图 8.3-9　纵断面图（三）

图 8.3-10　竖曲线表

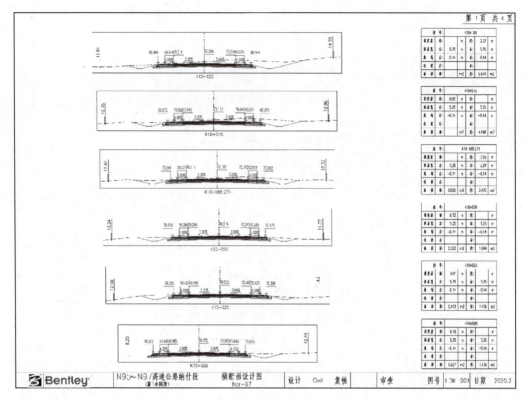

图 8.3-11 横断面图（一）

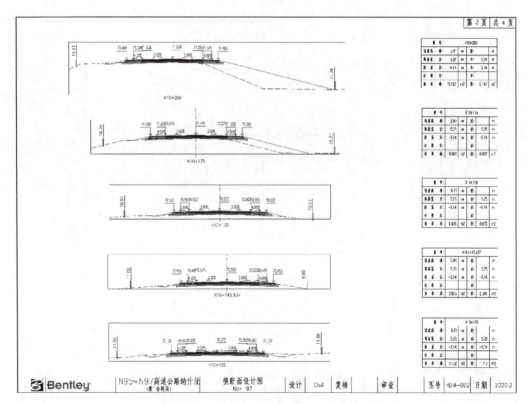

图 8.3-12 横断面图（二）

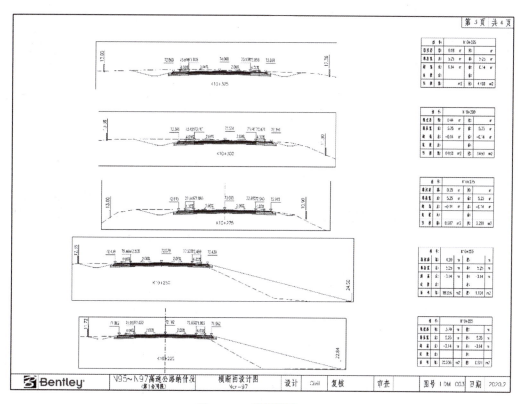

图 8.3-13 横断面图（三）

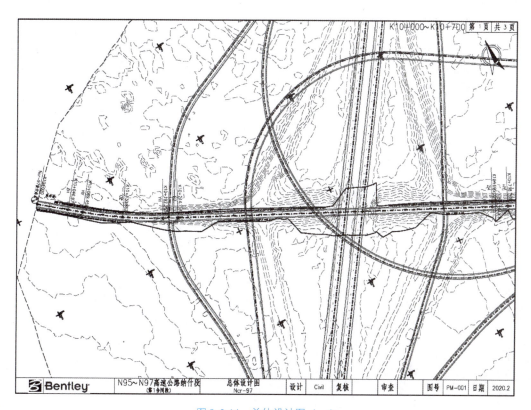

图 8.3-14 总体设计图（一）

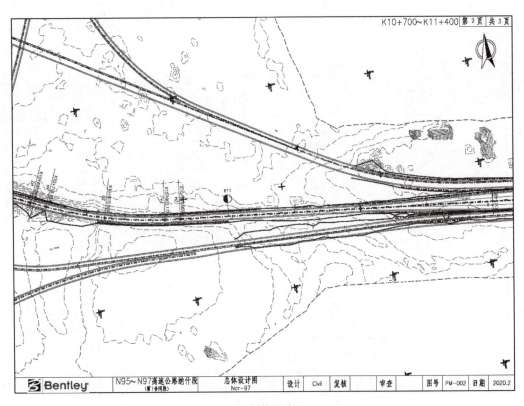

图 8.3-15　总体设计图（二）

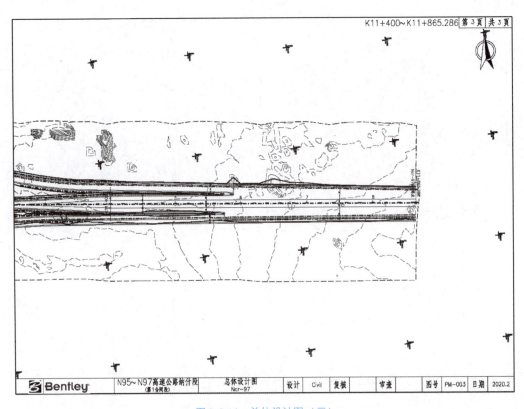

图 8.3-16　总体设计图（三）

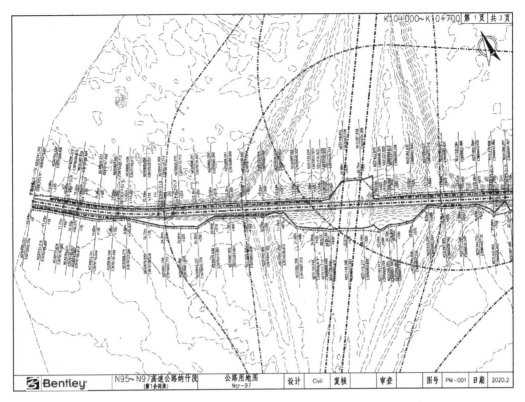

图 8.3-17　公路用地图（一）

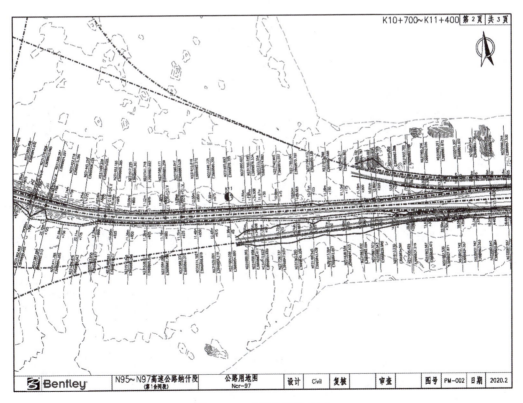

图 8.3-18　公路用地图（二）

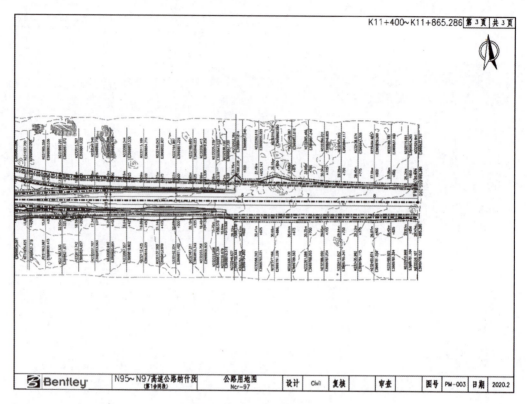

图 8.3-19 公路用地图（三）

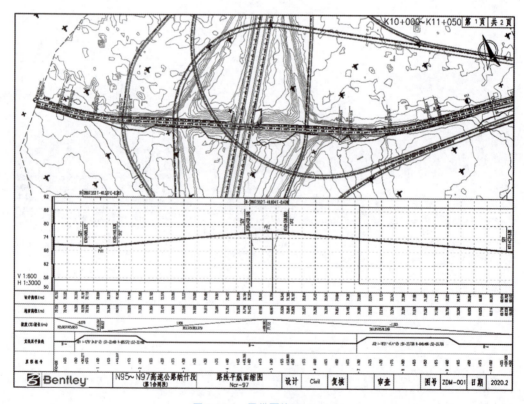

图 8.3-20 平纵面缩图（一）

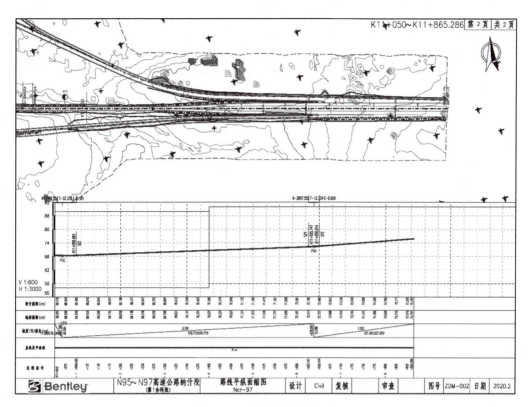

图 8.3-21　平纵面缩图（二）

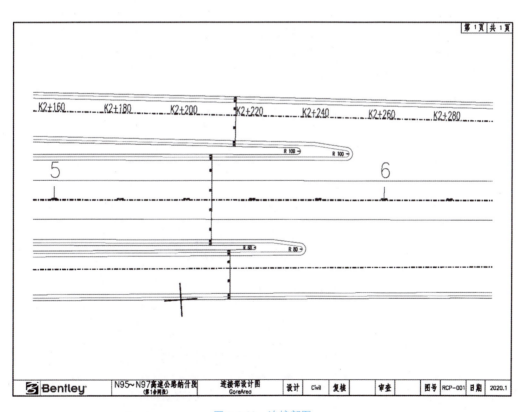

图 8.3-22　连接部图

第 9 章 常见问题解析

9.1 安装 MicroStation 时关于.NET Framework 报错是怎么回事？

对于 Windows 10 的操作系统，安装 MicroStation V8i 版本（简称 V8i 版本）和 MicroStation CONNET 版本（简称 CONNET 版本）时，经常会有.NET Framework 相关的报错。

这个问题的解决方法如下：

首先，MicroStation 的内核需要调用 Visual Studio，因此不同的 MicroStation 版本需要使用同时代的.NET Framwork 版本。简单来说，MicroStation V8i 版本需要安装.NET Framework 3.5 版本，因为.NET Framwork 3.5 版本包含了.NET Framework 2.0 版本和.NET Framework 3.0 版本。因此，一般来说，安装了.NET Framework 3.5 版本就可以正常安装 V8i 版本或更老的版本。CONNECT版本至少需要安装.NET Framework 4.6.1 版本，建议直接下载安装.NET Framework 4.6.2 版本。

其次，需要说明的是.NET Framework 3.x 版本和.NET Framework 4.x 版本是独立的版本，如果需要同时安装 V8i 版本和 CONNECT 版本，就需要同时安装好.NET Framework 3.x 版本和.NET Framework 4.x 版本，如图 9.1-1 所示，通过控制面板打开 Windows Features 菜单，可以看到.NET Framework 3.5 版本是没有安装的，这种情况下无法正常安装 V8i 版本，需要勾选.NET Framework 3.5 版本点击确定进行安装。另外，Windows Update 需要是开启的状态，否则.NET Framework 3.5 的安装可能会失败。

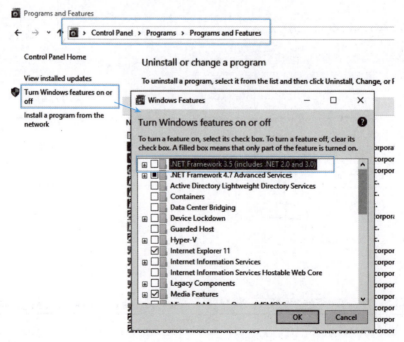

图 9.1-1 组件安装

9.2 软件使用离线许可证的方式激活后，为什么打开速度非常慢？

软件使用离线许可证的方式激活后，打开速度很慢，造成这个问题的原因主要是当前使用的不是最新的 CONNECTION Client，卸载后安装最新版本即可。

9.3 为什么无法使用激活码激活使用软件？

需要注意 CNCCBIM OpenRoads 中文版从 Update 5 版本开始使用 CONNECT Licensing 许可授权，需要通过邮箱账号的方式获得许可授权。

9.4 V8i 版本的 DGN 文件如何升级到 CONNECT 版本？

CONNECT 版本的 CNCCBIM OpenRoads 并不能自动升级 V8i 版本的 DGN 文件，可以通过修改 .cfg 文件中的土木控制变量实现。具体操作步骤如下：

（1）找到如图 9.4-1 所示路径中的"_Civil Default Standards-Metric.cfg"文件并打开。

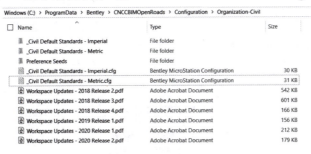

图 9.4-1　配置文件

（2）找到控制变量"CIVIL_UPGRADE_PROMPT_OFF"并将前面的"#"号删除，如图 9.4-2 所示，保存后重新打开，就能自动升级低版本模型文件，注意系统并不会提示是否要升级。

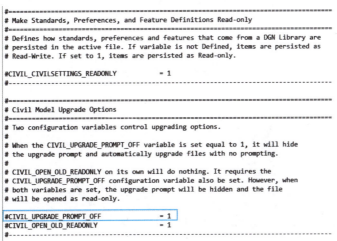

图 9.4-2　修改变量值

9.5 为什么软件无法正常启动？

建议以下操作：

（1）关闭软件系统后清空这个文件夹下的文件："C：\ Users \ %username% \ AppData \ Local \ Bentley \ CNCCBIM OpenRoads"，如果无法删除则重启电脑，在不启动软件系统的情况下先删除这个文件夹。因为这些文件里面记录了用户使用软件过程中的某些操作习惯，包括某些引起软件崩溃的操作。重启软件时会加载这些文件，导致同样的错误再次出现。需要注意的是即使重新安装软件，这些文件也不会被自动清除，必须手动删除。

（2）新建 DGN 文件。

9.6 启动软件时 CONNECT Advisor 很慢，怎么办？

打开用户设置，把默认的"启动时启动 CONNECT Advisor"勾选掉，就不会每次启动都加载了，如图 9.6-1 所示。

图 9.6-1　CONNECT Advisor 用户设置

9.7 更改系统语言环境后出图，为什么汉字显示异常？

需要检查 Windows 系统语言设置：系统语言设置为中文，同时不勾选"使用 Unicode UTF-8 提供全球语言支持"，如图 9.7-1 所示。

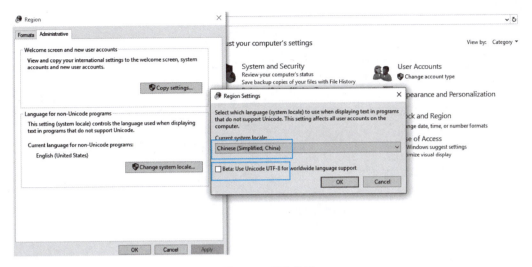

图 9.7-1　语言设置

9.8　打开 CNCCBIM OpenRoads 后菜单栏都是小方框是怎么回事？

这种情况常常发生在操作系统为 Windows 7 的计算机上。错误界面如图 9.8-1 所示。

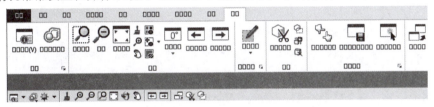

图 9.8-1　错误界面

经过深入分析发现是 Windows .NET 框架（Framework）的问题。以软件对应的 .NET Framework 版本为 4.6.2 为例（具体对应的版本需要自己确认）。解决问题的步骤如下：

（1）卸载现有的英文版 .NET Framework 4.6.2；

（2）从微软官方网站下载如图 9.8-2 所示的两个 .NET Framework 4.6.2 安装包和中文语言包并安装。

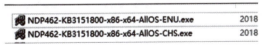

图 9.8-2　.NET 安装包

该现象不只在 Bentley 软件出现，其他公司的软件也可能会遇到。

还有一种可能是 Windows 中文字体不全导致的。请找一台能正常显示的计算机，将其上的 Windows 下的 TTF 文件都复制到这台不正常的计算机上即可。

9.9　为什么 CNCCBIM OpenRoads 出图时汉字显示是问号？

出现这个问题很可能是使用了英文的系统语言，请将系统语言调整为中文，系统语言设置如图 9.9-1 所示。

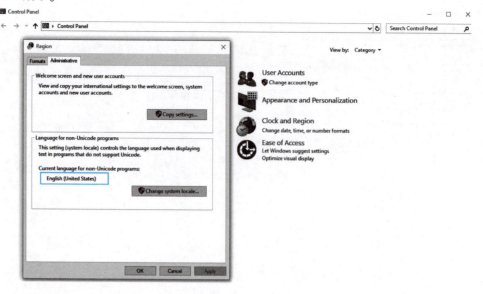

图 9.9-1　系统语言设置

9.10　如何在 CONNECT 版本上使用低版本的土木单元库文件？

想使用 PowerCivil SS3 做好的土木单元，把库文件放到对应位置后，发现 CONNECT 版本读取不了这些文件，打开也只是只读模式，下面介绍把这些 .dgnlib 文件升级到 CONNECT 版本的方法：

（1）如果原文件是 SS3 版本的，需要先用 SS4 版本打开并保存。

（2）搜索配置变量名"_CIF_ALLOW_EXTENDED_UPGRADES"，如果没有请新建一个，并赋值为"1"。

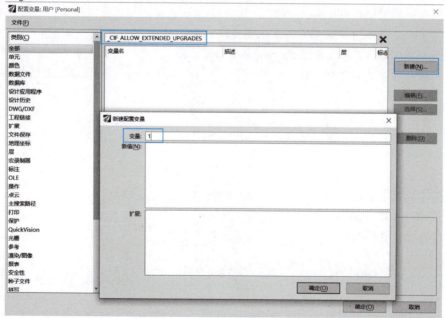

图 9.10-1　新建变量

(3) 打开.dgnlib 文件，提示是否升级时点击"是"，然后关闭文件。

9.11 参考 DWG 文件的时候，为什么从图形中量取的长度不正确？

这个问题跟 DGN 文件以及 DWG 文件的单位设置有关。如果 DGN 文件和 DWG 文件的单位一致，例如都是米，那么"参考"的时候，DWG/DXF 单位直接选择"米"，如图 9.11-1 所示，主文件与参考文件比例也选择 1∶1 就可以，如图 9.11-2 所示。如果不一致，直接参考就会出现问题所描述的情况，这个时候有两种解决方法：

(1) 参考的时候，"DWG/DXF 单位"选择 DWG 文件绘图时使用的单位，再设置合理的主文件与参考文件比例即可。

(2) 修改 DWG 文件的单位使之与 DGN 文件一致后再参考。

在 CAD 中输入命令"units"，可以查看并修改 DWG 文件使用的单位，如图 9.11-3 所示。

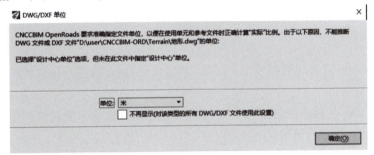

图 9.11-1　参考单位选择

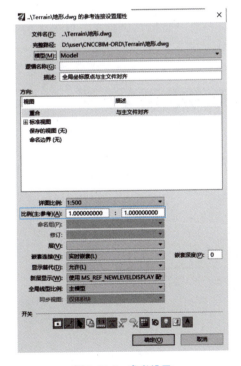

图 9.11-2　参考设置

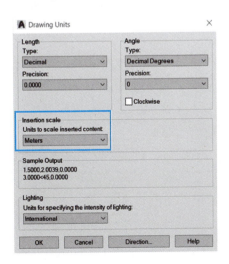

图 9.11-3　查看单位

9.12 线性特征与组件特征，特征定义与特征名称的关系是怎样的？

生成廊道首先要在二维模型里指定平曲线、竖曲线，然后沿着平曲线以指定间距赋给横断面模板。一旦指定了横断面，廊道三维模型就生成了。

横断面代表廊道的典型横断面，由一系列的点和组件构成，存储在模板库里。

生成廊道的过程中，模板里的点生成沿着廊道的三维的线性特征（Linear Feature），例如铺装边缘线、路肩线、路缘石线、人行道线、边坡线等。

模板里的组件生成沿着廊道的三维的带有材质的网格模型（Mesh），称为组件特征，例如路面铺装、路肩、排水沟、边沟、人行道、边坡等。

特征其实指这些对象是如何显示的，例如线型、颜色、线宽、材质等，这些都在元素模板（Element Template）里定义。当然，特征定义是引用了元素模板的。

特征定义可以用于线性特征，也可以用于组件特征，每一个特征定义都有一个唯一的名字，即特征名称。

9.13 为什么用不同软件打开 3SM 文件显示大小不一样？

同一个 3SM 文件在 MicroStation 和 CNCCBIM OpenRoads 里面打开正常，在 ConceptStation 中打开，地形被放大，该如何调整呢？

请在 MicroStation 或是 CNCCBIM OpenRoads 里面查看地理坐标系，出现这种问题，是由于使用的地理坐标系不同，例如一个是"公制"，一个是"英制"，把坐标系调成一致后，问题可以解决。

ConceptStaion 非常依赖于坐标系，即使新建文件时没有指定坐标系，程序也会指定一个，值得注意的是，如果当前文件里没有设计内容，或参考文件等，可以在后台"Information（信息）"里面修改坐标系，如图 9.13-1 所示。

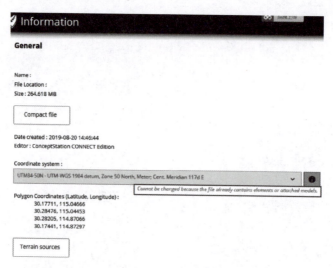

图 9.13-1 坐标系查询

9.14 如何利用 DWG 文件进行路线设计？

具体流程：
(1) 参考 DWG 路线文件。
(2) 复制 DWG 路线图元到 CNCCBIM OpenRoads 的 DGN 文件里。
(3) 然后创建土木规则，赋予特征定义，转化为 CNCCBIM OpenRoads 可识别的路线。
(4) 对于缓和曲线部分需要利用缓和曲线命令重新绘制。
(5) 将元素按需要复合成一条路线，如图 9.14-1 所示。

图 9.14-1　复合工具

(6) 设置起点桩号，如图 9.14-2 所示。

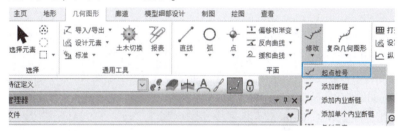

图 9.14-2　设置起点桩号

9.15 为什么复制的路线中心线线形不能添加土木规则？

复制路线线形后，使用添加土木规则工具，提示"元素对于工具无效"，如图 9.15-1 所示。出现这种情况可能是由于创建了三维文件，或者对象不在二维视图里。添加土木规则工具必须在二维视图中使用。

图 9.15-1　元素对于工具无效

9.16 参考桥梁模型到主线文件中后，如何将桥墩投影到纵断面中？

打开纵断面视图，使用如图 9.16-1 所示的三维剖切命令就可以了。

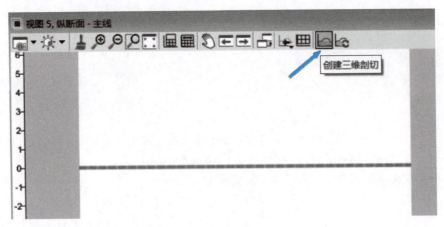

图 9.16-1　创建三维剖切

9.17　如何在道路模型中用自定义图片添加材质？

（1）把材质图片复制到下面的文件夹中：C:\ProgramData\Bentley\CNCCBIMOpenRoads\Configuration\Organization-Civil_Civil Default Standards-Metric\Materials（以下简称 materials 文件夹）。

（2）在 Materials 文件夹下的"materials.dgnlib"文件中复制一个常用的材质来创建新的材质，然后重新命名并赋贴图。注意，材质名称尽量以英文字母开头。

（3）在 feature.dgnlib 文件下为材质创建特征定义，路径为：C:\ProgramData\Bentley\CNCCBIMOpenRoads\Configuration\WorkSpaces\CNCCBIM Examples\WorkSets\WS-Metric\Standards\Dgnlib\Feature Definitions，具体操作顺序如下：

1）新建图层。

2）新建 Element Template，选择上面创建的图层；添加 material，选择第（2）步创建的材质。

3）新建 Feature Symbology，选择上面创建的 Element Template。

4）新建 Feature Definition，选择上面创建的 Feature Symbology。

建议上面的"图层""Element Template""Feature Symbology"以及"Feature Definition"均采用相同的名称，方便识别。

（4）重新打开道路 DGN 文件，这样，对.dgnlib 文件所作的修改就生效了。

（5）修改道路横断面模板，给需要的组件选择上面定义的"Feature Definition"。注意，如果当前 DGN 文件中存在相同的特征，可能会有问题。

9.18　如何改变横断面模板编辑器的黑色背景？

参考图 9.18-1～图 9.18-3，在 Windows 系统中新建环境变量"OPENQV_WHITE_BACKGROUND"，设置值为"1"就是白色。

图 9.18-1　变量位置

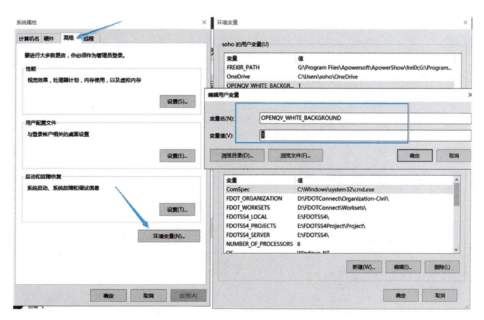

图 9.18-2　创建变量

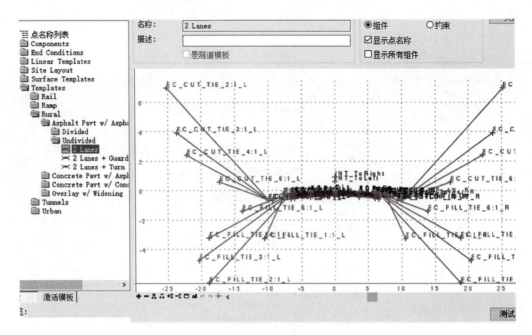

图 9.18-3　变量生效

9.19　如何修改廊道的设计阶段？

选中廊道对象，在属性的"特征"里面修改，如图 9.19-1 所示。

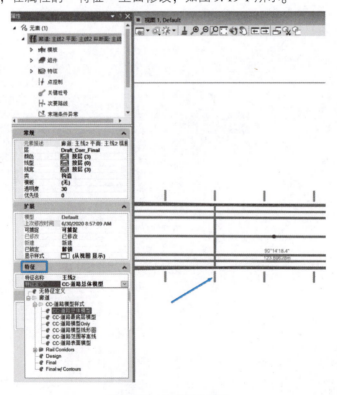

图 9.19-1　廊道对象属性

9.20 如果廊道模型是空心的，怎么显示实体模型？

需要把廊道属性里控制"组件显示"的设置打开，设为"True"，如图 9.20-1 所示。廊道属性设置控制廊道在视图里的显示效果，遇到问题可以多看看这个属性设置。

图 9.20-1　属性设置

9.21 同步模板工具的用处是什么？

同步模板（图 9.21-1），即从模板库中重新加载模板，不过，之前编辑三维路面时对模板所做的修改将被丢失。

图 9.21-1　同步模板

9.22 为什么三维路面的起、终点桩号范围与创建时输入的不符？

三维路面是基于路线创建的，路线要求有激活的纵断面。如果三维路面创建时输入的起、终点桩号范围大于路线纵断面的范围，那么在没有纵断面信息的桩号范围内将无法创建三维路面。

9.23 为什么圆弧模板生成的廊道不够光滑？

对于圆弧模板，程序以"以直代曲"的方式生成廊道模型，默认四分之一圆弧生成四段线段，可以通过设置控制变量值提高精度。

如图 9.23-1、图 9.23-2 所示，打开控制变量对话框，搜索变量"CIVIL_CIRCLE_MESH_

STROKE_NUMBER"，如果没有找到，需要自己新建变量，然后根据需求设定变量值，创建廊道或者刷新廊道就可以看到效果了。

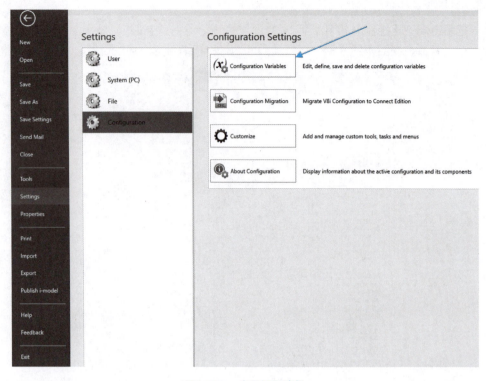

图 9.23-1　变量设置路径

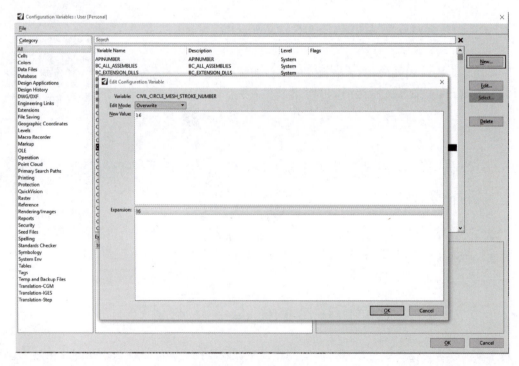

图 9.23-2　设置变量

9.24 为什么动态横断面视图里左侧填方不显示？

出现这种情况（图9.24-1）是因为横断面模板里面填方边坡组件"Exclude From Top/Bottom Mesh"的选项被勾选了，不勾选就正常了，如图9.24-2所示。

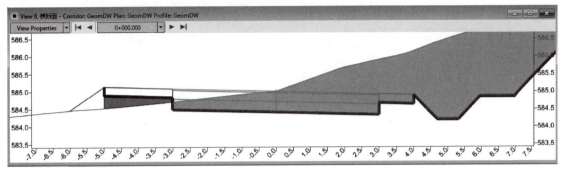

图9.24-1 问题示意

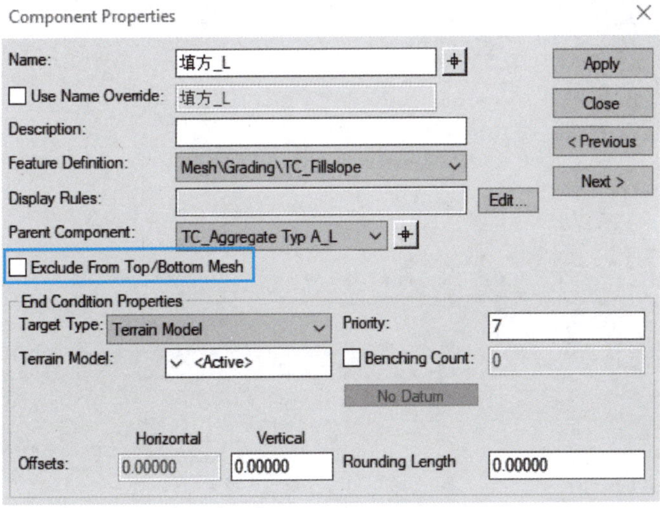

图9.24-2 组件设置

9.25 如何用一个模板实现右转车道的显示与隐藏？

可以参考软件自带的模板，使用显示规则加添加廊道参考来实现。

对于如图9.25-1所示的右转车道（箭头所指部分）定义了一个显示规则，默认情况是出现右转车道的。

当空点"INT_ToRight""变"到右边时（这一步是触发显示规则生效的关键，下面介绍它的原理），右转车道被隐藏。

触发的原理：

为空点"INT_ToRight"设置水平特征约束，当右侧某一范围内出现特征定义是下面的"Matchline"时，则不再跟最初的中间点"CL"对齐，而强制改变到"Matchline"的位置，如图9.25-2所示。

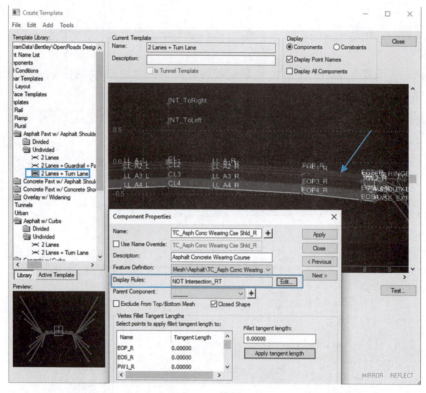

图 9.25-1 模板示意

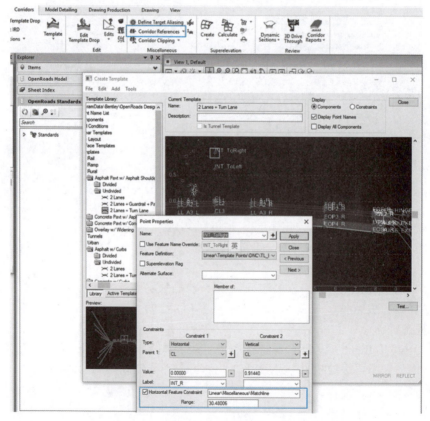

图 9.25-2 控制条件

注意，仅仅有了"Matchline"还不够，还要为廊道添加剪切参考，"Matchline"才会生效，模型效果如图 9.25-3 所示。

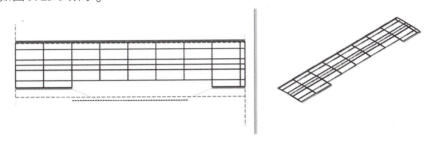

图 9.25-3　模型效果

9.26　如何通过 Excel 文件导入方管？

通常，如果想通过 Excel 文件导入方管（Box Conduits），以及对应的"Rise"和"Span"值，需要在 Excel 文件里设置一列截面类型（Section Type）为"Shape"，每一行的值都设为"Box"，项目数据如图 9.26-1 所示。

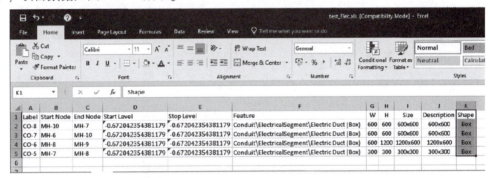

图 9.26-1　项目数据

在 ModelBuilder Connections 文件（.mbc）里把这一列映射为"Shape（Label）"属性，如图 9.26-2 所示。

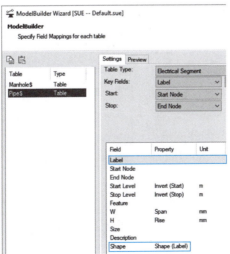

图 9.26-2　映射查询

导入数据后，检查 FlexTable 里的电力管道（Electrical Lines），Rise 和 Span 的值都应该是正确的，导入效果如图 9. 26-3 所示。

Electrical Segment FlexTable: Electrical Lines (SUE -- Default.sue)

	Label	Conduit Type	Material	Shape	Segment Diameter (mm)	Rise (mm)	Span (mm)	Utility Investigation Level (Current)	Notes	Utility Owner	Electric Network Type
122: CO-5	CO-5	Duct		Box		300.0	300.0	Undetermined			
123: CO-6	CO-6	Duct		Box		1,200.0	600.0	Undetermined			
124: CO-7	CO-7	Duct		Box		600.0	600.0	Undetermined			
125: CO-8	CO-8	Duct		Box		600.0	600.0	Undetermined			

4 of 4 elements displayed

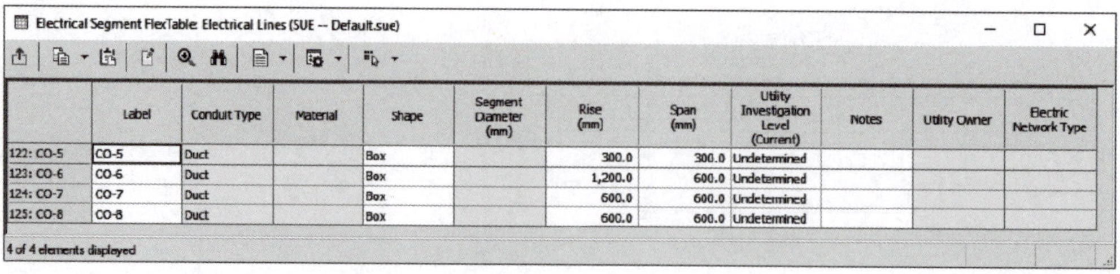

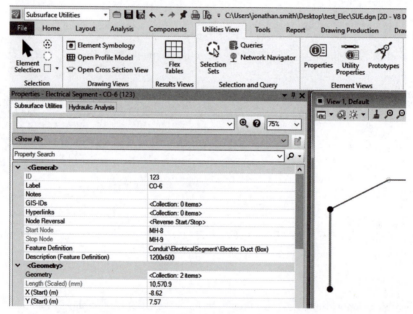

图 9. 26-3　导入效果

选中对象，查看地下公共设施的属性，相应的 Rise 和 Span 值也应该是正确的，如图 9. 26-4 所示。

图 9. 26-4　属性查询

注意，仅仅映射电力管道的“Feature Definition”为 Box 类型并不起作用，因为这么做只是在数据库里面添加了一条关于“Feature Definition”的文字描述。这可能对过滤有用，但它不设置任何其他属性。即使是这样在“ModelBuilder”向导的最后一步仍然需要选择正确的“Feature Definition”，如图 9. 26-5 所示。

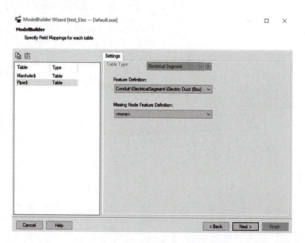

图 9. 26-5　导入设置

9.27　如何使检查井高度自动参考至道路路面高度?

在选择放置井节点的时候,提示选择参考某一个元素作为节点的高程,或者单击鼠标右键手动输入一个高程。选择需要的道路路面就可以了,如图9.27-1所示。

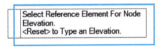

图 9.27-1　选择参考对象

9.28　为什么在 Flex Table 里有些专业只有管的量,没有节点的量?

如图9.28-1所示,软件只提供了部分管、节点的表格,如果需要其他专业的节点表格,可以新建一个"Flex Table",选择所需要的表格类型,如图9.28-2所示。

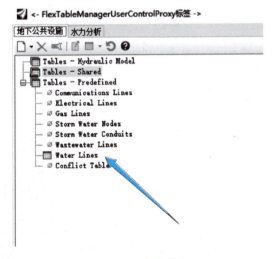

图 9.28-1　问题示意

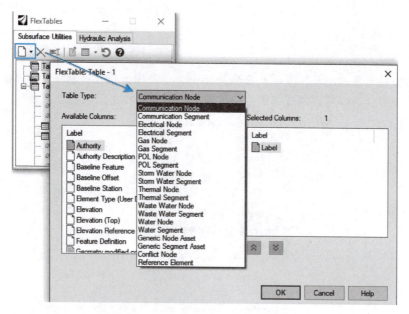

图 9.28-2　自定义表格

9.29　如何自动计算井的工程量？

点击"Flex Table",选择需要的节点表格,会弹出一个统计表格。如果里面缺少需要的项,可以点击编辑按钮进行添加。

图 9.29-1 所示对话框左侧是仍然可以选择的项,右侧是表格里已有的项。

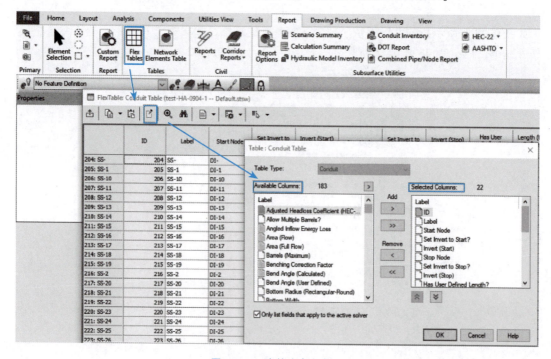

图 9.29-1　表格内容自定义

9.30 如何调整图框底部及表格文字？

在如图 9.30-1 所示的位置可以修改项目信息。

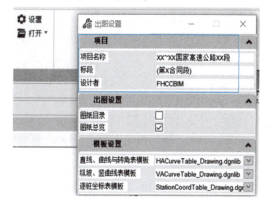

图 9.30-1 出图设置

在如图 9.30-2 所示的位置点击"图框目录"，打开"CC TK A3.dgnlib"文件，如图 9.30-3 所示，修改图框内的其他文字。

图 9.30-2 图框目录工具

图 9.30-3 图框库文件位置

9.31 为什么廊道模型文件中有很多出图工具都看不到？

如图 9.31-1 所示的缺少出图工具，这种情况是由于当前激活的是三维视图，点击二维视图任意位置，激活二维视图就可以了，如图 9.31-2 所示。

图 9.31-1　缺少出图工具

图 9.31-2　激活二维视图后出图工具出现

9.32　出横断面图时，提示找不到路线的桩号数据怎么办？

出横断面图，当出现如图 9.32-1 所示的提示时，解决方法是点击"CNCCBIM 制图"工作流下的"数据 > 桩号数据 > 创建/编辑"，生成路线的桩号数据，如图 9.32-2 所示。

图 9.32-1　提示找不到路线桩号数据

图 9.32-2　生成路线桩号数据

9.33 为什么横断面图图纸里面是空的?

出现这种情况,原因是横断面模板里的点和组件没有采用规定的名称(具体要求参考本书第 8 章 "项目附录")。

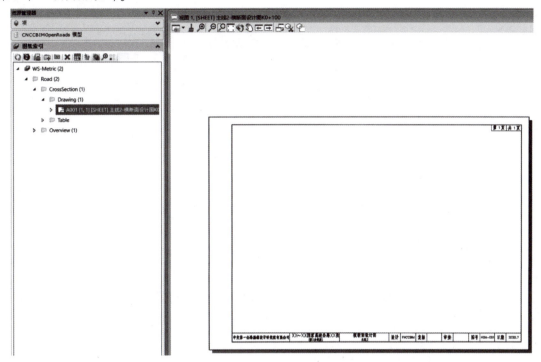

图 9.33-1　图纸内容为空

9.34 为什么在当前文件的图纸索引里能看到别的文件出的图纸?

如图 9.34-1 所示的两个横断面图纸是在不同的文件里生成的,之所以在当前文件的图纸索引里看到别的文件出的图纸,这是因为在所有文件里出的图纸的链接都会保存在图纸管理文件 "WS-Metric.dgnws" 文件里,这个文件在 CNCCBIM OpenRoads 的工作空间目录下,如图 9.34-2 所示。删除这个文件后,图纸索引就是空白的了,

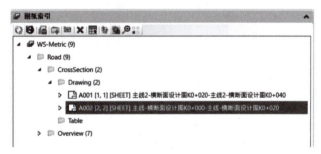

图 9.34-1　当前文件里显示的图纸目录

意味着此前出的图纸的索引就不存在了,如图 9.34-3 所示。同样的道理,如果要把图纸共享给其他设计人员,也要把这个图纸管理文件拷贝给对方,否则,对方将看不到带索引的已出图纸。

图 9.34-2　图纸管理文件路径

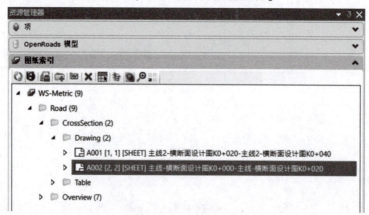

图 9.34-3　删除图纸管理文件后图纸索引为空

9.35　出图后，怎么打开图纸？

在"资源管理器＞图纸索引"里双击想要打开的图纸就可以，如图 9.35-1 所示。值得注意的是，如果双击了其他文件生成的图纸，软件会打开其他文件。

图 9.35-1　双击图纸目录打开图纸